全面预算管理实战

从战略到经营

黄治国　胡　明◎著

中国铁道出版社有限公司

CHINA RAILWAY PUBLISHING HOUSE CO., LTD.

2024年·北京

图书在版编目（CIP）数据

全面预算管理实战：从战略到经营 / 黄治国，胡明
著 . — 北京：中国铁道出版社有限公司，2024.1（2025.11重印）
ISBN 978-7-113-30637-3

Ⅰ.①全…　Ⅱ.①黄…　②胡…　Ⅲ.①预算管理
Ⅳ.① F810.3

中国国家版本馆CIP数据核字（2023）第200860号

书　　名：**全面预算管理实战——从战略到经营**
　　　　　QUANMIAN YUSUAN GUANLI SHIZHAN: CONG ZHANLÜE DAO JINGYING
作　　者：黄治国　胡　明

责任编辑：郭景思　　　编辑部电话：（010）51873007　　电子邮箱：*guojingsi@sina.cn*
封面设计：宿　萌
责任校对：苗　丹
责任印制：赵星辰

出版发行：中国铁道出版社有限公司（100054，北京市西城区右安门西街 8 号）
印　　刷：天津嘉恒印务有限公司
版　　次：2024 年 1 月第 1 版　2025 年 11 月第 5 次印刷
开　　本：710 mm×1 000 mm　1/16　印张：13.5　字数：258 千
书　　号：ISBN 978-7-113-30637-3
定　　价：88.00 元

序　言

2021 年 9 月，中国企业联合会发布了《中国企业 500 强 20 年报告》。据该报告，2002 年至 2021 年的 20 年里，中国企业 500 强的规模实现了巨大突破，并有 222 家企业突破了千亿营收大关，成为世界级企业，而这一数据在 2002 年时还仅为 10 家企业。2022 年破千亿营收的企业数增至 244 家，相比 2021 年再增加 22 家。

这个成就是辉煌的，但仔细剖析会发现，这与中国及全球的经济环境有很大关系：其一，中国改革开放释放了巨大的市场空间；其二，经济全球化同步发生，许多产业尤其是制造业向中国转移，为中国创造了许多商机；其三，产业化与信息化同步推进，加速了中国工业化的进程，西方国家数百年的历程，我们仅用几十年就完成了。但在高速发展的过程中，也暴露出许多问题。例如，经营效率普遍较低，经营质量不高，用人成本较高，等等。

这些问题背后，揭露出许多企业在经营管理能力方面仍然薄弱的基本现实。没有经营能力的支撑，企业规模做得再大，也只是简单复制、累加。一旦超出其管理半径或者经营风险增加，就会出现各种问题；一旦大环境不好或波动剧烈一点，许多企业就会遇上各种各样的难题。

企业经营是各种要素的组合，持续经营是极其不易的，有着许多变量会增加企业经营的不确定性。但最终来看，可持续的竞争力还是企业自身的经营能力，它决定了企业长期存在的能力与价值。如何提高组织能力、管理水平和经营能力，是摆在中国企业面前的一道现实难题。现在进入存量时代，解决这一问题变得越来越迫切。

我们看到，许多企业对管理的学习热情与投入程度很高，但为什么经营质量却并未成正比般持续提升？许多企业也一直在向国内、外的标杆企业学习，但是真正学习到位的似乎也并不多。如前所述，许多企业的人均效益、库存周期仍然不高，仍然依赖市场与行业红利，应对外部环境的能力仍然不强。

个中缘由，恐怕与企业管理层的学习通常停留在表面，而没有真正构建科学有效的管理系统有关。企业学习了许多管理的方法，但是却没有一个以数据与逻辑为核心的经营管理框架把它们连接起来。这就导致企业管理的理念是零散的、管理的动作也是零散的，当企业经营进入系统成长阶段时，这些"点状"的管理自然就不适应了，挑战重重。

我们在经营管理的实践过程中，发现基础管理薄弱是许多企业的普遍问题，多数企业不承认自己在基础管理上不行，但现实却是，能够真正把经营账算清楚、算到产品、算到区域、算到每一个内部单元的企业少之又少。这就导致许多看上去很美好的管理理念与工具难以落地。从而导致目标分解不科学、绩效激励不公正，过程管控总是陷入放管两难的境地，哪里是价值创造？哪里是价值损失？难以说清。这些如果都不能清晰判断，那些战略、流程、业务、产品、绩效方面的好工具与好方法又如何派得上用场呢？

说到基础管理，全面预算管理实在是一个很重要也很必要的工具。简单地说，全面预算管理就是从财经逻辑入手的"运筹帷幄"，帮助企业以财经思维谋划在前，进而更好地进行目标管理与绩效考评，有助于持续提高企业的经营管理水平。可以说，全面预算管理是提升企业经营能力的一种极为简单和有效的工具，通用电气董事长杰克·韦尔奇就将预算定义为经营管理体系的"大梁"。

同时，全面预算管理也是开展其他管理行为、使用其他管理工具的基础。严格的预算是从财务视角对经营环境进行提前预测与安排，对"变"与"不变"、"已知"与"未知"从经营角度进行预判，以数据和事实为基础来寻找最有价值的增长点。没有对经济环境、行业环境、竞争对手，以及过去自身的经营情况进行分析，我们是不可能知道未来应该往哪里走的；没有相关数据与事实的支撑，我们也很难达成统一的认识，更无从谈论如何使大家朝一个方向使劲。

预算并不是新名词，也不是新行为，许多企业在做的预算管理，往往是基于财务、会计的理解在执行。事实上，决策层、管理层对预算管理的理解，才是决定一个企业的全面预算管理能够走多远、做多好的关键因素。

基于这种理解，本书从如何支撑全面经营的角度来阐述全面预算管理。可以说，这是一本如何进行企业战略落地、经营筹划的书，不过是通过财经管理、预算管理这一严谨的逻辑体系来演绎而已。我们从战略规划、经营计划、预算编制、经营分析、绩效考评的基本逻辑对全面预算管理进行综合介绍，特别对全面预算管理的价值、全面预算管理中的常见问题进行全面剖析，对全面预算的编制和执行分析均做了详细阐述，并给出了相应的图表，对于大部分企业而言，可以直接参考使用。

本书的视角是从经营的角度来解码全面预算，也是以财经逻辑来讲述如何做好从战略到经营的分解与执行，而非只是从财务的角度来讲述如何做好全面预算工作。所以，本书既是一本适合企业决策者、管理层，以及各级经营者阅读的指导书，也是一本需要经营管理团队共同研读的实操书，更是一本财务管理人员发挥更大内部价值需要深度阅读的工具书。我们要强调的是，这是一本源于实践、指导实践的实用书。因此，需要真正理解、消化并践行才会体会其价值，仅仅停留在表面上的理解，或者增加一些对全面预算管理的知识信息，是远远不够的。我们希望读者能够真正把所学用于企业经营，取得简化经营、有效管理、创造价值的效果。

黄治国　胡明

2023 年秋

好友推荐

吴世农
厦门大学会计学教授　博士生导师
原厦门大学副校长

我曾在美的集团担任六年独立董事，见证了美的前些年的公司治理变革、绩效考评调整、激励机制改革、收购兼并和战略转型。作者曾是美的资深高管，拜读本书，深感这是一本具有"实""特""新""细"四大特点的企业财务预算管理著作。一是理论联系实际，案例鲜活；二是提出"从财务管理到财经管理"观点，视野独特；三是从"预算管理入手"，使用"共同的管理语言"，统筹企业管理；四是以提升绩效为核心，阐述了企业预算管理的全流程和各个环节的关键管理问题。认真阅读，精彩纷呈。

刘　润
润米咨询创始人

很多人对财务知识有一个误解，觉得这是财务专业人士才应该掌握的，其他的管理者、创业者、企业家不懂财务，好像也没什么关系。其实，财务是每一位商业人士都要掌握的一门"语言"。理解了财务，才能透彻理解很多商业的基本逻辑。在当下的经营环境下，企业要关注有利润的收入、有现金流的利润（利润是收入的质量、现金流是利润的质量），这就离不开财经管理、预算管理这些重要的管理基础。这本书从全面经营的角度，基于优秀企业的实践给我们介绍了很多

有关预算管理方面的知识、工具与方法，相信对商业人士来说会很有启发。

施　炜
华夏基石管理咨询集团领衔专家　中国人民大学中国资本市场研究院高级研究员

全面预算管理是企业从战略制定到战略执行管理循环中的重要环节。它以财务指标体系为框架性工具，为企业提供了控制、调节价值创造活动及过程，以及资源配置、投入与产出关系的参数组合，使企业运营能符合战略方向，避免失控的风险。美的多年来之所以快速、稳健增长，全面预算管理是重要的管理动因。本书作者既全面又重点突出地说明了美的集团全面预算管理的理念、流程、方法，以及矛盾解决的路径；并结合企业生命周期的不同阶段，将全面预算的一般性规律揭示出来。对于长期处于机会成长阶段、基本管理动作缺失、管理基础薄弱、管理体系不健全的部分民营企业来说，尤其具有价值。作者是我多年老朋友，经常在我主持的"企业成长领航塾"上做"全面预算管理"的主题分享，因高密度信息量和生动透彻的表达，得到企业家及企业高管学员的广泛好评和喜爱。

王佳芬
领教工坊资深领教　光明乳业原董事长兼总经理

我算是"全面预算管理"的有效实践者

和积极推动者，在光明乳业，十几年坚持战略规划下的全面预算管理，是我们每年重要而又主要的管理工作；在平安信托，走访完50多家被投资的民营企业创始人后，我确定把战略和全面预算管理为企业提供的增值服务项目；在领教工坊的8年，我也坚定不移地推动辅导企业的预算管理。作者近年来专注"全面预算管理"的研究、培训与咨询，关键是来自他在美的充分的实践和美的还在不断持续增长令人信服的业绩，他有着饱满的学习热情，使他的内容更有实效性；他不知疲倦的实践陪伴，使他的课程更有质量和高度；他为提升企业管理的初心，使他保持着悦己达人的谦卑之心。我们从这本书可以理解到他的实践与体会，能够更方便、更清晰、更全面的理解和运用！

焦 捷
清华大学经济管理学院教授　博士生导师
清华大学中国产业发展研究中心主任

在这样一个不确定性很多的年代，企业能够稳健经营就是一种巨大的商业成功。如何增加经营的确定性，许多企业在努力探讨外部变化的规律、发现新的商机，但实际上，企业内部有一个很好地增强确定性的管理体系，那就是全面预算管理。在企业这样的经济组织中，全面预算管理扮演着以终为始、配置资源、有效运筹、指导业务的角色，它通过对经营进行数据与逻辑的模拟，洞察机会与风险以及背后的投入与成本，就能够提升企业面对市场环境变化的适应能力。这本书正是基于这样的实战逻辑，对全面预算管理进行了系统的梳理与解析。或者说，是少见的通过预算管理对企业经营进行解剖的专业书籍，相信对大家更深入地理解当下的企业经营会有很大帮助。

湛忠灿
湖南理工学院会计学教授　湖南省会计教学联盟副理事长

预算作为一种量化的详细计划，是将企业活动导向预定目标的有力工具，是管理会计应用于现代企业的最有效方法之一。作者在美的集团从事管理工作多年，并潜心于现代企业管理的理论研究，积累了极高的理论水平与丰富的实战经验。特别是其"以财务管理为企业管理核心"的理念，填补了管理与财务相结合的边缘理论空白，已经被实务界广泛推崇。本书就是该管理理念具体化的又一杰作，值得学习与推广。

许邦顺
志邦家居联合创始人　总裁

近年来，作者带领专业团队帮助志邦家居落地全面预算管理项目，建立了更加重视数据、更加重视经营过程管理、更加重视经营系统的一套方法论，也运用了大量实操性强的工具。通过全面预算管理这一管理抓手，更好地把我们原有的企业经营管理进行了系统提升。同时，管理团队的"精营"意识也大大提升。这也为我们在当前越来越激烈的竞争环境下，仍然能够保障企业实现有质量的增长，打下了良好基础。本书融合了作者多年的实践精华，既有理论上的高度概括，也有实战上的精细部署，值得正处于转型、变革中的企业深入学习。

朱小斌
领教商学堂　领教工坊联合创始人

一分战略，九分执行，多数企业都是输在执行力上。这本书从全面预算管理如何支撑战略和经营的角度出发，详细介绍了这个实用的执行工具，并以此为脉络对经营管理的系统进行了全面拆解。可以说，这个工具是所有企业家和高管都应该掌握的推动战略落地和经营筹划的利器。

马 刚
盈峰环境董事长兼总裁

在不确定的市场中，要追求企业成长的确定性。全面预算管理就是一个很好的基础系统，是指挥打仗的"战役书"。做企业要打有准备之仗，年年规划、月月精进、步步为赢！相信这本书能够帮助我们找到许多被忽略了的基础招式。

甄少强
广州鹏辉能源总裁

通过全面预算管理，企业可以将战略目标细化为具体的经营指标，并将其分配到各个层级、各个部门及员工。此外，全面预算管理还是分权放权的管理基础，美的也许是我国唯一一家能够在白色家电全品类都取得较高地位、实现高质量发展的企业，这其中的关键，是依托于全面预算管理建立了有效的分权放权与绩效导向的经营机制与企业文化。相信大家在本书中能够找到更多的答案与方法。

俞飞英
浙江珍琦董事长

这是一本一把手和经营班子必读的"经营宝典"。该书全面解析了一个很重要但又往往被忽略了的基础管理系统：全面预算管理。用最简朴、最实战的语言，讲清楚了经营的逻辑，能够直接有效地指导经营实践。在战略牵引下，以全面预算管理为抓手，对标目标找差距这种拳拳到肉的感觉，很痛但很酣畅。打好基本功、练就管理的本领，先从算好经营账开始、从精读此书开始。

王奎英
武汉新新传媒集团董事长

我是 2022 年通过作者的"全面预算管理"课程，对预算管理与财经管理有了大不一样的系统理解。我们高管团队都参加了学习，这对我们现在的管理和发展提供了非常大的帮助，特别是"预算不是为了控制而是为了发展"、"预算不是有多少做多少，而是缺什么补什么"让我印象非常深刻。这本书的出版为企业管理者、财务人士提供了丰富而宝贵的企业案例和经验总结，以清晰、易懂的方式阐述了复杂的预算管理。相信这本

书会为大家打开全面预算管理的窗户，在当下复杂的商业环境中，帮助更多企业通过全面预算管理改进企业决策水平、提高资源利用效率，实现更好的经营目标。

彭仲雄
万孚生物总裁

企业经营的目的是创造客户，创造客户有赖正确的财务资讯提供与判断，两者相辅相成。了解越多的财务资讯，越能激发责任感；财务资讯越正确，越有助于掌握时机，创造客户。预算管理实质是一个周详的业务计划，给我们一个系统思考、理解业务的机会，也是对业务动态理解、达成共识和深化进步的过程。商业逻辑的底层逻辑就是财务逻辑，财务数据是公司的仪表盘，经营管理者是分析和使用财务报表的第一责任人，不能"蒙眼开飞机"。财务管理不是财务人员的专利，而是人人有责，是每一位知识员工的必修课。唯有跨领域的知识与概念，才能让自己的专业与技能发挥巨大的效用与贡献。

黄志刚
君美集团 VIVO 事业部总裁

2020 年开始，随着行业竞争加剧，我们对组织经营能力要求不断增强，开始深入部署"全面预算管理"项目，在近三年的合作中，秉承"可衡量才能被管理，分类是管理的灵魂"的理念，我们建立了以业务计划为基础的"战略—预算—绩效"闭环系统，做到了预算与管理相结合、预算与业务相结合、预算与绩效相结合。去年，作者再次为我们引入"六个共识"理念，帮助团队真正理解从战略到预算到落地的全流程、更好落实了各项预算指标，最终公司不但实现了业绩提升，更实现了费用率的大幅下降。多年前我结识作者并与他沟通、交流的过程中，都会被他清晰的逻辑思维和专业的表达所吸引，这次作者将多年的实践经验编辑成书，一定能够帮助更多企业提升经营管理能力，真正走好科学管理之路。

李健益
会通新材料董事长

初读本书，让我有一种在描述自身经营故事的错觉。作者既懂"美的"，又懂"诸多企业"，而我本人也有较长的美的从业经历，近十多年的工作则一直将美的经营管理之道践行到一个全新行业和初创企业中，带领公司成功走向资本市场。书中所阐述的全面预算管理，没有照搬美的这个巨无霸企业的做法，而是通过其多年在"诸多企业"的观察与辅导经验，为大部分"基础薄弱"的企业如何推进全面预算管理提供了实用的方法论。书中的语言方式不是在讲财务预算，而是在讲企业经营，是用经营的脉络在梳理全面预算，是把经营用财务语言系统表达出来。对于想提高经营业绩、实施全面预算管理的企业来说，是一本非常有价值的参考书。

邝广雄
盈峰集团联席总裁 CFO

外界大多知道美的财务部门强势，但不知道美的财务部门为什么强势？到底是如何强势的？一些企业简单抄作业，结果是用行政权力把财经部门推到强势地位，反而制造了矛盾、影响了业务、导致了混战。美的财务部门的强势，是因为掌握了财经逻辑能够解码经营、是能站在一把手的角度统筹经营、是深入了业务而能洞察经营的变化、是掌握了数据而能够与业务部门一起推动改善……总而言之，是因为抓住了经营的牛鼻子，所以才变得"强势（专业）"。业务部门也愿意接受这种"指导"，因为能更简单、更有效地分析原因、解决问题、创造价值、交出绩效。这其中的核心手段就是全面预算管理，在这本书中有详尽的介绍，认真学习践行，更多企业的财务部门也可以像美的一样抓住经营、提升价值。

钟少海
万家乐总裁

不确定性是企业时时刻刻面临的挑战。

本书也是作者基于对企业经营管理之道的深入诠释和应用总结而产生的不可多得的、非常有营养的专业参考书。有别于其他全面预算管理和财务书籍，本书是一本独具特色、以简驭繁，极具实战意义的链接战略规划执行、支撑企业有效增长的管理方法论，能够有效帮助企业解决经营管理中习惯于依靠直觉和经验的随意性问题，是非常值得企业经营管理者认真阅读的一本书。

张武力
合美电商董事长　原美的微波电器事业部营销副总裁

十多年前我还在美的负责事业部的营销工作时，就深刻感受全面预算管理是美的管理的几大支柱之一，支撑了美的高速发展。全面预算管理是被企业经营实践证明了的成功的管理体系，它能够有效解决公司经营中的目标分解、资源配置、过程检视等具体问题，是一个非常重要的管理抓手。我从职业经理人转变为创业者之后，也一直推行全面预算管理，我们在作者的带领下，多次进行了全面预算管理的培训与落地，收效很好。在当前经济环境下，很多行业都进入了存量竞争时代，需要挖掘"管理红利"，用管理来提高经营质量，就是一条必然的科学路径。相信这本书是能够帮助企业实现高质量发展的重要参考。

张赵锋
美的电器原财务总监　美的集团原审计总监

无论是什么类型的企业，都要符合商业规矩，都要面对生存。在创造价值的经营过程中，我们要持续关注数据化的结果，包括毛利率、现金流、客单价、资产效率、用户价值，等等。这些结果其实涉及企业经营链的全过程，涉及经营的每个环节。全面预算管理就是将经营的各个环节和细节数据化地展现出来，体现全员参与、全流程参与、全部门参与，强化过程管理、实现结果导向。全面预算管理不是形而上学、不是空洞无物的概念，而是真正的经营基本功。只有基本功扎实了，才能在经营上实现质的飞跃。企业的经营和全面预算管理，没有轰轰烈烈的过程，只有平淡无奇的重复。拜读了本书，甚是共鸣。作者用朴素无华的文字和语言，将美的前期高速发展、壮大中的财务管理、经营预算、财务组织、财务文化，甚至经营理念，都阐述得非常到位、非常清晰。

奚平华
华勤技术 CFO

作者见证了美的近 20 年的高速成长和发展，也从 2020 年开始辅导华勤的全面预算管理，推动华勤的全面预算管理进入了 V2.0 时期。我们开始推行"53112"（即 5 年规划、3 年滚动规划、1 年目标与 1 年度经营预算、滚动 12 个月经营预测），做全价值链的效率驱动。同时，要我们的经营分析会中，各事业部进行不断的复盘、反思，这些都推动了企业经营能力的提升。只有实现从战略规划到全面预算到绩效评价的全面闭环，企业才能实现业绩腾飞。

韩　耘
友邦吊顶董事总经理

预则立、立则行、行则达。本书通过标杆案例、基本逻辑和方法论的解码，为企业经营从战略到执行提供了一套实战工具，让我们在企业经营实践中，变得更简单、更有效、更确定。

曾　巧
美的集团原审计总监　美的集团财务部首任预算高级经理

美的的管理文化中，很突出的一点就是"务实"，无论是产品研发、业务动作还是组织设计，都基于这个底色。而全面预算管理作为卓有成效的经营管理手段，在美的的发展历程中，更是被发挥得淋漓尽致。本书也是充分体现了务实这个特点，从理论到实践，

从流程到操作，详尽、细致，可作为推行全面预算管理的工具书借鉴。

黄胜强
万马高分子集团总裁

本书以全面预算管理为主题，但是是从经营而非财务的角度来解读。因此，全面系统阐述了企业如何制定战略规划、经营计划、预算编制、经营分析、绩效考核等方面，同时也基于这一体系全面剖析了当前中国企业在预算管理中的常见问题和注意事项。这是一本源于实践、用于实践的管理工具书，我们企业的决策者、管理者、经营者如果能真正理解、消化和践行，必将给企业持续经营、有效管理带来事半功倍的作用！

余芳霞
万孚生物财务副总裁

我们通过与作者合作推动"全面预算管理"项目，结合公司已经在运行的 SP 和 BP，实现了公司从战略到预算的 DSTE 的闭环管理，更重要的是：1）在公司内部统一了思想，统一了语言，促进了经营意识的提高；2）以全面预算作为牵引并与考核与激励相关联，促进经营目标的达成；3）一个公司的经营管理本身是多维的、复杂的，财务是降维管理。所谓降维，就是把多种维度降到财务这一单一维度，全面预算就这样让管理变得简单、清晰而有效。这本书的实战价值会让更多企业受益。

朱玉婷
重庆润通集团常务副总裁

一般来说，预算管理并不是什么新概念，许多人对它也并不陌生，市面上相关的书籍与课程也不少。但直到近年来，我们在作者辅导落地的过程中，才更加深刻而系统地认识到，全面预算管理是从战略到执行最重要的抓手，是对全员目标、语言、行动的高度统一，也是提升干部经营管理水平最简单有效的工具。当然，这也需要极具功力的方法

论来进行指导，相信这本书会给大家带来极具实战价值的体会。

马 冲
晶通新材料集团财务副总裁

近年来，我们在作者的带领下，通过落实全面预算管理，助力晶通的经营质量实现质的变化，各项财务经营指标从行业落后到领先行业，把"挂在墙上的战略"转化为"触手可及的经营"，牵引绩效评价、激发组织活力，极大地提升组织能力、组织战力，让中高层从日常事务的管理者变为分担企业目标的经营者。

戴 娟
扬杰科技财务总监

这是一本指导企业如何进行战略落地、经营筹划的书，从"战略规划 – 经营计划 – 预算编制 – 经营分析 – 绩效考评"的基本逻辑进行了系统梳理，简单通透而又体系性强。通过这本书的指引，我们可以更好地把全面预算管理应用到实践中，有效地驱动企业价值创造，实现企业可持续发展。看似大胆的决策，其实背后都有精细的测算。比如作者通过美的在 2008 年所做的风险预案，让我们看到，当外部环境发生变化时，可以用财经逻辑与预算工具提早进行风险防范与策略应对，减少决策的盲目性和随意性，化解了经营过程中的诸多不确定性。我们公司也坚持推动全面预算管理的学习与落地，财务和业务不断了解彼此的逻辑，语言统一，会分析、懂经营，价值非凡！

罗育红
大自然家居财务总监

全面预算管理是一个非常好的战略执行工具、体系，通过用财经语言解码经营动作、精准配置资源，并应用到绩效管理，形成了管理闭环，有效指导了企业的经营活动。本书是企业推行全面预算管理的管理指南，具有非常好的实操性。

邓 洁
盐津铺子财务副总裁

全面预算管理是企业将战略转化为具体步骤和计划的最佳工具，也是企业运营管理过程中的重要抓手。但实际上能运用好的企业并不多见，美的和华为可能是为数不多的能把战略导向的全面预算管理执行落地的民营企业。本书基于这些优秀中国企业的案例，运用来源于实践的一手资料，将全面预算管理怎样在企业落地实践进行了系统全面的解析，对指导企业建立全面预算体系非常有帮助。

陈志辉
比音勒芬财务总监

预算管理在传统教科书上一直被奉为管理现代化的圭臬，但当光照进现实，可以说有多少期待，就有多少污名。在我看来，本书正是为预算"有用""无用"争论提供一个和解的妙方，那就是从支撑经营的角度来重新阐述预算，通过确立目标、划小刻度、清晰责任后，穷尽方法去努力，借助预算工具实现企业价值的持续创造。这是一本实战的书，大至逻辑框架，细到经营日历，都有清晰的刻画。我与作者曾在美的共事过，书中的一些案例是当时的共同经历，现在读起来，依然受益匪浅。

罗燕军
高景太阳能财务总监　董事会秘书

没有数据和逻辑，经营难以做到科学有效；但若没有全面预算管理，哪怕有数据和逻辑，也难成系统，会出现顾此失彼的情况。现在的经营形势下，既要对大的市场波动有清晰的判断，更要靠低成本高效率的经营来不间断地实现商业目标。因此，全面预算管理的价值就显现出来了，有了财经的逻辑与预测准备，对就是对、错就是错；多就是多、少就是少；哪个科目对不上数，一定是背后的动作不对；损益表、现金流的表现好坏，一定是可以算到相关的部门上、算到发生的事情上，这些都是以客观的数据、指标、结果来呈现的。这样一来，可以不断减少强调外部原因的现象。相信这本书中，很清楚、更系统地阐述了这些内容。

吕晓继

东鹏控股财经总经理

本书来源于作者多年的个人业务实践，以财经逻辑透彻讲述了从战略到执行的全过程，手把手的教导预算编制、预算分解、预算执行、预算考评、绩效激励……堪称企业推动全面预算管理的教科书，值得人手一册，随时随地深入学习。

蒋　卫

深圳顺丰原财务总监

不少企业都有做预算管理，但真正能理解全面预算管理的内涵，并将全面预算管理结合经营战略并执行到位的，并不多。其中普遍的问题在于：对预算管理的理解不全面，一把手没有理解与领导；从战略到落地的规划与执行，没有有效的层层推进，停留在各种重点工作的分解与督查上，工作负荷重但又不见效；没有科学地按节点、有节奏地进行目标管理与过程管理，没有匹配的绩效管理；总结与复盘流于形式、没有触及深层次的原因，没有创新创造；没有挑战高目标的理念与逻辑，要么安于现状而总认为还可以，要么盲目追高而导致风险加大；财务与业务两张皮，各自为战，互不买账，等等。总之，没有理解到全面预算管理是一个全面运筹、科学推理的管理体系，没有把账面测算与企业实际有效结合起来，从而导致预算管理效果欠佳。这本书结合实战案例，给读者提供了解决路径与方法，真正做到了从实战中来、到实战中去，值得企业经营者和各级管理者好好研读与思考。

齐龙兵

湾田控股集团战略投资中心　财务管理中心总经理

企业的全面预算管理，广义的是人、财、物的全面计划和实绩的管理，狭义的是将所有数据货币化后，对销售利润、资产效率和资金安全的持续计划、预测、管理、权衡和优化。作者在美的工作多年，是美的多个大事件的参与者与研究者，又指导了数十家各类企业通过预算管理提升盈利水平、实现高质量增长。这种经历从实战到理论，再从理论到辅导实战的闭环，是非常少见的，也是极有价值的。现在，作者将多年的管理精髓整理成书，是当下中国企业尤其是制造业的重要指引，一定会帮助许多企业提升整体管理水平！

刘　柱

志邦家居 CFO

存量时代下，企业从要素竞争全面转入系统竞争，要进入"高质量发展"阶段，具体表现为是否具有"全面经营管理"的能力。而如何有效地构建这一能力？这本书提供了参考答案：以财务语言为共同的管理语言，以"全面预算管理"为抓手，打通企业"从战略到执行"的全过程闭环，以能力的确定性应对市场的不确定性，穿越周期，实现长期有质量增长。本书既有丰富的案例和工具包，又有系统的框架和方法论，甚至可以说是用财经语言把企业经营讲通讲透的一本"教科书"，对各行各业特别是行业集中度还不高的行业，具有非常大的借鉴意义。

秦智宏

道氏技术原财务总监　董事会秘书

家电行业是充分竞争的行业，美的集团近三十年来的发展和进步，是将一个个的战略规划充分细化、落到实处，从而得以聚沙成塔、实现目标。从规划到执行，美的依靠的是财务系统的全面预算管理，如同拆积木一般，将战略目标层层分解到业务单元、甚至个人，开始阶段充分盘点资源、预测资源投入，过程中滚动检讨执行结果，及时调整策略和投入，最终匹配严格的绩效考评。可以说，财务系统推行的全面预算对于战略规划落地执行的支持，如同汽车拉力赛中的领航员对于赛车手的支撑。相信大家从本书中会有更深刻的体会。

黄增荣
劲旅环境财务总监　董事会秘书

本书的视角是从经营的角度来解码预算，以财经逻辑来讲述如何做好从战略到经营的分解与执行，而非只是从财务的角度来讲述如何做好预算管理这项工作，读后有种耳目一新的感觉！作者拥有美的多年的经营管理与企业预算管理辅导经验，书中有很多的实操总结与思考，是一本具有很高实用价值的好书！无论是企业管理者、财务人员还是对预算管理感兴趣的普通读者，都能受益匪浅。我相信，通过阅读本书，会帮助我们更好地掌握预算管理的逻辑及精要，在管理工作实践中提升管理水平，让我们的职业生涯更加精彩！

陈　苑
伊丽汇美容科技财务副总裁

财务管理在企业内无处不在，如同人的毛细血管。正因无处不在，在日常管理中如果没有有效的管理手段，将会出现各种形式的管理混乱，不但无法提升效率，甚至会导致企业资源的浪费。全面预算管理就是其中一个有效的治理手段，作者在全面预算管理领域中有许多独特而系统的见解，结合美的的实践经验，在赋能我们企业的过程中，给出了许多有效建议、举措，大大提升了我们的组织效率。相信这本书能给企业管理人员极大的启发，如能应用落地，将会对公司的效能提升产生巨大的帮助。

欧阳湘英
赛意信息财务副总裁

财务管理的边界越来越模糊，而各领域的相关性越来越强，财务管理如何更好往前一步，全面预算如何贯穿战略、经营、组织绩效并且形成大闭环，成为财务管理人员与企业管理人员需要面对的大课题。而本书中

的案例与解析，就为此做了最好的诠释。通过全面预算与战略、经营和绩效指标进行拉通与衔接，就能够保障战略目标的有效管控、优化经营活动的资源配置、提高经营绩效的达成，并形成持续改进的组织文化。

谢　霞
美涂士集团财务副总裁

本书以大量实战案例总结并解析了全面预算管理，即以市场战略的财务视角及价值观理念，实现业财融合、贯穿企业财务管理，坚持以客户利益为核心的长期价值创造（创造价值的全过程以预算管理与实际经营结果的实时跟踪、分析与管控，纠偏，支持集团端到端的核心价值运作，追求有利润的收入、有现金流的利润，平衡企业现实的获利能力和未来潜在获利能力，实现"三保、三抓、三超"），驱动与支持企业不断地实现战略目标，为跨越式增长的高质量发展之路提供了最佳指导。

梁嵩峦
凯金能源 CFO

作为美的财务体系的曾经一员，我充分感受到：全面预算管理是全体美的人统一思想、统一标准、统一目标、统一行动的重要经营工具；是美的业财深度融合，经营长期稳健，战略执行落地的重要保障；是将外部不确定性转化为内部确定性的最佳经营工具之一。我从财务经理到财务总监的从业经历，也深受这段职业熏陶的影响。相信读过本书之后，读者们会和我产生同样的印象，也会有力地推动我们的专业成长。

袁红波
伊戈尔股份原总裁　原多家上市公司财务负责人

全面预算管理是基于企业经营的运筹帷幄，它不是简单的资金、费用管控，而是通过严谨的财经逻辑，对所需要的资源进行监控，时刻引导企业关注经营质量。同时，通

过把目标划到更小的核算单元，再以经营分析的形式，不断拆解、细化、对比分析各种经营数据，及时发现经营过程中的一些细小问题，找到解决方案，避免小问题累积放大之后难以下手。而很多没有预算管理，也没有月度经营分析的企业，就容易出现问题不容易被发现，或者对小问题不警觉的情况，等到问题累积大了的时候才暴露出来，这时已经难以收拾、左右为难了。要解决这些问题，不能靠讲道理、做思想工作，也不能靠强力管理与执行，得靠全面、有效的管理工具来推进。全面预算管理就是一个很好的体系，相信大家能够从这本书中感受到。

符方田
东泰五金财务总监

三流财务砍费用、二流财务控费用、一流财务精细化降本增效！一流的财务能够从整体战略入手，从业财融合的角度考虑，深入到企业价值链业务流程中，准确找到优化点，并且将生产效率显化，合理配置资源，实现降本增效。而全面预算管理就是企业内部不可或缺的管理工具，将有效地推动公司战略落地，持续改善公司经营绩效。本书更是从世界 500 强企业的实战案例出发，从持续经营的角度来解码预算，或者说是以财经逻辑来讲述如何做好从战略到经营的分解与执行。想成为一流财务管理者的你，一定会从本书中找到答案。该书值得推荐！

孙健
益海嘉里（金龙鱼）消费品渠道事业部财务部专业副总监

全面预算是唯一的可以将零散管理全面有效连贯起来的工具。企业管理往往不缺明细数据，缺的针对数据整合利用的意识和能力，企业里的生产、销售等专业人员往往存在经验主义、主观意识，忽视定量管理，这往往是阻碍全面预算管理的巨大障碍。通过全面预算这个"一把手工程"，引导全员量化日常经营行动，有效预算、复盘，再围绕预

算制定绩效评价指标并有效落地执行，真正将员工的利益和企业利益捆绑在一起，实现"无须扬鞭自奋蹄"，真正为企业营造一个健康高效的制度体系管理环境。

杜学飞
梦百合预算管理总监

本书作者是企业管理、全面预算管理领域的资深专家，全书紧紧围绕企业战略规划、经营计划、全面预算、经营分析、绩效考核五大核心，将财务与业务紧密联系在一起，一方面让读者深入了解全面预算管理体系化结构化的内涵，另一方面在实践中可以让企业的组织能力得到很大提升。无论是财经人员、业务人员还是企业高管，本书都有着极大的实践指导作用。

刘隽
美的置业集团副总裁

企业是一套复杂的系统算法，预算就是或明或暗的一条经营算法引线。全面预算管理不是一切围绕财务做经营、不是削足适履，而是让经营成果始终在预算管理的预料之中；"事莫明于有效，论莫定于有证"，管理如同临床医学，不是说治疗方案如何完美，而是病人是否康复，本书实战联系着理论，如能深度理解，鱼渔皆可得。

蔡栋
深圳倍思奇流程与 IT 副总裁

航行在波谲云诡的市场大海上，全面预算是企业最为重要的指北针，只有围绕这根指北针分解而成的一系列动作，才能保证航船自始至终维持正确航向、速度、节拍和开销，并规避内外环境变化下纷至沓来的贪、惧、盲等主观风险。全面预算也是企业经营数字化的最严谨、最直观的驾驶仪表台，通过它，每一个经营特征、异常的细节对全局影响都能得到及时充分展现，并把经营者的改善动作形成反馈再次加以体现，如此周转不息，企业经营也将螺旋上升。说到底，全

面预算的本质是承诺，是上对下，也是下对上，更是内对外的承诺，只有当这种承诺自上而下，由内而外形成闭环，企业才能真正做到利出一孔和力出一孔。

陈 炜
索菲亚家居集团副总裁

在大变化的时代背景下，只有不断夯实和提升企业内部的经营能力的确定性，才能更好地应对外部环境的不确定性。作者通过其在美的集团多年高管的实战历练，结合常年辅导企业的经验，以"全面预算管理"为抓手，以经营的脉络梳理预算管理、以经营的语言阐述预算管理，全面提升企业的经营管理能力，取得了非常不错的效果。本书有助于提升企业的基础管理能力，不但财务人员要看，管理者们更要认真理解，提升企业经营能力背后的底层逻辑，相信会更好地帮助企业行稳致远。

颜桂锋
湖南湾田集团副董事长

作为一名全面预算管理老兵，本人于2002年任美的集团财务管理部的财务预算经理时，就开始从事全面预算管理工作。20多年过去了，读完这本书，很兴奋、热血沸腾！该书全面系统、深入地阐述了全面预算管理的理念、目的、作用、编制、过程控制、结果应用等，理论与案例相结合，非常实战、非常系统。特别是预算作为战略落地、经营假设与过程控制、团队约束与激励以及管理和组织变革的重要依据和手段，对企业和企业家有很重要的学习借鉴意义。更令我感慨的是，作者并非财务从业人员，但其对美的经营管理的理解真正到了底层逻辑上，同时又兼具管理的高度与思考的深度，这么多年来潜心研究预算管理、财经管理，把业、财融合这些难题解析得清楚透彻，如同打通了企业经营的任督二脉。如此深厚的功力与丰硕的成果，更令人感叹其视角的敏锐与处事的扎实。

王国金
志邦家居供应链副总裁

推行全面预算管理，可以将企业研、供、产、销全价值链的经营管理活动进行了数据化和财经化，同时，上下结合的多级预算共识形成过程，统一了管理目标和管理语言，对收入、成本、费用等核心指标定期的预实分析、纠偏应对机制，成为经营管理的重要抓手，从而提高企业内部管理的确定性、化解外部的不确定性。用数据解码战略，以简单打败复杂，全面预算管理为企业提升经营质量提供了实战方法和落地工具。我们近年来的经营改善就是得益于在抓业务的过程中坚持这套整体打法，相信更多企业可以从这本极其实战的书中受益。

肖文超
安正时尚运营副总裁

预算管理不是一个财务、会计的工具，而是一个系统的经营管理方法论。对当下的中国企业来说，"全面预算管理"甚至可以说是一种理念与哲学！就是一种事先运筹、逻辑严谨的经营准则，是一种数据导向、结果导向的经营文化，是一种多找差距、敢于挑战的经营氛围。企业经营必须要对全方位的价值成果负责，没有什么工具与体系，能够比全面预算管理更系统、有效也相对简单地把它们管理起来。本书更是十分难得地从经营的角度阐述预算管理，相信可以帮助我们打开一片不一样的窗户。

周 璠
碧桂园沪苏区域副总裁 华东大区人力资源总经理

管理实践往往知易行难，在当今时代，各种黑天鹅、灰犀牛事件防不胜防，让企业的经营管理者陷入对预算管理的"疑虑"与"迷失"！本书会让当今企业家与经理人们眼前一亮！不仅在观念上重新正本清源，引导受众把握预算管理的精髓与核心——先预后算、以预定算、预大于算；而且在实践上极大丰富明确了具体执行的措施与抓手，从而揭示出了伟大商业组织长期竞争力的奥秘——不确定的环境下，预算管理是"不输"的良方，而并非"通赢"的"仙丹"！

周　宇
欧派家居集团总裁助理

全面预算能够推动优化资源配置、提升资源效率，进而提高企业的市场竞争力。全面预算与企业设定的目标相结合，有效推动目标的实现且及时防范风险。通过本书的全面解析，我们看到，全面预算管理的部署与落地，一定会促进企业的精细化管理，增进公司的管理水平，进一步提升综合竞争力，更好地应对当下的激烈竞争。

方　伟
蓝美咨询高级财务顾问　美的吸尘器事业部原财务总监

我在美的的第一个岗位就是预算管理，后来进入顾问咨询行业辅导过很多企业推进全面预算管理，这些客户无论是否有预算基础，都从美的的全面预算管理中吸收了大量的经验与方法，大大超出了他们以前对预算管理的认知，也体会到全面预算管理的超级价值。我理解美的全面预算管理之所以取得巨大成功，核心要素至少有以下几点：一是美的高度分权授权经营的基础是以预算为依据和标尺进行的；二是美的绩效管理是建立在预算的基础上的；三是必须先有战略规划、经营计划再到预算，使预算结果有严密的计划和逻辑支撑，而不是简单地做数据演算与费用预算；四是年度预算编制完成之日，更是年度预算管理的真正开始，财务部门每月持续对各项预算目标及执行数据进行全方位跟踪、分析、预警、督促整改，业务部门也会紧紧围绕既定的年度预算框架部署、执行、检查各项工作，使之形成完整的闭环管理。

该书以美的预算管理实践为基础，同时结合了我们在大量企业落地辅导的经验与做法，具有非常强大的实操性，对于想推行或加强预算管理的企业来说，具有非常实用的价值。

郭华亮
蓝美咨询高级财务顾问　九州通原财务总监　美的日电集团原财务副总监

全面预算是美的集团从战略到执行成功的关键一环，也是美的稳健增长的背后，不为人知的底细层逻辑，本书是真正于把手教我们如何更好地使用全面预算工具的"武林秘籍"，跟着成功企业学习企业成功之道，这是最好的捷径。当然，学习并实践全面预算管理，可能也不像学习其他管理知识和工具那样令人兴奋、那样易行，但的确是更有效的、更重要的，也是更需要花"笨功夫"去做的。

曹小龙
蓝美咨询高级财务顾问　原美的环境电器事业部财务副总监

企业财经管理不仅仅是财务人员的工作。根据我们多年财经管理的实践体会，优秀的企业在财经管理方面也有着优秀的表现，在核算、资金、成本、预算、风险管理等财经管理的某一模块或多个模块有着重点的投入，不仅仅是财经人员的投入、包括企业决策者、各个业务一把手及其他管理者都深度参与财经管理，从而取得优秀的表现。本书源于美的全面预算管理的实践经验以及作者带领的专家团队在不同行业、不同体量的企业辅导全面预算管理的实战经验，以科学、务实的态度，全面、深入介绍了全面预算管理的理念、知识、工具与方法，相信对企业决策者、各级管理人员，尤其财经人员在企业内部发挥更大价值，会很有启发及借鉴意义。

目录

目录

目录

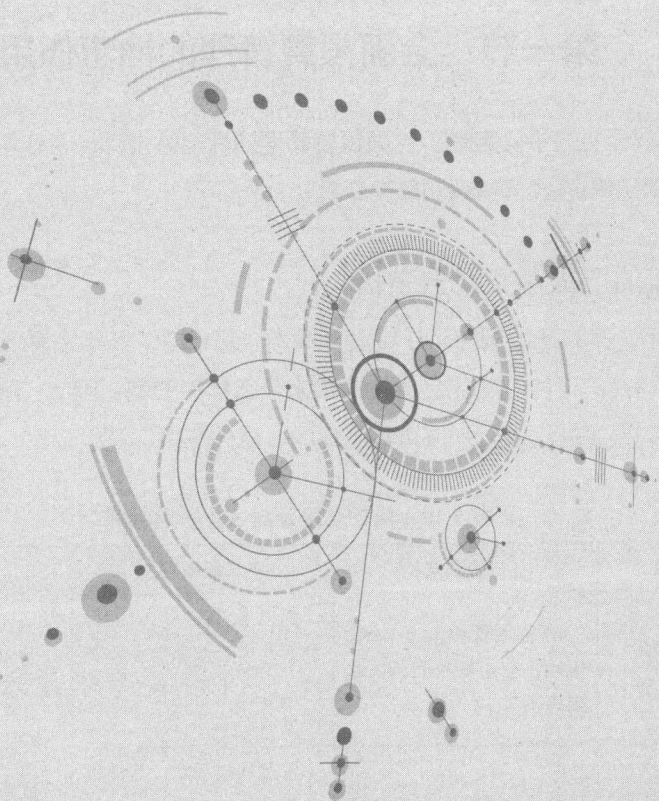

第一章
以预算的确定性应对经营的不确定性

近些年来，我们普遍感觉环境变得越来越无法预测，导致企业经营似乎越来越被动。在未来的商业竞争中，这种"不确定性"可能还会进一步发展，这对企业来说是一个巨大的挑战。因此，驾驭"不确定性"的能力，便成为一个企业经营能力的真实体现。这种能力可量化、可塑造、可提升吗？答案是肯定的，但需要使用全面预算管理这一有效工具来实现。

第一节　全面预算管理的神奇作用

应对经营环境的不确定性，全面预算管理如何能够发挥神奇作用？我们来看一下美的经营举措和核心经营指标测算两个真实案例。

一、美的三级预案经营举措

2008 年，美的在编制 2009 年度预算时，鉴于 2008 年金融危机的影响，不确定新一年全球经济形势的变化会给企业带来什么样的影响。因此，除了按正常的战略规划路径做的预算外，还分别按可能出现的"意外"做了三级预案，见表 1-1。

表 1-1　美的三级预案经营举措示例

项　目		一级预案	二级预案	三级预案
营销策略	×× 国内事业部	增加降价幅度 ×× %，主动抢夺市场空间，争取提高销量 12 万套	提升渠道补差 ×× %，利用专卖店及家电下乡契机，扩大市场份额，争取销量增加 12 万套	全面回访，提升顾客满意度，争取销量增加 11 万套
	×× 国际事业部	价格比预算下降 7%，争抢订单，保证销量	重点加强中东、非洲市场的拓展力度，加大北美、拉美市场新客户开发力度	变革定价模式，由底价管理向基于成本加成的市场定价管理转变
	×× 事业部	坚持市场定价，对价格敏感性高的 ×× 产品主动降价 2% 抢订单；大力发展专业工程商，争取销售增长 2 340 万元	集中资源推进大机、多联机等主流产品；按照 ×× % 比例加大分销商返利力度，刺激终端出货，争取销售增长 2 106 万元	增加低端产品销售比重；下放价格权力，各营销中心针对竞品全力抢单，争取销售增长 1 872 万元
	×× 事业部	调整客户结构，稳定高价值客户，预计增加收入 141 万元	确保内部产业链产品匹配率 80%，重点客户供货比率 55%，增加收入 444 万元	加强内部产业链产品匹配和重点客户供货比率，增加收入 647 万元
成本控制	×× 国内事业部	采购成本下降 ×× %，成本降低 8 107 万元	持续推进全员降成本，成本降低 6 851 万元	固定性费用降低 4 000 万元，总成本下降 9 595 万元
	×× 国际事业部	采购成本下降 ×× %，技术降本下降 ×× %，成本总额降低 3 亿元	重点物料专项调整和优化，技术降成本 ×× %，成本总额降低 2.8 亿元	加大招标定价频率和力度；技术降本 ×× %，成本总额降低 2.5 亿元

续上表

项　目		一级预案	二级预案	三级预案
成本控制	××事业部	材料成本较预算基准成本下降××%；通过设计优化降成本××%，重点机型设计成本下降××%，成本总额降低13 656万元	采购成本较预算基准成本下降××%；制造损耗率较2008年下降××%；设计优化降成本××%，成本总额降低18 967万元	采购成本较预算基准成本下降××%；制造损耗率较2008年下降××%；交货周期缩短××%；设计优化降成本××%，成本总额降低22 281万元

注：上述表格内容并非全部内容，是根据当时预案整理的部分要点。

当时预设了销售不增长、销售下滑10%、销售下滑20%这三种"糟糕"情况，针对这三种可能出现的情况分别从销售、生产、成本管理等方面拟定了改进策略，并且对这些策略进行经济测算，计算出采取什么样的策略可能是合适的，最终对企业的盈利、现金流会产生什么影响。比如，当时的销售层面提出了降价、返利、促销等策略，而成本层面提出了成本压缩、人员精减和减产的策略。

这种做法不是事到临头再来想办法、做应急处理，而是事先就要想到并且做好测算与准备，做到心中有底。有了这种测算与准备，如果市场一旦出现对应的"危机现象"，就可以迅速启动相应的应急策略。在当前的环境下，许多企业虽然也大多感受到危机，也都在谈"活下去"，但是多少企业真正做了经测算的应对预案？多少企业对这种预案下的现金流进行了测算与准备？

通过这个案例我们可以看到，美的并不是去预测未来的环境会变成怎样，而是从这种变化的环境可能会对企业经营结果造成的财经影响这个方面，去进行风险防范与策略应对。也就是说，不论外部环境怎么变化，看似有太多的不可预测，但是它可能带来什么样的财经结果是可以做出预估的。除非出现巨大的不可抗力，对行业、企业产生重大影响，否则多数变化是可以提前进行部署的。这也是我们说通过预算可以化解不定性的原因。

二、美的三级预案核心经营指标测算

美的的三级预案核心经营指标测算下来，在极端的情况下，虽然利润额、利润率可能比较低（如销售下滑20%的情况下，净利润率约2%），但是经营性现金流还是高于利润的。

20××年美的三级预案核心经营指标测算，见表1-2。

表 1-2　20×× 年美的三级预案核心经营指标测算

单位：亿元

项　　目		一级预案			二级预案			三级预案		
		销售收入	经营利润	经营活动现金净流量	销售收入	经营利润	经营活动现金净流量	销售收入	经营利润	经营活动现金净流量
争取目标	×× 国内	147.10	3.20	6.10	132.40	1.30	5.50	117.60	−0.10	4.90
	×× 国际	101.10	3.10	3.50	89.90	1.60	2.90	78.90	−0.20	1.20
	×× 事业部	45.20	4.80	5.30	40.60	4.00	4.40	36.30	3.00	3.40
	×× 事业部	52.60	2.00	3.60	47.30	1.40	3.00	42.10	0.50	2.10
	×× 事业部	52.40	2.40	1.50	47.20	1.60	1.30	41.90	1.10	0.20
	×× 事业部	55.50	5.10	4.00	50.40	4.40	3.00	44.30	3.70	2.00
	×× 集团合计	453.90	20.60	24.00	407.80	14.30	20.10	361.10	8.00	13.80
	现金利润比	—	—	1.17	—	—	1.40	—	—	1.73
	同比	持平	−3%	−43%	−10%	−33%	−52%	−20%	−63%	−67%

真正的经营高手则认为，企业经营管理中的大部分决定性因素是可预测的。预算正是集中在这些决定性因素上，通过预测手段对多变的企业外部环境进行尽可能及早地、充分地预见。

许多人对预算存在偏见，归根结底是他们对预算管理不了解、没掌握、学习意识与能力淡薄、奉行经验主义。我们认为，预算不是数字游戏，是业务逻辑的数字化再现。预算不是会计表格，是对业务经营进行财务解码。预算是企业整个管理体系中的重要工具，企业的成功要依靠包括预算管理在内的整个管理体系和运行机制的共同作用。

第二节　全面预算管理让企业管理变简单

一般来说，企业管理绝不简单，尤其是随着企业的发展壮大，产品越来越多、规模越来越大、人员层级越来越多，管理自然是越来越复杂的。如果不能有效化解这些规模变大之后的灵活与敏捷问题，那么企业一定会患上大企业病，出现规模不经济的情况，最终被打败。在企业界，规模大不是导致成本低的必然因素，有关大企业轰然倒下的案例不在少数。

一、企业普遍面临的困境

事实上，企业经营过程中往往会碰到很多矛盾。很多企业管理者经常像救火队长，天天要解决内外部的各种问题。随着企业规模越来越大、人员越来越多、内部组织架构越来越复杂，这些矛盾暴露的频次就会越来越多，处理起来也越来越困难。

许多企业普遍面临这样的困境：

① 企业的经营往往依赖"英雄"，人事调整往往让企业伤筋动骨；

② 企业内部沟通复杂，很难达成共识，目标总是反复博弈；

③ 企业的经营效率并不高，资源消耗巨大；

④ 企业效益改善并不明显，盈利能力不强，波动频繁；

⑤ 企业现金流状况不佳，很容易受外部宏观环境影响；

⑥ 各项成本压力越来越大，费用管控总是两难；

⑦ 面临转型升级或者业务重构时，企业的困难与挑战就特别多；

⑧ 内部经营人才断层，交接班往往成为大难题；

……

在企业经营管理中，时时存在许多两难的矛盾。很难说有绝对的解决之道，不论企业多么强大、优秀，也会经常遇到诸如此类的问题。如何有效解决？总之，不能是过程中通过领导者的管理艺术、中庸之道来处理，还是要回到企业经营管理这条主线上，通过共同的逻辑、共同的管理语言，以体系化的思维来面对、处理，做好平衡。

我们发现，导致日常经营需要决策的工作太多的一个根本原因，就是企业的"谋划"不够，随着组织与规模的复杂，就造成了越来越多的困惑。而管理者因为总是在日常事务中"纠缠"，导致他们的前瞻性、系统性弱化。与此同时，许多企业的"全面预算管理"是缺失的，企业内部的财经数据基础薄弱，从而导致许多管理动作失去标准、管理规则无法精确、管理工具失效，这就形成了恶性循环。全面预算管理就是一个很有效的工具与方法，可以有效地面对并且合理解决这些问题。

同样，许多企业都很重视战略，因为方向不能出问题。但是我们也应该看到，除了极少数的科技型企业，在同一个行业中，不同企业对行业的认识其实没有那么大偏差，极少出现一个企业在战略思考上遥遥领先，能够看到其他企业看不到的机会，通过战略与商业模式就能长期立于不败之地的情况。

我们也看到，许多企业对战略是非常重视的，但是战略执行的效果却往往不佳。究其原因，很大程度上是没有细节的"解码"与"跟踪"，或者只是通过重点工作进行管控往往会顾此失彼。因为经营管理是一个庞大的系统，有方方面面的变量。只有通过财经逻辑才能够化繁为简，把复杂的经营管理变简单。

许多企业也有做计划、做预测，是传统的计划管理：连接战略目标和预算系统处于预算上游。计划指标的确定主要采取自上而下的方式，计划指标单一，不能覆盖整体经营活动，而且主要以定性预测为主，兼顾定量分析。通常业务经营计划与财务预算分离，经营计划、投资计划和财务计划三项计划的编制相互独立，关联不够，参与的人员也只有部分管理人员，甚至可能主要依靠财务人员编写。

而全面预算管理是这样的：连接计划和绩效系统，处于计划下游。预算目标的确定与下达，采取上下结合的方式，充分反映企业的实际情况和多层面的意见和建议，全面系统覆盖企业经营管理活动。其呈现主要是通过数据以定量形式反映，有完善的方案，并且存在严谨的钩稽关系，在企业的业务经营计划与财务预算之间实现无缝连接，业务预算、资本支出预算有机地集成在一起。其参编人员并不局限于财务人员，而与企业各级经营管理人员共同参与预算的制定、执行、分析和考核的全过程。

二、让企业经营管理变简单的逻辑

因为预算以数据为基础，全面预算管理就成为一个更合理、更严谨并直接与企业经营报表融为一体的框架，能够梳理企业的经营逻辑、匹配关键资源，以预测为基础，进行量化反映，不需要太多复杂的描述，从而能够更清晰地权衡动作、界定权责、协调企业各部门间的利益，获得业绩考核的承诺基础，是一种规划和控制工具。

全面预算管理是企业平衡各项资源的有效方法。它可以实现：

① 收入与费用平衡；

② 成本发生与行为责任平衡；

③ 贡献业绩与奖励平衡；

④ 现金流入与流出平衡；

⑤ 人力、物力、财力平衡；

⑥ 管理手段、经营目标、经济活动、组织措施平衡……

没有其他任何一种工具，能够既简单又全面地起到以上作用。

我们经常发现，许多企业经营团队在日常经营中会出现各种救火的情况，也面临各种左右为难的考验，一个很重要的原因就是在预算的时候对其重视不够、考虑不周、推演不足，最后导致临时出现各种无奈。这个时候，怎么解决都是难，最终不得不陷入行政权力或人事关系的漩涡。

如果能够走上全面预算管理之路，真正让管理创造价值，并且简化内部管理，解放决策层的生产力。对处于转型期的众多企业来说，是一个有力的武器。

当然，要用好全面预算管理这个工具是有难度的。尤其对传统的经验式管理者来说，意味着要改变自己的管理习惯。而且全面预算管理是一项与业务经营融合才能起到作用的管理活动，从开始实施到有效果不是一朝一夕的事情，而是一个持续不断的过程。这也往往令一些总是希望短期见到效果的企业中途放弃。

遗憾的是，这个全面预算管理工具的重要性一直被大多数企业忽视，在有限的使用这个工具的企业中，也常常存在一些认识上的误区。这样一来，全面预算管理的工作往往成了走过场，预算文本自完成之日就是其寿终正寝之时，基本会被束之高阁，再也无人问津。

纵观管理现代化的历史，其实就是一部全面预算管理的发展史——因为财务会计的发展使得企业规模不断扩大、企业间交易更快速更紧密成为可能，财务管理也不断从信息记录职能演变为配置资源、解码经营的过程，在此过程中更是产生许多财经标准，直接成为企业经营的标记。不论是收入、成本、费用、利润这些显而易见的科目，还是经营性现金流、净资产收益率、资产负债率、现金周期、库存周转率这些经营标准。

第三节　全面预算管理驱动价值创造

全面预算管理是价值管理的基础，它是从财务结果反思过去的经营成果，也是从未来的规划倒逼企业现在的价值创造是否在提升。

一、全面预算管理可有效提升企业的经营质量与效率

经营质量和经营效率不可能自动产生，而是通过全面预算管理手段抓出来的。财经管理中有许多这样的指标来评价企业的经营质量。那么，全面预算管理可以说是有效提升这些经营质量和经营效率的抓手。

为什么这么说？因为可以在预算管理中预设这些指标改善的幅度，然后在经营过程中有效监控、分析论证，以求不断接近或者超越这些指标。当这些指标完成了，也就清楚地知道经营目标达到了，经营水平提高了。

全面预算管理的主要目标，如图 1-1 所示。

以数据与逻辑梳理经营状况
强化分配资源的合理性
提高公司应对市场变化的能力

确认经营价值点
提供经营绩效考核的依据
保证责权利的匹配

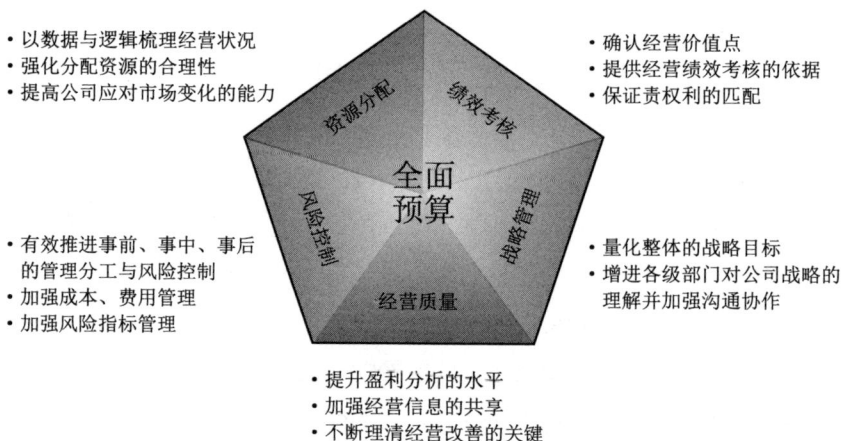

有效推进事前、事中、事后
的管理分工与风险控制
加强成本、费用管理
加强风险指标管理

量化整体的战略目标
增进各级部门对公司战略的
理解并加强沟通协作

提升盈利分析的水平
加强经营信息的共享
不断理清经营改善的关键

图 1-1　全面预算管理的主要目标

在转型时期、存量竞争时代，更需要"全面预算管理"这样的系统工具来帮助企业管理者做好经营、防范风险、推动增长。通用汽车公司得以进步，得益于斯隆引入了杜邦的财务控制系统，构建了新的财务管理工具。我们知道的杜邦财务系统，以杜邦分析法（ROE）最为闻名，但事实上，杜邦财务管理系统最核心的是预算管理，而 ROE 是预算管理中要反复验证的核心指标。

全面预算管理的主要功能包括规划功能、控制功能、沟通功能、协调功能和激励功能，详见表 1-3。

表 1-3　全面预算管理的主要功能

功　能	内　容
规划功能	经过对企业经营的规划、分析和量化，使企业目标得以具体化；有助于企业高层管理人员及下属各级主要管理人员找出经营中存在的和潜在的瓶颈，然后归集关键性资源以缓解瓶颈，防止它们成为企业实现预算目标的障碍
控制功能	预算目标的制定为管理控制、绩效评估及信息反馈提供标准；同时预算为管理提供一个参考框架，指导经营活动，提供管理、控制活动的标准并进行相应的授权
沟通功能	高层领导可以通过预算表达未来发展战略及经营计划，减少各个部门间操作的隔阂，成为企业内部沟通的工具。通过预算，高层管理者可以将计划和目标传达给整个组织；同时，每个部门由此可以确定需要做哪些工作来履行对其他部门的责任。预算表明了在一定期间内组织对所有部门和所有人员的期望和要求
协调功能	预算详列了各个部门应做的工作以使部门间的活动协调一致，使企业资源达到最有效配置
激励功能	根据表述清晰的预算目标，使员工清楚了解企业的希望，使其保持高昂的战斗力，努力实现预算目标；在经营期末，企业预算可以作为业绩评价的标准，预算代表了在预算期间内对企业员工和部门行为结果的期望和要求，可以用此来评价实际经营成果的业绩，通过依据预算进行考核、奖励来激励员工

当前环境下，我们一直倡导企业，要追求：有利润的收入；有现金流的利润；有投资回报的现金流。这三句话很简单，但却综合衡量了一个企业的经营能力和管理水平，能够做到这三点的企业，就是价值创造型企业。

企业经营面临"三道堤坝"（利润、现金流和投资回报），如图 1-2 所示。

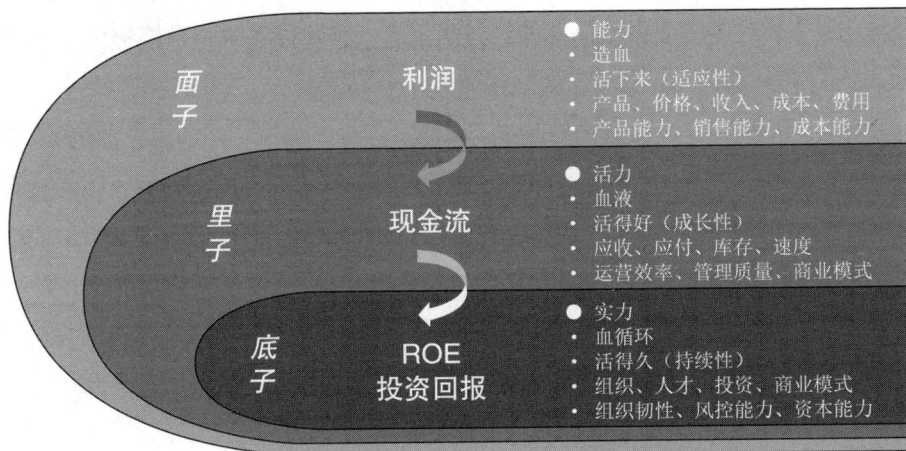

图 1-2　企业经营的"三道堤坝"

仅仅喊着口号、不断强调是难以实现这几点的，必须通过"全面预算管理"，才可以从战略规划到经营动作整个流程中都强化下来，并在过程中进行跟踪、验证，最终才有实现的那一天。

二、全面预算管理离不开企业高层的重视和支持

需要强调的是，领导层及业务部门对财务和全面预算的重视与参与，决定了全面预算管理的走向，并决定企业是否能够在不断做大的过程中仍然推行简单的管理。

在企业，特别是民营企业中，最高领导层对一件事情的重视程度往往决定了事情的走向和结果，因此无论是战略与经营计划的确定，还是预算的编制和分解，又或是经营过程管控和责任制考核的落地，都离不开最高领导的重视和支持。

预算管理本身就是领导者的经营蓝图的体现，必须是一把手工程，如果最高层不亲自参与，是难以体现其意志的，也就很难取得真正的好效果。一个企业若要经营好、管理好，与一把手对财务管理的重视有非常直接关系，也能够推动企业形成统一的管理语言，养成讲数据、讲财经逻辑的作风。

日本实业家稻盛和夫说："所谓经营，数字便是一切。""哲学只有变成了数字才

是经营。""看不懂经营报表，不能成为合格的经营者。"

著名企业家、中国上市公司协会会长宋志平说："管理者逻辑能力必须非常强。做企业是一门'功夫'，必须持续学习、反复操练，尤其是企业领导者，必须树立终身学习的理念。"

欧洲职业经理人协会更是明确提出："一个看不懂财务报表，不能进行企业分析的人，是不能对本企业做出正确的经营决策的，因此也就没有资格担任企业的管理者。"

"战神"粟裕说："打仗就是算数学。在制订作战方案时，必须进行精确的计算，要用心在敌我兵力对比、武器装备对比、地形条件、解决战斗所需时间等因素方面加以精确计算。在计算我方有生力量时，不能单纯地计算主力部队，还应包括地方武装。不但计算兵器，而且要计算火力。"

当经营者对数字、对财经逻辑越来越重视，对价值的标准与结果越来越清晰，创造价值的责任感与使命感越来越强烈，我们的企业就有可能化解外部的不确定性、提高内部管理的确定性，并通过财经逻辑的梳理与牵引，培育经营人才，打造科学管理体系；就有可能做到效率驱动、超越竞争、客户满意、永续经营。

当越来越多的管理者以全面预算管理为抓手，推动经营管理的数字化、标准化、流程化，上下同欲、权责匹配、奖惩一致，打造市场驱动、高效管理的组织，中国企业的未来一定会更好，我们的经济发展还有巨大的空间。

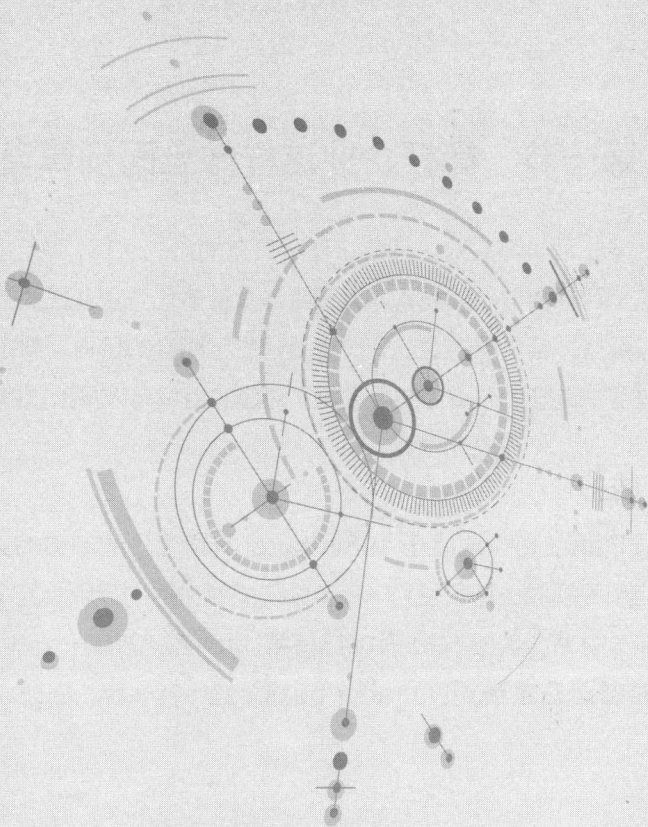

第二章
如何理解全面预算管理

　　全面预算管理不是"新奇特"的方法论，也不是什么复杂的理论。它是一个依据经济原理、财经逻辑而对企业未来经营活动进行有效谋划的基本管理工具，是加强企业内部管理控制，优化内部资源配置，实现经营目标的一种有效方法，是战略目标与方案的财务数量描述，是企业战略实施的保障与支持系统，是以企业发展战略为导向，战略、规划、预算、绩效考核一体化的系统。全面预算管理的运用可成为一个贯彻企业经营战略的系统工具，在支撑企业发展、协调组织运作、控制经营风险和提升经营质量中发挥核心作用。

第一节　标杆企业这样做全面预算管理

很多企业发生危机与失败，其症结在于只有抽象的目标，缺乏具体的实施过程，不清楚达到这个目标要做哪些配套与管理工作。许多优秀企业在预算管理、财经管理上做得很好。那些持续发展的企业，一定是建立了明确的目标，制定了细分的实施步骤，并且在过程中做好了节点控制，进行了对应的组织与人员配置的。

一、丹纳赫

丹纳赫（Danaher）成立于 1984 年，是美国领先的制造商之一，它在健康、环境和工业应用等领域极富吸引力，拥有众多闻名世界的品牌。2022 年 5 月 23 日，位列 2022 年《财富》美国 500 强排行榜第 118 名。它有一个驰名业界的管理系统：丹纳赫精益运营系统（Danaher business system，DBS）。丹纳赫 DBS，如图 2-1 所示。

图 2-1　丹纳赫 DBS 示意图
（来源：丹纳赫公司网站。）

丹纳赫的 DBS 源于一次收购。1986 年，丹纳赫在收购皆可博（Jake Brake）的期间，正值皆可博时任首席执行官（CEO）乔治·柯尼塞克着手将日本丰田的精细化管理引入皆可博。丹纳赫创始人雷尔斯兄弟虽然当时不完全懂制造业，但通过了解和查看强劲的生产数据后，他们要求乔治·柯尼塞克在丹纳赫的首次企业会议上做一个关于精益化管理的演讲。

丹纳赫引以为傲的精益管理能力正是得益于 DBS，媲美日本丰田的精细化管理生产方式，它所带来的成功超出了所有人的想象——不仅在当时强化了其在行业中的领导地位，后来更是经过逐步演化，最终形成了现在的丹纳赫精益运营系统，在欧美企业中排名第一。

这套系统不仅让丹纳赫在内部运营上取得了巨大的成功，更让丹纳赫可以不断将其能力延伸到外部，推进外部并购并获得成功。它被称认为是全球最成功的实业型并购整合公司，也是"赋能式"并购之王。他们对被并购企业实施"赋能"的方式，就是全面导入 DBS 与运营人员，往往能够快速收到"奇效"。

2018 年 10 月，通用电气打破一直从内部选拔 CEO 的传统，引入劳伦斯·卡尔普接任 CEO。卡尔普即是原丹纳赫的 CEO（2001 年至 2014 年在任），由此可见丹纳赫的业界地位。

DBS 有着非常严谨的工具系统与作业程序，在一份有关丹纳赫从战略到执行的资料介绍中，我们看到这样一个"七阶段战略部署过程"，其中有着非常严谨的财经逻辑与操作节奏。丹纳赫七阶段战略部署过程，如图 2-2 所示。

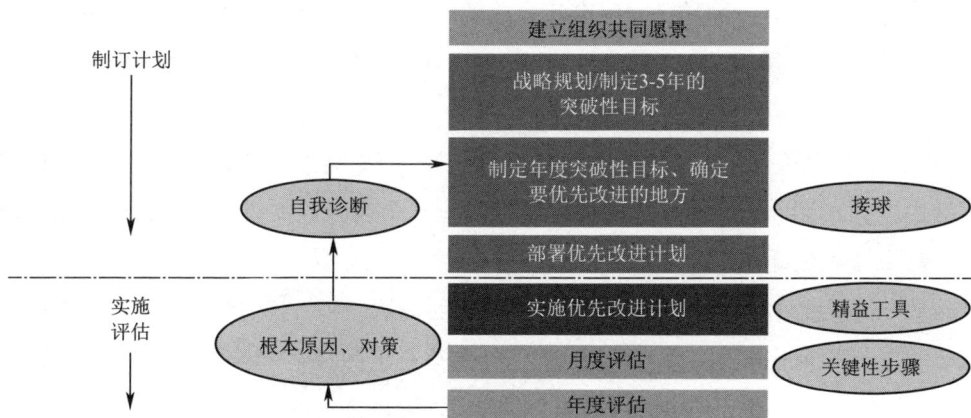

图 2-2　丹纳赫七阶段战略部署过程

从丹纳赫这个工作部署中可以看到，从企业愿景，到战略规划、到年度计划，再到计划实施、月度评估、年度评估，时间上都有明确的要求，同时在过程中要使用精益运营的工具，不断分析差距、找到对策，循环改善。丹纳赫通过 DBS 形成高能力与高目标的良性循环，如图 2-3 所示。

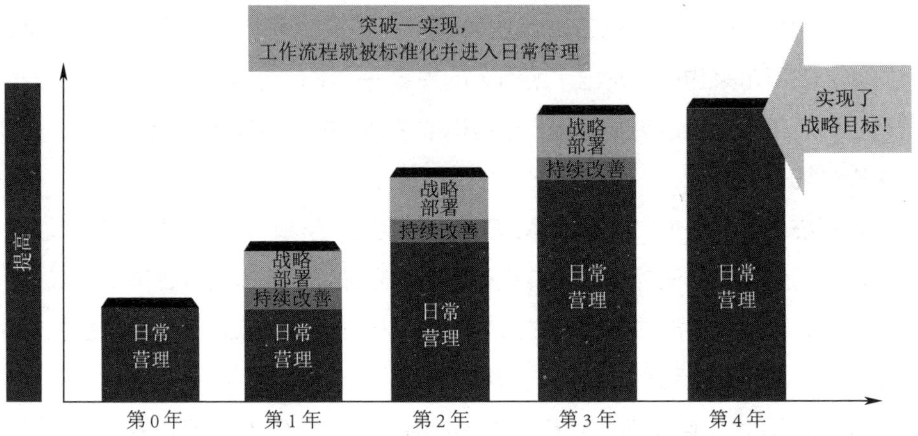

图 2-3　丹纳赫通过 DBS 形成高能力与高目标的良性循环

丹纳赫不断按这种节奏推进内部的经营管理，做到实现了经营目标的同时，也实现了经营质量的提升，这种经营质量的提升又促进了战略目标的实现。

二、通用电气

通用电气（GE）创立于 1892 年，总部位于美国波士顿，业务遍及世界上 100 多个国家，拥有员工 30 多万人。在 2019 年的《财富》世界 500 强榜单中排行第 48 位。

GE 是世界知名企业，其内部的"群策群力""数一数二""GE 矩阵"等概念和方法也广为人知。哈佛大学教授丹尼斯曾做过一个调查，发现全美《财富》500 强中，有 173 家公司的 CEO 是从 GE 出去的。

从一份系统介绍 GE 从战略到执行的重大经营活动中，我们可以看到，整体的时间节奏是非常清晰的，而且"谋划"的工作是有充足的时间与准备的。GE 运营系统运行，如图 2-4 所示，GE 重要管理会议安排，见表 2-1。

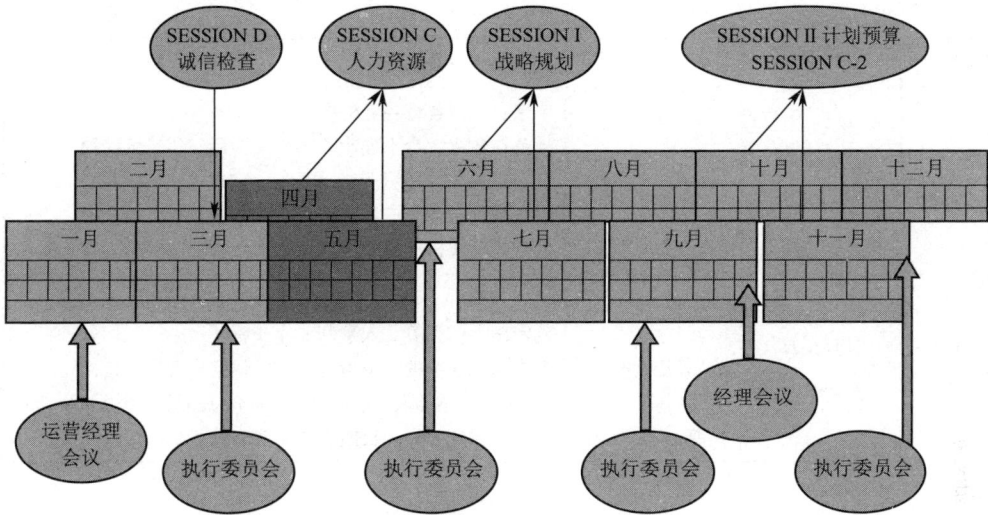

图 2-4　GE 运营系统运行图

表 2-1　GE 重要管理会议安排

时间	会议名称	参与人员	主要议题	要点
1 月	运营经理会议	600 名 GE 全球业务部门的领导	检讨上一年度经营业绩 分享最佳业务做法 展望当年工作重点和要求	研究新一年的战略任务，推出行动计划 制定最低的目标任务和极限任务 全面贯彻实施
3 月	诚信检查（session D）	—	执行诚信检查的各项要求	依据是《员工诚信手册》等
3 月 6 月 9 月 12 月	执行委员会会议	各集团业务"CEO"	经营业务检讨 找出关键议题 确定解决方法	业务结果 早期发现 客户反映 战略举措资源是否充足 业务管理课程（BMC）建议
4 月～ 5 月	人力资源（session C）	各级高级经理 / 人事部门	公司战略举措层向 GE 领导层汇报他们的进展。与此同时，向 11 000 名 GE 员工派发无记名总裁调查表，征求对实施公司战略措施的真实反馈	从上到下检讨公司每个层次结构，经理 / 人员的业绩及效率 找出每个人业绩差距和岗位轮换、培训要求 后备梯队培养、识别人才

续上表

时间	会议名称	参与人员	主要议题	要点
6月～ 7月	战略规划 （session Ⅰ）	高级业务经理	来自全球各行各业的岗位模范在年度大会上向150名公司高层领导展示业绩，通过这个平台各个业务集团可清楚地了解自己的差距	今后三年经营计划 三年内业绩预测 投资要求
10月～ 11月	计划预算 （session Ⅱ）	高级经营经理	一轮结束，另一轮开始，确定来年的预算，人事和业务方案。连续的业务检查和分析确保合适的人在合适的位子上，保证公司的长期成功	确定年度计划（月度化）指标 确定全套考核指标 汇总和最后通过业绩计划和考核指标

在表2-1中，GE内部对相关的会议框架进行了明确的界定。如"运营经理会议"主要是检讨上一年度经营业绩、分享最佳业务做法、展望当年工作重点和要求，参与者包括公司500位经理人（GE全球业务部门的领导者）。"执行委员会会议（CEC）"的宗旨是经营业务检讨、找出关键议题、确定解决方法、部署下期经营目标，参与者包括各集团业务"CEO"，分季度进行，全年共四次。而"战略规划"的宗旨则是今后三年经营计划、三年内业绩预测与投资要求。

GE战略策划和目标规划，如图2-5所示。

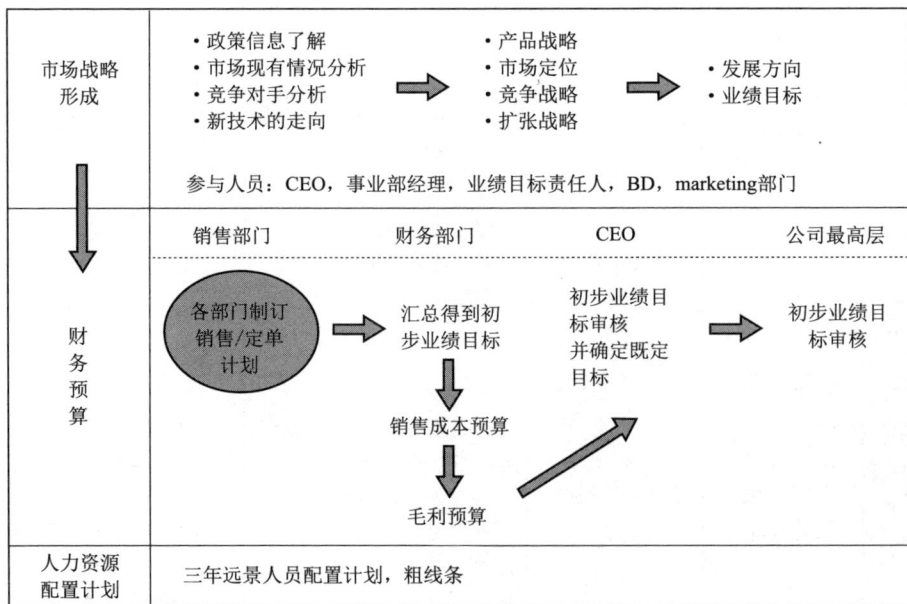

图2-5　GE战略策划和目标规划图

紧接着"计划预算"则从 10 月开始，到 11 月底结束，着重衡量和控制。对当年做一个更加准确的预计，对下一年做一个更加精确的计划和承诺。这一阶段所确定的业绩目标已经是非常严肃的承诺。

GE 预算过程，如图 2-6 所示。

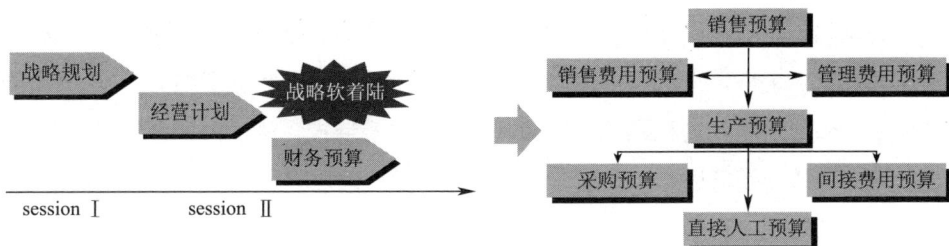

图 2-6　GE 预算过程

GE 在制定预算时，会关注"如何超越去年的业绩""竞争对手在做什么，如何战胜他们"两个问题上，那么预算程序就能变成一种业务部门与总部之间的对话，他们将共同关心现实世界的机遇与困难，话题将变得更加广阔，任何事情都有可能。在他们的对话中，双方将共同确立一个增长目标，那不是谈判，也不是强迫，甚至都不能被称为"预算"，而真正成了关于明年工作的"运营计划"，充满了创意和灵感，确立了大方向。作为目标的数字也得到了双方共同认可，或者说那是一个所谓反映"最大努力"的目标数字。

运营计划的目标数字是通过具体的分析得出的，也能随环境的变化而替换。一个业务部门或者产业可以在一年时间里制订两三个运营计划，随时根据商业挑战的现实情况通过对话来调整。这样一种灵活性又可以把企业组织从常规预算的那种文牍主义镣铐中解放出来。

三、华为

华为创立于 1987 年，是全球领先的信息与通信（ICT）基础设施和智能终端提供商，在 2020 年的中国民营企业 500 强中，华为排名第一。在 2021 年 8 月 2 日的《财富》世界 500 强榜单中，华为排在第 44 位。

从华为 2020 年至 2021 年的年报数据来看，其收入规模虽然有下滑，但整体盈利水平、经营效率都能够维持在一个比较高的水平上。

通过对华为经营管理的研究，我们发现其在财经管理、全面预算管理方面，有着非常超前又非常准确的理解与实践。早在 1998 年出台的华为纲领性文件《华为基本法》中，就有这样一条对"全面预算管理"的重要描述：

全面预算是公司年度全部经营活动的依据，是我们驾驭外部环境的不确定性，减少决策的盲目性和随意性，提高公司整体绩效和管理水平的重要途径……公司设立多级预算控制体系。各责任中心的一切收支都应纳入预算。

华为认为，走向有序管理的关键是加强计划、预算、核算体系的建设。在这一份有关华为经营全过程管理的资料中，我们可以看到，华为非常强调财务管理。计划预算是牵引，核算是对计划和预算执行情况进行评估及监控，通过公司各层级计划、预算、核算、考核的闭环运作，实现作战单元的有效管理。

华为从战略到执行的过程，如图 2-7 所示。

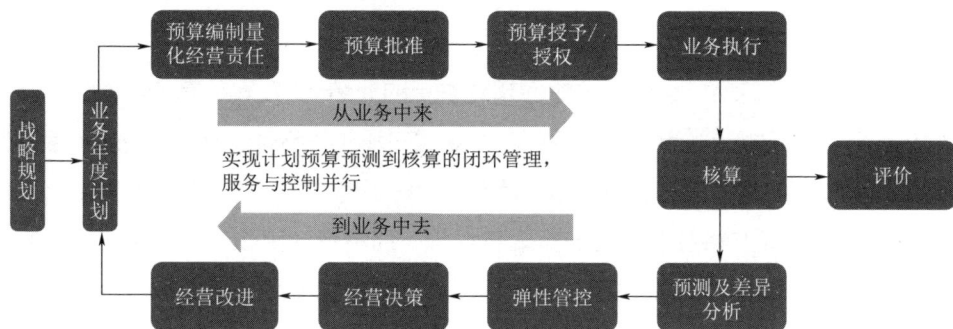

图 2-7　华为从战略到执行的过程

2016 年，任正非在与一批管理专家进行交流时，是这样谈财经管理的："华为财经是公司持久增长的关键，华为财经构建了公司的运行逻辑，也使得华为公司在全球经济不济的当下能够逆势上扬。"

华为当然有许多管理工具，但是华为在财经的基础管理方面做了很扎实的功课，这让华为的其他管理之花能结出很好的果。事实上，我们从华为的经营结果与经营质量也能够看得出来华为与中兴的经营数据对比，见表 2-2。

表 2-2　华为与中兴的经营数据对比

项　　目	2010 年		2017 年		2018 年		2019 年	
	华为	中兴	华为	中兴	华为	中兴	华为	中兴
营业收入（亿元）	1 852.76	702.64	6 036.21	1 088.15	7 212.02	855.13	8 588.33	907.37
同比增长率	19.50%	−21.40%	15.7%	7.49%	19.5%	−21.4%	19.08%	6.11%

续上表

项　　目	2010 年		2017 年		2018 年		2019 年	
	华为	中兴	华为	中兴	华为	中兴	华为	中兴
人工成本（亿元）	306.64	96.79	1 402.85	196.83	1 465.84	207.92	1 683.29	156.05
人工成本率	16.55%	13.78%	23.24%	18.09%	20.32%	24.31%	19.60%	17.20%
净利润（亿元）	237.57	34.76	474.55	53.86	593.45	−69.49	626.56	51.48
员工人数（人）	11.2 万	8.5 万	18 万	7.5 万	18.8 万	6.8 万	19.4 万	7.01 万
人均利润（元）	21 万	4 万	26 万	7 万	32 万	−10 万	32.3 万	7.35 万
员工平均收入（元）	27 万	11 万	78 万	26 万	78 万	30 万	86.77 万	22.27 万
人均销售（元）	166 万	82 万	335 万	145 万	384 万	125 万	442.7 万	129.5 万
人均销售比	2 : 1		2.3 : 1		3 : 1		3.4 : 1	

（来源：华为、中兴的公司年报。）

我们看到，相对于主要同行企业，2019 年华为的人均销售是对手的 3.4 倍，而且员工的薪酬也是极具竞争力的，是对手的 4 倍，但它的人工成本率仅比对手高 1.6 个百分点。这样一种高人效，是通过强大的经营管理才能产生的。

事实上，这些都不是自然产生的，而是以结果为导向抓出来的。早在 2001 年那篇著名的文章"华为的冬天"中，任正非明确提出："不抓人均效益增长，管理就不会进步。因此，一个企业最重要、最核心的就是追求长远地、持续地实现人均效益增长。"他多次强调："企业间的竞争，说到底是管理的竞争。"

我们看到一份华为的心声社区于 2020 年 5 月 9 日发布的一则任正非与财经团队座谈会的讲话，任正非是这样说的：

　　什么是财务？一部分是"财"，一部分是"务"，"务"就是指要懂业务，为业务提供专业的服务与支持。……不够的要去补课，补得不够的先让出位置，让合适的人先上，补好课你再回来，选熟悉本业务、又知晓相关业务的人先顶替你的岗位，你锻炼好后再重新安排岗位。这是一种良性循环。当然，财经是经验科学，经验科学是容易规范化的。规范化的业务，要走标准化、电子化的道路，简化作业方式。技术业务是跳跃的，每三个月刷新很快，不在现场，不会理解的。不要因为我强调 PFC 要学业务，你们就只去学业务，荒疏了本专业能力。没有本专业的精，就没有开门的钥匙。

华为的价值观中，"以客户为中心"广为人知，但是华为在资金管理中是明确提出"不为客户负责"的。一份《华为总裁办电邮讲话〔2017〕30号》文件披露，任正非明确提出，代表处资金管理"不为客户负责、不为业务负责……为真实性负责"。

四、美的

美的创立于1968年，1980年正式进入家电行业，是我国家电行业的代表性企业，创立于1968年，1980年正式进入家电行业，1990年销售规模约1亿元，2000年销售突破100亿元，2010年销售突破1000亿元规模，2021年销售达到3433亿元，30年增长3000多倍。

与华为的高科技属性不同，美的的主要业务还是扎根白色家电领域的制造业，以远超家电行业增长率的速度达到了今天的规模。全面预算管理同样在这个过程中发挥了巨大的作用。1997年，美的进行了事业部制改革，与此配套的是需要在管理体系上进行完善。既要把事业部经营者的积极性调动起来，让他们承担起事业部的经营责任，又要在分权授权的情况下管控风险，并且能够就经营目标达成一致，共担责任、共享价值。

这么多年，美的每个阶段的战略目标都实现了，从1990年销售1亿元到2010年销售1000亿元的突变。事实上，美的在战略管理上一直没有运用什么先进的工具，也没有引进外部咨询机构，为什么战略执行能力这么强？在这一过程中，全面预算管理发挥了十分积极的、潜移默化的作用。依据国家的宏观经济五年规划制定美的未来5年的战略规划，每年还要制定下一个3年的滚动规划。在此指引下，会编制每年的经营计划，最重要的是，会严格编制预算方案，并且分解到月，再通过每个月的经营分析来检验是否在按原定计划前进。

也就是说，美的通过这一理念，把一个5年的战略规划变成了60个月的企划预算。这样一来，远近结合、细致简化，反复验证、可调可控。可以说，全面预算管理是整个美的管理的核心动作，搭起了美的经营管理的框架。

美的从战略到预算，如图2-8所示。

5　√5年战略规划
3　√3年滚动规划
1　√1年（度）经营企划（年度预算）
1　√1月（度）经营分析（预算执行）

图2-8　美的从战略到预算的流程图

通过全面预算管理的推行，有效地对管理工作进行了分离，美的集团对各事业部的管理，主要通过制度与预算管理（事前）、经营分析与监控（事中）、考核与审计监察（事后）的方式进行。在此背景下，实施了极大的授权经营，让整个组织的运转更高效，既激发了经营团队的活力，又有效地控制了经营风险，极大地增加了战略实现的可能性。

全面预算管理是为了实现企业的经营战略，根据未来一年企业全部经营活动的计划，编制、监控并实现企业的经营目标，并据此评价预算单位及部门的绩效水平。美的的全面预算管理过程，如图 2-9 所示。

承接战略，分解战略并支持战略实现
不让战略只是文字、只是挂在墙上

先有业务计划后才有经营预算
要有清晰的经营逻辑

数据导向、层层解码
以数据为准绳、划小核算单元

作为过程检查、绩效评价的标尺
导向经营、与考核评价兑现

图 2-9 美的的全面预算管理过程

事前，通过集团的整体战略规划，引导事业部做好经营规划，形成计划、策略，做好资源需求，通过财务逻辑进行测算，对经营成果进行预测，看是否达到集团的整体要求。

事中，通过月度、季度等财务数据与过程中的数据管理，对各事业部的业务执行情况进行有效监控，做好经营分析，不断解决经营问题、完善管理动作。

事后，细化到各级经营单元的预算会与其绩效指标匹配起来，形成管理闭环。通过审计监察，对事业部经营情况进行监督。

为了做好预算，美的从上到下都非常重视，也投入了许多资源。图 2-10 所示是美的做预算的时间节奏表，从图中我们可以看出，预算启动的时间很早，从 9 月份就开始启动，这样才有足够的时间来做出更符合实际经营情况的预算。

战略制定 6-8月	编制年度预算 9-12月	预算定稿 12月末	确定绩效指标 12月末

图 2-10 美的从战略到预算的时间节奏安排图

通过这样严谨的安排，美的的预算要涉及经营的方方面面，完全是按照财务报表的格式编制的，相当于"提前一年做出财务报表"。

美的预算编制流程，如图 2-11 所示。

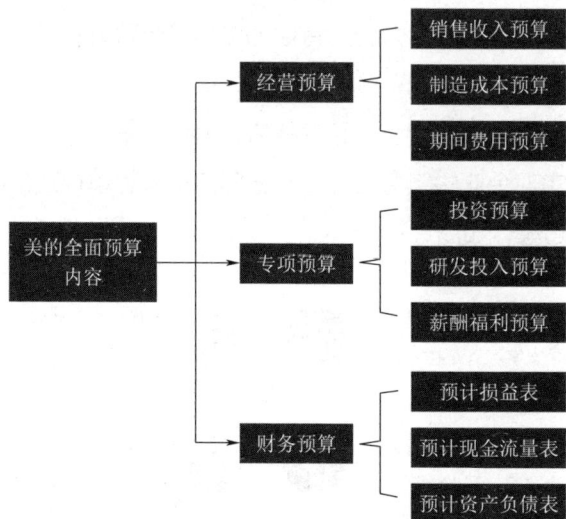

图 2-11　美的预算编制流程图

所以，通过全面预算管理，对收入、成本、利润等各项指标做到心中有数，对价值点、风险点有更清晰的掌握。同时，预算出来了，经营的重点就出来了，对应的干部的考核指标也就出来了。

美的创始人何享健也是一位对财经管理非常重视的企业家，他在内部一直是这样强调的：

> 我们每个单位都严格科学地制定好财务预算，严格审核，以预算来作为企业转换的手段。在制定好预算后，今年对企业高层管理者的考核指标也相应出台。
>
> 作为最硬的指标，利润肯定第一；第二是销售规模增长；第三是控制好项目投放。

美的通过对全面预算管理的不断完善，最终达到的一个极佳效果是：经营管理可以领先同行半年。为什么这么说？因为通过一轮轮的部署、预算、分析，到了每年的7月份进行半年度总结的时候，已经开过了五六轮的月度经营分析会，如果一切按预算在进行，高管团队就对全年目标心中有数，日常工作交由中层按计划进行即可，他们则又有足够的精力与时间来筹划下一年的工作。

在这样一种严谨的逻辑下，也让美的的投资工作走在同行前面。一般来说，同行们往往要看到结果再投。也就是说，在年底看到年度经营情况、算到利润之后才开始下一年度的投资规划，等到开始安排时又遇到春节，因此往往投资的真正实施，都是下一年三四月份后的事，等到产出可能又要等到再下一年年初了。而美的则是通过看半年的经营趋势，就敢于进行投资部署。一些基于战略、预算的确定性投资，在每年的八九月份就会开始启动，到下一年的年中就有产出了，要领先同行半年甚至一年。这种在时间上领先同行半年的优势，是一个巨大的竞争优势。

第二节　全面预算管理能为企业带来什么

《礼记·中庸》有一句话："凡事预则立，不预则废。"字面意思很好明白，大家也知道"预"的重要性，但是否真正、正确地理解了"预"的意义呢？强压式、讨价还价式、折中式的制定预算，都是没有真正理解预算的意义和目的，更不用说预算是否会对经营效率、现金流等核心经营指标提出要求。

因此，有必要从企业全面经营管理的角度来认真解读一下预算在企业经营管理中的价值。

一、保障战略落地

全面预算管理并不天然是战略解码的工具，但是预算可以作为一种基于财经逻辑对未来业务进行系统测算的工具。依靠预算对人、财、物等资源与目标进行科学有效的匹配，以此观察战略的可实现性，并在过程中牵引战略举措落地，是一种很有价值的经营手段。

1. 全面预算管理可以作为战略和经营管理的标尺

战略的重要作用是牵引增长，但通常情况战略规划都是比较长期的规划，一般是3~5年的跨度，这也是战略管理比较难的重要原因。

用预算管理这个工具，可以对战略里涉及的项目进行测算，并对未来的收入、成本、费用、利润、现金流等提前进行演算，看是否合理、可行，以及需要提前做好何种准备。年度经营计划与策略部署，通过细化的预算体现出来，经营的标尺就精细，也就更可管控。也就是说，我们先从战略规划、到经营计划，再到全面预算，是对战略和经营计划进行更严谨的数据化拆解，用财经逻辑验证战略和年度经营计划的合理性。

现实中可以看到，许多企业的战略在财经逻辑上是经不起推敲的，可想而知，也不可能执行得好。从战略到经营，一定要看数据、讲逻辑。通过预算，对战略目标的拆解，对各种变量进行逻辑上的分析，对标历史、对标行业、对标优秀企业，并从五年战略规划、三年滚动规划到年度经营计划，再从年度计划到年度预算再细化到月，这样才能有效监控。

2. 全面预算管理连接战略与绩效可形成有效的闭环

一般来说，预算方案出来后，就会与经营绩效考评结合起来，如图 2-12 所示。也就是说，绩效考核一定是基于目标的，而这个目标就是在预算做出来之后可以找到的各个科目，只不过考核时根据重要程度来进行指标选择而已。

业务计划
先有业务计划后有全面预算
要做好预算，首先得理解业务计划

全面预算
业务计划财务数据化
包含所有部门
包含价值链所有环节

绩效考核
预算目标提供考核目标
预算执行提供考核数据

图 2-12　预算管理形成有效的闭环

很多时候，企业纠结绩效考核评价工具的选用，不管是关键绩效指标（KPI）还是目标与关键成果（OKR）；或者分配的方式，是奖金包、利润分享还是股权期权等。其实，这些都是枝叶层面的问题，绩效考核的主干问题是明确目标、搞清楚目标的承接部门、设定合理的目标值与权重。

预算与绩效考核结合起来，会让预算严肃起来，最终能够推动预算执行得更好，从而不断减少目标与实际结果的偏差。毕竟经营中有许多不确定性，我们并不是要通过预算把一切变量都提前考虑进来，而是在出现一些外部影响时，还能坚持努力完成既定的经营目标。

3. 全面预算管理是业务管理的伙伴

全面预算，是以业务计划为逻辑前提，先有业务计划，后有经营预算。它是从财务视角对经营环境进行提前预测与安排，对"变"与"不变"、"已知"与"未知"从财务角度进行预判，以数据为基础来寻找最有价值的增长点，并对业务进行预演。也就是说，预算是渗透到业务中的，许多针对性的分析能够对业务起到很重要的作用，是对业务的数字化解码，对业务部门发现问题点、找到价值点、理解关键点有巨大的帮助。

如果预算管理水平越来越高，相当于在财务部门与业务部门之间、高层与经营单元之间搭起了一座桥梁，可以有效增进各级之间、各部门之间的协同，促进更好的战略沟通，能够成为各个业务部门的重要伙伴。

4. 全面预算管理是企业资源分配的标准和依据

企业经营计划的执行，涉及各项资源，如资金、人才、资产、技术的安排，而资源通常都是不足的、稀缺的。因此，如何把有限的资源投放到合适的项目中，使其获得期望的回报，经常会困扰企业经营者。

不少企业定目标是一回事儿，配资源又是另一回事儿。一些部门为了抢占资源而报大目标，结果经营过程中销售目标没达到，但成本、费用大量支出，导致利润大幅下滑，甚至出现亏损及现金流危机。还有一些部门则是定目标而不配资源，对项目需要的资源没有整体设计与预算，而是"边做边投"，结果总是出现当断不断、持续投入却不见效的困局。有些企业在过程中发现了机会，但资源配置来不及，没有饱和投入，影响战略业务开展，严重的甚至会导致企业错失重大市场机会。此外，一些企业的业务是分层的，资源也是分层的，但资源的配置与行政权力有关而非与组织定位有关，导致真正的业务活动的资源不足。

在做战略规划、经营计划时，就应通过预算对业务进行详细的推演。推演完成后，各业务的投入产出情况就会清晰地展现出来：哪些业务可行、哪些业务不可行，哪些业务投入产出比高、哪些业务负担重，至少在盘面上一目了然。再结合企业的战略方向、各业务的风险高低，就能够对业务进行优先级排序，实现有限资源的更优配置。

5. 全面预算管理可不断创造领先竞争对手的时间优势

美的创始人何享健曾自信地说："美的的运营状况比一般企业快了 10～20 年的时间。"而美的的高管团队在每年 7 月份的半年度经营总结计划会议之后，基本上对完成本年度经营目标十分有把握了，转而开始推进下一年的工作部署。可以说，美的的高管团队"领先同行半年"。

我们并不可能突破物理时间的障碍，这种看似不可能的领先半年是怎么得来的？主要是美的预算管理做得好。

美的通过全面预算管理，把下一年业务计划、策略、方法，以及收入、成本、费用、利润都算得很清楚，而且分解到每个月，再加上开年后每个月的经营分析会，可以随时掌握每个月的经营情况。到 7 月份总结完半年度的工作，如果一切都在按预算在进行，那么完成年度目标问题不大。这样一来，高层经营团队在 7 月份就可以开始做未来的规划，从 9 月份就启动下一年度的经营预算。这种通过充分时间做出来的预算，其准确性又会更高，对经营的指导性就更强，这种良性循环，就能够不断积累领先半年的经营势能。而美的对组织与重要人事的调整往往在年中进行，也是基于这样的判断，而不至于等到年底真正完不成年度目标了再调整，再说新的团队年中调整到位，也有利于进行下一步的规划。

二、提升经营质量

经营质量的提升并不能自动产生，而是通过有效的管理而来的。那么，全面预算管理何以能提升经营质量？

1. 全面预算管理能有效推动业务增长

在中国当下的环境中，企业的增长并不需要太多的高科技，如果在资源能力的匹配程度上领先，就能够赢得许多竞争机会。

增长是重中之重，虽然维持一个相对稳定的体量在短时间内似乎也不错，但是面对中国市场的机会与竞争的压力，企业必须保持增长，这是预算中不可动摇的一个基本点。

我们在市场上观察到，当一个行业由增量市场竞争转为存量市场竞争的时候，竞争的激烈程度会大幅度增加，在这个过程中行业集中度将持续提高，经营能力强的、经营效率高的企业将持续淘汰那些相对较弱的企业。在这个过程中，企业如果没有持续增长的能力作为坚强的后盾，其市场地位势必会遭到竞争对手的步步紧逼。

我们认为预算能够推动业务增长，当然不是说预算做好了，增长就自然实现了。而是通过全面预算管理工具的有效运用，能够提前对机会点进行识别、对资源进行调配，这对支持业务增长是很有必要的。而且通过全面预算管理，可以及时发现经营中的问题，找到经营中的差距，为目标的实现提供了保障。

2. 全面预算管理确保企业经营质量不偏离

越来越多的企业明白，要实现"有质量的增长"。何谓"有质量"？就是不只看收入利润数据，还要看内部的各种资源消耗，效率要提升。一般来说，一份合格的预算，一定嵌入了更高经营质量的要求，而非只是填报各种数据。全面预算除了对常规的收入、利润、现金流提出要求，也会关注成本费用和经营效率的持续精进，如人效、应收账款、库存周转等。

当然，这些指标不能盲目乐观地设定，也不能听信各个部门上报的数据，而是必须进行严谨的测算。通过全面预算管理，可以提前从逻辑上验证财务结果是否经得起推敲，是否相对过去能够有效提升，是一种站在未来来看企业的经营管理有没有价值的工作。如果以这种视角理解全面预算管理，显然会推动企业的经营质量不断提升。

一旦预算确定下来，上级部门与经营管理团队就要关注这些指标是否按预期推进。企业如何评价各个部门、经营单元的好与坏？如果有了全面预算管理，则可以简单明了地依据预算目标的实现情况来判断经营的好与坏。预算就将一个抽象的、难以把握的管理行为最终转化为以数字说话的评价行为。这样一来，对于经营能力、组织能力这些看起来都知道重要但却很难找到有效抓手推进工作，就可以通过全面预算管理工具来推动了。

3. 全面预算管理是经营风险控制的有力工具

企业经营中，当然要关注风险，不然就会出现问题。而全面预算管理是一种非常有效地控制风险的手段。一方面通过预算编制，可以提前进行风险识别，那些投入产出不合理的、成本费用偏高的、毛利不佳回款不佳的、资产效率较低的，都是值得关注的经营风险点；另一方面，在经营过程中，通过预算监控经营情况，可以及时发现问题而处理问题。

通过全面预算管理控制高经营风险，不是要消除不确定性，而是对风险等级进行事前识别与准备，并尽可能把不确定性控制在可控的范围内。因此，预算的过程其实是在量化不确定性的过程，对风险进行事前识别、事中控制、事后总结，哪怕就是出现风险，也能将各种不确定性因素可能带来的损失控制在预算范围内，即最大的损失也仅是预算范围内的。如果没有预算，那么外部的不确定性带来的损失可能是无限的。

比如，美的 2008 年开始编制 2009 年度预算时，鉴于世界金融危机的影响，按可能出现的"意外"做了三级"预案"，就是提前对风险可能造成的结果进行识别，想好对策。

那么，预算范围内的损失是否可以进一步控制？答案是肯定的。有了预算的分解，每个月又都会组织召开月度经营分析会，将实际经营结果与预算进行比对，找差距找问题，可以及时止损。至于如何开好经营分析会，我们将在后面的章节详细阐述。

为什么很多企业控制不了风险？就是没有提前做好预算约束，往往都是事到临头再匆匆救火。没做好预算管理，往往会进行盲目扩张（投资是盲目的），也控制不好节奏，陷入财务困境；而当环境变化，投资变得不可行时，也不敢壮士断腕。长此以往，经营中积累的问题越来越多，企业的负担越来越重，最终导致经营越来越困难。

三、培育组织能力

当机会到来时，却发现组织能力与资源并不匹配，导致错失机会，这可能是很多企业的遗憾。在很多人眼里，组织能力是一个比较抽象的概念，难以把握，也难以塑造，这是因为他们没有找到真正有效的工具。全面预算管理是企业培养自身组织能力的重要工具。

1. 全面预算管理有利于促进有效决策

分权体制从斯隆开始，已经被证明是提高组织效率的一种很好的制度安排，因为它摆脱了企业家个人能力对组织成长的束缚，而推动组织能力边界的扩张。而科学管理理论的创立者泰勒也将"例外管理"作为科学管理的重要原则。

随着企业规模的扩张、层级的增加，分权是必然的管理选择。优秀企业的实践也证明了这一体制所带来的好处，美的就是其中比较典型的案例。不少企业学习美的的"分权手册"，但为什么还是做不好分权，总是陷入"一放就乱、一管就死"的境地呢？一个很重要的原因就是没有配套的全面预算管理。

没有预算，管理者难以界定权力和资源的边界，对哪些可以利用、利用多少不知所措，权限如何分配、论证拍板决策，也无法做安排。

为什么何享健敢于对美的事业部充分授权？为什么美的授权力度非常大却又没有出现过分权危机？因为通过全面预算管理，已经将投入产出的目标定好了，把经营目标与边界搞清楚了、把职业经理人的责权利明确了，把"预算－分析－评价"的体系建立起来了，所以才能够收放自如。

2. 全面预算管理有利于培养经营人才

经营企业需要打破的一个成长瓶颈就是对"超级人才"的依赖，许多企业缺乏经营性人才，这是无法持续成长壮大的关键制约因素。那么如何突破成长瓶颈呢？很多企业从人的角度去解决、从提升管理者个人领导力的角度去解决，这会成为一个永恒的难题。

通过全面预算管理，建立了一个科学的经营框架，整个运营处于标准化、流程化的状态。而且全面预算管理不仅仅是财务部门的工作，还是所有管理者、决策者的工作。全面预算管理可以培养管理者、决策者计划管理和业务计划数据化的能力，并养成结果导向的习惯。华为、美的被认为是经营人才的摇篮，这些人才的经营能力是不断地通过预算管理的全过程训练出来的。

　　没有经历过独立决策的管理者，并不能成为真正意义上的管理者，他们对事物没有多少判断能力。只有实行预算管理的企业，才能真正实现"例外管理"，没有预算管理，大多数管理者、老板不敢放权，所以会被日常事务纠缠，员工也得不到锻炼，经营人才梯队就形成不起来。

　　3. 全面预算管理有利于倒逼经理人团队成长

　　通过预算预设的各种关键绩效指标，是作为经营责任考核与评价的标准，也是价值分析、价值评价的标准。美的从 1986 年就开始实行经营责任制，预算在责任制考核中起到关键的引导作用，并在内部形成一种绩效改善的压力机制，逼迫经理人完成预算目标和自身能力建设。

　　这种压力迫使职业经理人努力实现预算目标，从而提高组织效率。当然，如果目标不能实现，经理人就会下课，而组织内部有能力的人会得到提拔，这样也提升了美的管理层的水平。这在内部形成了一种良性循环，让美的的执行能力（经营能力）不断得到提升。

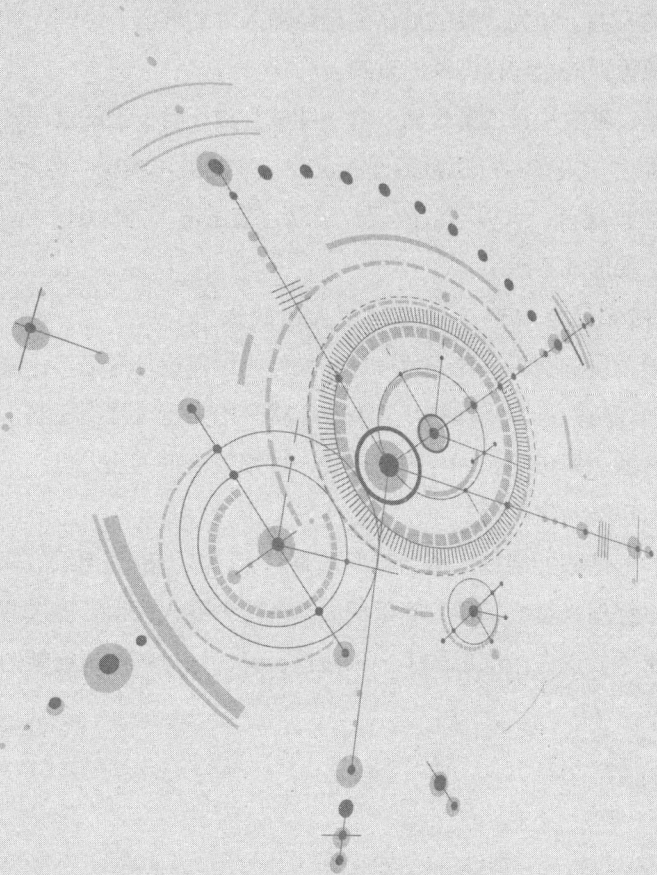

第三章
全面预算管理的基本框架

前面两章的介绍，帮助我们从企业经营而不是纯粹从财务的角度去理解全面预算管理。从这一章开始，我们将进入操作层面，来介绍全面预算管理在企业经营管理中的逻辑与做法。

第一节　从战略到执行的全面预算管理体系

通过对国内、外标杆企业经营发展的总结，我们初步建立了一个从战略到执行的基本框架，如图 3-1 所示，分别是：战略规划（战略目标）、经营计划、全面预算、执行分析、绩效考评。

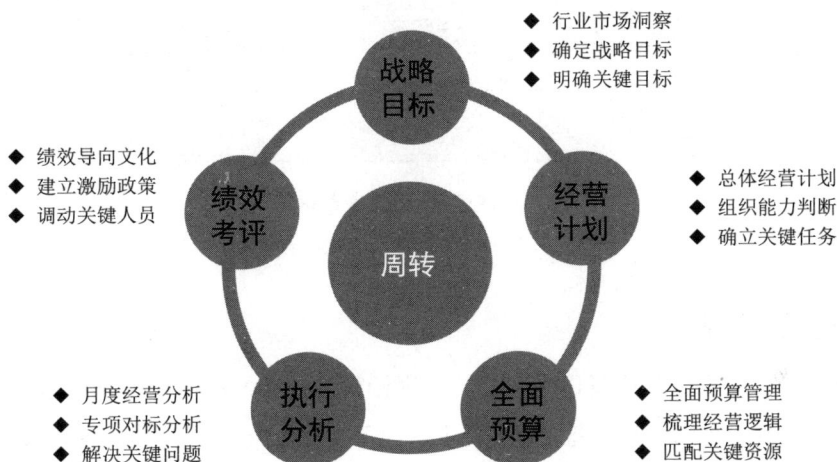

图 3-1　从战略到执行基本框架

结合图 3-1，我们进一步归纳出以全面预算管理为抓手的从战略到执行基本框架内容，如图 3-2 所示。从图 3-2 中我们可以看出，从战略到执行是从战略规划开始层层推进的，而全面预算管理在其中起到了承上启下、全面贯通、层层解码、逻辑统一的核心作用。

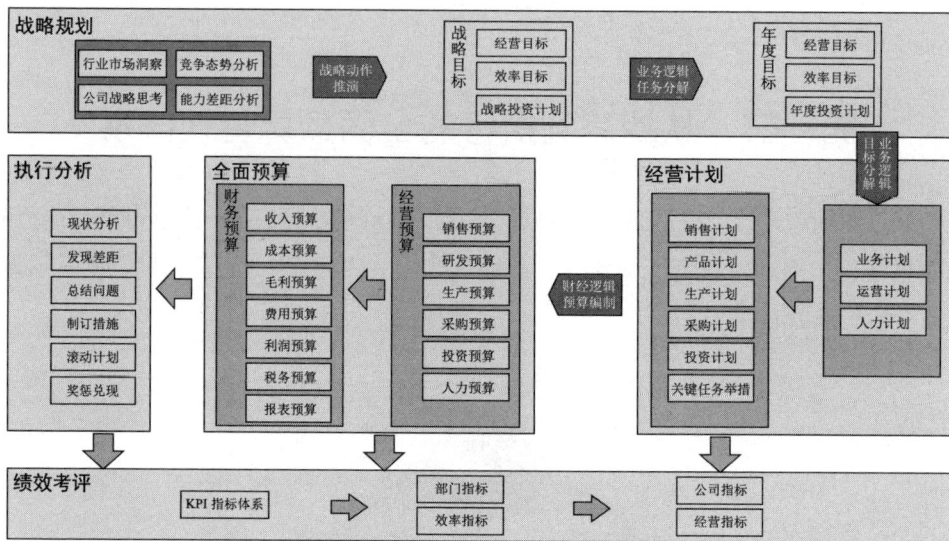

图 3-2　从战略到执行基本框架内容

一、战略规划

战略规划是全面预算管理的起点，全面预算管理是从战略到执行解码战略、匹配资源、有效衔接的系统工具。做预算不是为了控制，而是为了发展。在制定预算之前，企业需要制定 3～5 年的战略规划，提出未来的发展目标，否则预算就成为无源之水、无本之木。

1. 战略要始终关注是否在践行企业愿景

制定战略规划时，一定要对标远景目标。执行中看看在哪些方面存在偏差，是否偏离了使命与愿景。战略目标要有挑战性。我们不提倡盲目乐观，若没有挑战性的目标，何谈战略规划；我们反对只提大目标，不做规划与资源配置。一般来说，战略目标要基于未来的目标市场容量，以及我们计划在这个容量中占据多大的份额来设计。市场份额是一个非常需要关注的概念。

对可能产生影响的宏观环境要进行分析。必要时可借助外部资讯或请外部专家来授课交流，要分析市场容量及产品与技术趋势以及企业的应对准备，对我们的目标市场份额目标进行研讨，对主要竞争对手的动作做出预判。如果企业规模较小，则可重点针对目标区域、缩小目标市场范围进行分析，不必过于追求大而全的全国性、全行业数据。

对同行主要竞争对手的情况要进行分析，研讨相关的策略。要对同行的发展动向有所掌握，可以通过他们在投资上的动作、在市场中的表现、对客户的政策等多个方面来进行分析。同样，对标对象的选择，也与自身实力与战略目标有关，不必过于追求大而全、完全触及不到的标杆。

2. 战略要回答未来 3～5 年的基本目标与路径

战略规划不是一个简单的数字，而是一个目标体系，通过这个目标体系，我们要搞清楚企业在 3～5 年后是一个什么样的企业？要去到哪里？如何去到那里？这就需要通过各种指标（数据）来进行定义。比如说我们的愿景是成为行业的领军企业，那么在 3～5 年后要实现多少销售收入？在市场上的占有率要达到多少？哪些产品线需要扩充？产能、人员需要补充多少？客户的痛点与需要在哪里？谁在和我们竞争？等等。

战略规划既要有整体战略，也要有子战略如营销战略、产品战略、渠道战略、人才战略等，通常一般是相对框架性的定位。而经营策略则是指更细化的措施，如产品策略、渠道策略、供应链策略、流程与 IT 策略、财务策略、组织与人才策略等。我们要将关键任务放到整个价值链体系中来思考与部署，即哪些任务是由我们来完成的？哪些任务是由价值链中的合作伙伴来完成的？哪些价值链的环节需要我们进行重构？这并不代表战略规划中的所有事项都由我们来投入。

有了全面预算管理的理念，我们还要强调要以财经逻辑来构建战略目标（体系），这类目标还需细分、延伸，比如业务划分、业务品类、经营指标等。

① 业务划分。战略目标对各类业务一般要划分为成熟业务、成长业务、培育业务。每类业务成长阶段或许一样，但面临的行业格局不一样，其战略定位、经营要求与资源匹配也是不一样的。成熟业务需要获得利润回报以支持其他业务，成长业务则需要扩大规划，培育业务则需要突破关键点。

② 业务品类。战略目标还要细分到品类、渠道，笼统放在一个大框框里，可能会错失发展机会。我们经常看到一些企业，虽然整体在增长，但事后回顾，发现许多本来可以做得更好的品类，却在整体增长中被忽略了。

③ 经营指标。战略指标除了确定经营性数量指标，还要有经营质量指标，比如人效、周转也需要更高更快。这些效率指标的改善，代表着更高的投入产出、更高的经营能力，能够让企业实现战略目标的可能性加大，所需要资源减少。

这样一来，我们形成的战略目标就比较丰满了，它包含经营目标、效率目标这两大体系。

所谓经营目标，就是反映我们企业整体经营成果的指标，如销售收入、订单额合同额、利润、用户数、大客户数、渠道与开店数、市场占有率等。而效率目标则更多地反映我们企业的经营能力，是否能够让有限的资源发挥出更多的作用。具体包含现金周期、库存周转率、应收账款周转率、交付周期、人力资本投资回报率、最小库存单位（SKU）贡献率、固定资产投入产出比、坪效（店效）、复购率、客单价等。

3. 战略要特别重视"人财物"三大资源的配置

①战略规划要特别重视"现金流战略"。过去极少有企业会把现金流提到战略的高度，在当前这种形势下这个工作必须提上议事日程。主要由财务负责，在对各项经营目标、效率目标进行汇总的情况下，分析现金流的情况，这样才能做好与战略匹配的资金规划。现金流战略不是简单算算现金流、提醒、做资金准备，而是真正通过现金流的情况来透视、检验我们未来的战略经营的质量如何。通过对现金流的分析，往往可以发现我们在过去的战略执行，以及现在的战略研讨中，我们存在不少比较"虚假"的动作。

②战略规划要重点关注让组织架构匹配战略。也就是说，要讨论什么样的组织架构才能支持战略规划？哪些部门将在战略执行中承担关键职责、发挥重要作用？需要哪些关键人才？要在组织机制、IT 流程这些"软件"上有系统思考。比如要建立什么样的管理体系、责权利体系、考核评价标准是否需要完善与调整、哪些 IT 系统需要建设与完善，哪些关键人才要补充，等等。

在战略规划指引下，对未来的投资规划就会产生，主要包含两个方面：一是应对能力不足，对未来有形物（或者非有形的各类所有权）的投资，包括厂房设备投资、专利技术引进、市场渠道拓展等；二是对能力提升的投资，包括在技术研发、工艺创新方面的投入，在人才培养、组织能力提升方面的投入等。

此外，在战略规划的周期上，我们认为，结合国家的五年宏观规划周期，企业也可做对应的五年战略规划。但因为市场环境变化快，我们建议企业每年还要做三年滚动规划，即每一年都要做面向未来三年的战略规划。

二、经营计划

在 3～5 年的中长期战略规划中，一般会明确未来三年的详细目标，并且规划中的第一年目标的年度经营计划就需要回答通过什么样的策略与资源投入来达成。通过基于整体目标而进行系统分解并最终形成的年度经营计划是全面预算的依据，以及全面预算编制的起点和基础。

1. 年度经营计划要衔接、支撑战略目标

年度计划来源于战略要求，所以年度经营计划一定要实现战略规划与计划的衔接，根据战略规划中第一年的目标要求，要从上到下要进行有效分解，制订详细的销售计划、研发计划、生产计划、采购计划、人力资源计划、固定资产投资计划等。

在工具选择上，可以按照 OGSM（objective 目的、goal 目标、strategy 策略、measurement 度量的英文缩写）的方法论制订经营计划。OGSM 是一种计划与执行管理工具，通常用来制订企业的策略计划。OGSM 会指导企业在制订年度计划时，强迫企业对自己的一些想法做一个系统化的梳理，非常直观有效地帮助企业预先检视自己的计划，如果企业难以完成它，那一定是企业的经营计划思考没有到位。一份好的 OGSM 年度经营计划应当结构完整逻辑性强，它立框架、明定位、定目标、细举措、强保障，有分析有结论，逻辑清晰，重点突出，自成一体。

2. 年度经营计划中要明确关键任务

这些关键任务，要能够做到从上到下互联互通，低层面支撑高层面的经营目标、部门支撑企业的经营目标、经营单元支撑企业整体的经营目标。

年度经营计划当然需要对下一年度的工作进行全面安排，且要重点突出。什么是重点？重点是基于战略而不是各部门想当然的事项。这种关键任务就是关系到全局的、需要提前部署的最重要的几件事，不是例行的日常工作，它源自战略的"要求"，不是源自日常工作中的"问题"。同时，我们强调下一年度的经营计划在 8 月至 9 月就要讨论、规划，一个很重要的意图就是，在当年剩下的时间，是否可以尽可能做一些前期准备。

年度经营计划中，尤其要针对战略规划中的重大效率目标安排专项规划。比如，在许多企业中库存周转都是一个重大工作，但是这项工作涉及许多方面，与许多部门相关（与研发标准化、最小库存单位、客户质量、合同条款、采购准备、生产交付效率、运营服务等均有关联），不能简单部署一个库存周转指标，或者让某个部门做计划就行了，特殊时期，可以设立一个跨部门的工作组进行系统规划，再分到部门实施。

这些关键任务确定后，最终会在预算管理中检视是否配置了关键资源。

3. 计划与任务要层层拆解并真实体现从整体到局部的经营思路

工作计划的制订，可以按照战略规划的逻辑进行思考、分解，即从业务的视角，对外部的市场、行业、客户进行分析，对内部的组织、能力、资源进行判断。把外部目标在内部进行分解，然后逐项进行工作规划。我们强调以指标为导向进行工作梳理，继而进行策略准备。比如：

① 销售部门要分解收入额、毛利率、市场占有率、客户满意度等目标，对销售工作进行规划；

② 产品部门要对产品的更新迭代作出规划，新产品什么时候上市、要实现多少销售额，老产品何时退市，研发周期如何加快等进行部署；

③ 生产部门要对产能平衡、生产效率提升做出计划，充分利用现有 / 新增的产能，持续降低产品成本，加快交付等；

④ 采购部门要对大宗商品价格走势进行研究，要对供应商的价格控制和能力提升作出规划，从成本、质量、交付等方面提供保障；

⑤ 财务部门要对资金进行计划；

⑥ 人力资源部门要对组织进行诊断，对人力进行规划。

4. 要有风险预案，做好风险管理

在大环境变化多端的情况下，企业做经营计划时，要充分考虑经营形势变化可能引发何种风险，并提前制定有效的保障措施或替代方案，平衡好发展、收益与风险之间的关系，必要时可借鉴行业事件，进行重点风险项目的研讨。

三、全面预算

战略目标、经营计划往往可能是正确的，但是能否落地则与能力和资源相关。进入全面预算的环节，也可视为是对战略、计划进行更严谨的拆解与验证的环节。

1. 预算管理要"全面"

所谓全面预算管理的"全面"，主要包括：

① "全组织"，它是指全面预算工作要触及企业内部的各业务、各品类、各单位、各部门甚至各岗位，而且其相互之间存在严谨的关联关系；

② "全方位"，它是指企业的一切经济活动，包括人、财、物及供、产、销的各个方面，不存在预算外的项目与活动；

③ "全过程"，它是指企业各项经济活动的事前、事中和事后，均要进行管理与控制。

2. 预算是经营计划的数字化、财务化呈现

经营预算的编制实质上是将各个部门的年度经营计划进行数字化、财务化呈现，计入相应的表格中。只有将所有人、所有业务、所有环节都纳入进来，全面预算才能系统性地发挥作用。

第一步是将相应的计划转换成财务的语言；第二步是将各个部门录入业务及业务预算，以内在逻辑为基础进行数据汇总和加工，推演逻辑。各个部门的收入指标、毛利指标汇总之后，是不是能够达到公司整体的经营目标的要求？各项工作内容输入系统之后，企业现有的资源能否满足投入要求？资源投入能不能取得相应的效果？这些都要反复思考。

通过预算的推演也可以检视企业目标和部门目标是否一致。如果在这个预算推演过程中出现矛盾，那么就需要业务部门对经营计划进行修正。通过自上而下、自下而上的反复调整，最终确保预算与经营的逻辑吻合。在这个过程中我们实现了数据指标的层层分解，最终使每一个指标都有组织承接，让每一个组织都能对企业目标承担责任，既避免指标变成空中楼阁，又避免某些部门成为无效部门。

3. 预算的过程也是一个真正共识的过程

预算不是用于单方面的控制，不是为了便于以后对各个部门进行费用管控与绩效考评（虽然预算一定会形成这个框架），预算更多是对未来计划以更严谨的逻辑进行验证与测算，达成一致后就按数字约定的进行执行、跟踪与检查，最终是为了解放生产力而不是束缚生产力。

在做预算的过程中，会对计划的可行性进行检视，比如这种投入可能达到想象的目标、某些产品的上市周期较晚可能会影响原定的销售目标、开店的成本升高可能会影响盈利水平、资源有限的情况下相对集中投入可能效果会更好、目前的资源与能力可能要修正原定计划目标，等等。这个过程需要财务与业务反复研讨、共同面对。

在这个过程中，我们将上下各环节拉通，从而得到一个平衡，让上下层的目标最终趋于一致，最终通过绩效分配的方式让各环节的回报也保持一致，通过"力出一孔"实现"利出一孔"。

四、执行分析

完成预算编制，并不代表全面预算管理工作的完成，恰恰是全面预算管理的开始。如何确保预算达成，对预算执行情况进行有效分析十分重要。

1. 执行分析应紧紧围绕经营损益

对预算的执行分析，不同于其他会议，应以损益表为主线，对标预算进行详细分析，围绕企业整体经营指标的达成情况展开讨论。

执行分析的主要目的是分析现状、多找差距、多看问题、研讨思路与方案。问题越多，代表我们改善的空间与机会越多。因此，不论是财务部门的报告，还是各业务单元的分析，都要敢于面对问题、找原因、互相较真。这个过程也能够让我们的财务和业务互动到一起，加深相互理解，提高协作能力，逐步实现业财融合。

2. 执行分析的主要形式是月度经营分析会

经营分析的形式很多种，其中最重要的是月度经营分析。因为月度通常来说是最短的结账周期，即供、产、销各环节发生的包含收入、成本、费用在内的各项会计要素完整结算的最短周期，其结果可以与预算的分期目标、历史的同期指标，甚至是外部竞争对手的同期指标进行直接对比。

每月对预算实际执行情况进行分析，让我们能够及时发现经营中存在的问题，作出相应调整，如果拖到季度，或者半年度甚至是年度才去检讨，时间跨度过长，即便能够准确地识别问题，也将错过更正的时间节点。

五、绩效考评

绩效考评是保证全面预算管理的严肃性，保障目标达成的一个重要因素。基于全面预算管理的绩效考评可以化繁为简处理看似矛盾的问题。

1. 绩效管理一定要兼顾"多打粮食"与"增加土壤肥力"

我们强调在战略规划中，要体现经营指标与效率指标。而绩效管理与考核中，就必须承接这一战略目标，即在绩效管理中绝对不能只看重经营指标而不看重效率指标。

如何合理制定绩效方案？我们可以根据企业战略规划、年度经营计划来确定哪些是关键任务，再通过全面预算来了解这些对应的关键任务是什么样的标准值。一般来说，企业全面经营预算出台后，经营的各项指标就基本出来了，管理的重点也基本出来了。这时候，我们只需要从中梳理出哪些指标放入绩效管理体系中就可以了。至于做绩效管理时，是采取定额标准系数式、奖金包模式、利润计提式还是超额分享式，并不是重点，根据企业的不同阶段与需要对业务进行何等刺激而定。

如果认为结合激励方案做得更好，就可以做到结合预算定稿提出绩效激励措施，让经营团队清楚地知道，下一年度做到什么程度能获得什么样的回报。这种前置的激励政策，才能够充分调动工作积极性，才是真正的激励。长此以往，又能够建立起绩效导向的文化，提高战略目标实现的可能性。

2. 一定要对经营团队捆绑考核

在这个体系中我们强调的绩效，更多是"经营绩效"，所以要对经营单元的高层团队进行整体评价考核，与所在单元的整体业绩挂钩。对高管层，其个人考核也是建立在整体考核基础之上的。比如，企业销售负责人要与企业整体经营责任制挂钩，如果企业整体经营责任制没有完成，哪怕销售体系的业绩再好，其个人绩效也是要受影响的。这一理念的背后逻辑，是这个销售负责人是代表企业管理销售体系，而不是销售部门的领导。

3. 一定要建立绩效导向的企业文化

我们花那么多时间与精力，战略规划了、计划形成了、预算确定了，最终一定要与绩效考评关联起来，形成闭环。内部一定要形成结果为导向、数据导向、绩效导向的文化。

绩效考评要敢于拉大差距，优胜劣汰。平均主义是绩效考评的毒瘤，一定要在公平、公正、公开的考核机制下，根据业绩表现敢于拉开收入分配差距，对优秀人才一定不要吝啬。许多企业在绩效管理上总是犯一个错误：他们为了照顾普通人的感受而忽略了优秀人才的感受。

第二节 全面预算管理的时间节奏

全面预算管理是基于企业经营而展开的，因此其时间节奏必须匹配经营的时间来推进。而全面预算管理能够牵引企业形成领先的时间优势，也取决于在预算管理工作的节奏上能够提前并有效推进。

全面预算管理的时间节奏，如图3-3所示。

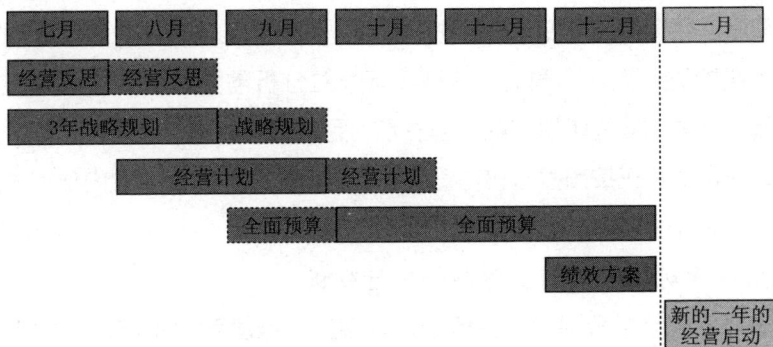

图3-3 全面预算管理的时间节奏

一、半年度及三年经营反思与复盘（7～8月）

稻盛和夫一直强调："不懂复盘，再努力都是低水平勤奋。"复盘就好像是在对企业进行健康体检。

他举例说："京瓷每年2次，每次花费数日，将集团所有的经营干部齐聚到京都总部召开'国际经营会议'。会议上，集团的各企业、各部门对其利润表和资产负债表的内容进行详细汇报和发表。我每次参加会议，都感觉是在医院做 CT 和 MRI，能够看清自己全身所有的影像。集团所有人齐聚一堂，包括海外在内的各部门对利润表和资产负债表作出详细的解释说明。这样一来，在我身体（京瓷）的内部，哪一部分出了问题，哪一部分运营健全，一目了然。"

经营如何复盘？其实稻盛和夫这段话也点出了关键，即要严格按照财经逻辑、按照利润表来进行复盘。现在不少企业可能也在做复盘的工作，但往往停留于各个层面的工作总结，语文课的形式更多，更少按照财经的逻辑严格分析。

稻盛和夫直接对复盘提出过几点建议：

① 数字必须准确；

② 数字本身要证明经营者对于经营的严肃态度；

③ 经营者为了采取更有针对性的经营措施，对数字进行细分管理；

④ 为了更准确地经营企业，将数字细分时，经营数字还必须及时地呈现；

⑤ 经营数字必须为全体员工所共有，必须促使全体员工参与经营。

我们亦建议这样复盘。

1. 财经部门对过去三年（加上当年上半年）的经营情况进行复盘

主要是按照利润表（损益表）的逻辑，要详细分析过去三年的经营目标完成情况，对各项重点数据的三年变化趋势进行分析，对成绩与问题比较突出的项目进行解析，对重大风险进行揭示。同时，这种经营损益分析需要分产品（品类）、分区域、分客户进行，看看哪些是明星产品、哪些是问题产品、变化的趋势如何等。同时，在经营复盘时强调要真正按照损益表的逻辑把经营情况分析清楚，让内部相关人员能对预算框架有所掌握。

2. 特别注意对现金流的变化趋势进行分析

如有必要，甚至要分品类、分区域、分客户等维度对现金流进行解析，提出影响现金流的关键因素、关键部门，发现好的经营板块、揭示问题板块。要对现金流的结构进行分析，分析经营性现金流（造血）、投资性现金流（补血）、筹资性现金流（输血）的情况。要认真分析现金周期（应收、应付、库存周转）情况，用发现的问题来判断经营中是否存在粗放行为。

3. 特别重视成本、费用的分析

现在，企业高速增长的可能性越来越小，因此复盘时要重点分析成本、费用情况，详细解析各项成本、费用的变化趋势，看看还有哪些压缩成本、费用的空间。尤其是对固定成本、隐性成本进行重点分析。

4. 要在财经数据的基础上，分析内部的各项效率指标

重点是分析人、财、物的效率，如人均销售、人均利润、库存周转率、应收应付周转率、交付周期、项目开发周期、人工成本率、现金周期、店效、坪效、转化率等指标。不同行业不同阶段的关注度可能不一样。

5. 对过往三年的投资要进行总结分析

回头看看三年来基于战略的投资效果进展如何，效果怎么样，是否按节奏推进，是否达到了项目预计的效果，投资回报率怎么样，是否支撑了过去三年的业绩发展。如果没有达到，是当时的判断出了问题，还是执行过程中出现问题？问题的原因是什么？接下来如何避免？因为战略的发展，必然要有投资的支撑，这件事是否有效至关重要，不能含糊。

6. 对业务层面进行复盘

如对人才、产品、渠道、客户等进行盘点，分别由各部门负责。最好能够有具体的案例，也可提前做一些市场调研、客户调研等工作，形成调研报告。

7. 参照行业标杆数据

做复盘时，一方面要分析自身数据；另一方面最好能够找一些标杆企业数据进行对比，以便能够更好地发现问题。比如虽然过去我们做得不错，但是如果同行主要竞争对手的数据比我们好，也是值得反思的。

复盘的时候，要注意直面差距，更多是找问题，不能搞成业绩表彰。同时，在做复盘的过程中，可以进行人事考察。复盘的过程，也是一个对干部尤其是经营干部进行考察的过程，对那些复盘都做不好、思维逻辑不清晰，或者问题原因分析不到位、不敢承担责任的人要慎重使用，尤其是不能担当重大任务。

二、3～5年战略规划（7～8月）

三年规划会影响经营计划、全面预算等工作，时间点是环环相扣的。因此，三年规划的启动时间非常重要，一般要在7月～8月进行，不宜太迟。许多企业战略规划的时间放到年底，这对下一年经营的实际指导作用就比较小，许多企业的战略与执行

脱节，首先就表现在时间上的脱节。

战略规划会我们一般建议企业分两次进行（每次两天左右），比较有经验的也可以安排一次较长的时间进行（3～4天）。一般而言，新创立的公司需要加入一些使命、愿景、价值观等方面的研讨。具体内容在前面已有描述，不再重复。

三、下一年度经营计划研讨（8～9月）

战略规划确定后，接下来就需要对下一年的工作进行规划，这个工作要与战略规划紧密衔接，需要尽可能使用数字语言，这才有利于转化到预算。具体内容在前面已有描述，不再重复。

四、组织架构与重要人事调整（8～10月）

许多企业的组织架构与重要人事调整往往是在12月月底或春节前进行，对我们提出8月至10月就进行人事调整感到难以理解。正常来说，大家认为要等到一个经营年度结束才好调整，不然人员不好安排，或者担心影响经营局面等。实际上，这种到年底再调整的做法，是一个似是而非的做法。这种安排的巨大局限是：组织与人事是为过去"打结"而不是为未来"布局"，总是害怕调整会给当前经营的稳定带来影响，殊不知却为未来的谋划耽误了时间。当然，这个前提是预算体系的建立。

1. 通过预算管理可以更清晰地对经营团队进行评价

通过上半年经营情况的复盘及6个月来每个月的经营分析，我们对内部组织单元、相关负责人的经营情况、经营能力就有比较清晰的判断，对那些任务未达成的单位，是因为资源配置不到位、经营能力不够，还是确有外部环境的影响，基本上是比较清楚的。如果企业在策略计划、方向把握、资源投入等方面均没有问题，主要是团队思路与能力问题，就要进行大胆调整。

2. 年内调整有助于在不利情况下尽可能完成年度任务

除非有特殊原因（如预算偏差太大、目标制定不准、资源严重短缺、发生不可抗力等），如果出现半年度任务缺口比较大的现象，下半年多半也难恢复。在这种情况下敢于进行调整，新的团队还有时间、精力和信心，能够尽可能冲一冲年度目标。

3. 新的架构与团队有利于下一阶段的部署

在这个时候对组织、团队调整到位，有利于按节奏来筹划接下来一年、三年的工作。如果等到岁末年初再调整，则可能导致做规划与做执行是两拨人，可能又要重新调整规划，或者原规划要重新界定责任等问题，节奏也就乱了。而新的组织、新的团队，反过来又会在企业的战略研讨、经营计划、预算安排上提供更积极的力量。一个业绩不佳、能力不足的团队，往往会在战略研讨、经营计划、预算安排上都比较悲观与保守，而且他们往往会过于强调外部的不利条件，这对当下环境更是非常不利的。而一个新的团队、新的领导者，往往会更加富有激情。

4. 战略是需要组织架构支撑并打出提前量

组织设计要按照战略要求来打提前量，我们建议在年中时进行组织与人员调整，就是要做到组织的提前配置。同时，高管的调整、使用，一定要基于战略。高管职位不是对过去的奖赏，而是面向未来承担战略任务，许多企业会因为干部在过去一年的表现不错就晋升，这是一个巨大误区。业绩表现好是一个晋升条件，但更应该看这个职位的战略任务是什么，这个人是否能够承担。

5. 一号位要关注战略任务相关的关键岗位

这种关键岗位并不一定与级别相关，不是级别越高越需要一号位关注，而是那些承担关键任务的岗位。比如，某个企业在某个战略时段，资金的周转非常重要，那么对销售政策、产品交付、应收管理的事项与岗位就要特别关注；某个跨境电商企业曾在战略研讨时对模式十分投入，最后发现如果不能解决库存周转率的问题，企业可能会因此资金链断裂。这种情况下，一号位对库存周转相关的部门、岗位就要特别关注。

五、下一年度全面预算（9～12月）

战略目标与年度经营计划基本确定后，9月份就要启动全面预算的编制，一直贯穿12月月底，共需要三四个月的时间。

为什么要在9月份就启动预算？我们需要多年实践中进行重点说明。

① 预算不是短期交差的数字游戏，不是老板交代的作业，不是财务部门的事务性工作，不是一两周可以做出来的表格，因此需要时间进行总结、数据整理、行业分析等。预算需要深度参与、反复思考，需要时间达成共识。

② 预算是经营责任考核与评价的前提，也是价值分析、价值评价的前提，完成预算的情况，体现干部的业绩与能力。这必然涉及从上到下、从下到上几轮PK。

③ 一些预想到的新动作，可以在当年余下的时间进行试验，到真正确定明年的预算、经营启动（1月1日）的时候就能够心中有数，如新产品、新模式、新渠道，市场或客户的调整等，而不是要到明年做了才知道有没有效果。

④ 根据预算，可以反向对组织运营、流程效率、干部配置、财务资金等提出要

求，并验证我们经营的逻辑。提前做预算、提前得到反馈，也可以提前调整，在做预算这段时间，正好可以进行酝酿、准备。

关于全面预算的具体做法，将在第五至第七章中详细介绍。

六、下一年度经营绩效方案确定（12 月）

许多公司的绩效评价往往很难做好，就是因为没有一个有效的预算支撑，而且许多人力资源部门大多是在绩效管理的方法论上折腾，而缺乏对下一年度经营取向与价值创造的真正理解。而这也不是人力资源部门自身能够解决的问题，必须基于预算解决。

当预算方案确定下来，原则上主要经营目标与要求也就相应出台了，我们只需要在其中摘取相应的指标与数据，作为对应的部门的绩效考评指标就可以了。

绩效管理的规则，必须在新一年启动前就明确下来，让经营者知道做到什么程度，能够得到什么样的绩效激励。

七、下一年度经营分析会

这些工作完成后，到了下一年度，就在每个月的经营分析会中来检视各项工作、各项指标的完成情况，同时关注下一个月的计划，并对累计的经营情况进行总结，循环往复。

经营分析的颗粒度要细，以便能够真实反映经营中的差距与问题到底在哪里。越细越小，越有助于问题的解决。

经营分析会的时间点很重要，很多企业因为数据出不来，月度经营分析会往往到 15 日—25 日才开，一个月已经过去大半，意义就大打折扣，因为这样顶多是一个经营通报会。因为核算、系统的原因，有一些数据出不来，也不要等，有核心数据就可以开经营分析会，可在过程中逐渐完善。

第三节　业务生命周期与全面预算管理的逻辑

企业的业务发展有一定的生命周期，在不同的生命周期，我们对业务的经营管理方式是不一样的。因此，在全面预算管理方面，我们同样应该区别对待，针对不同生命周期环节，制定不同的预算管理重点。

企业生命周期及业务特点，如图 3-4 所示；各生命周期的业务特点与预算重点，见表 3-1；各经营指标与战略、财务方面的关注点，见表 3-2。

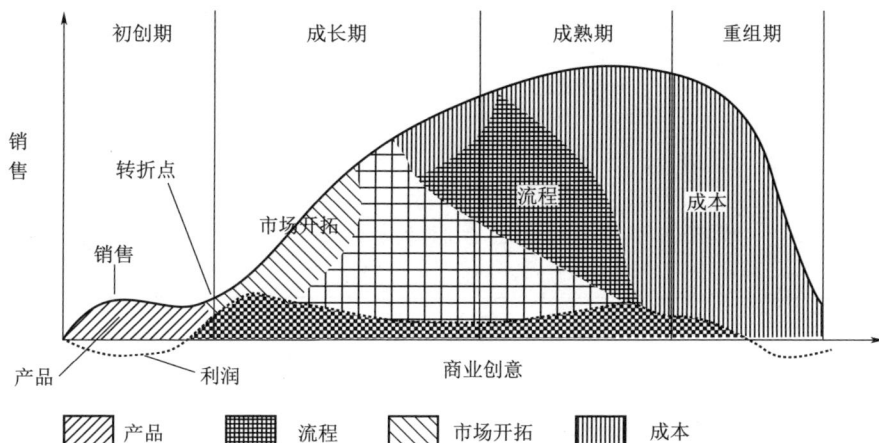

图 3-4　企业生命周期及业务特点

表 3-1　各生命周期的业务特点与预算重点

生命周期	发展目标和战略	管理结构和重点	核心能力	预算重点
初创期	仅有商业构想，努力推出能满足特定市场需求的产品和服务，快速响应，生长生存	面临生存的压力，组织规模小，结构简单，管理权力高度集中，没有规范的管理流程，因人设事、随机应变	推销能力研发能力商业眼光	成本费用总额控制
成长期	有明确的市场目标和策略，积极参与竞争，建立管理标准，激发经营活力，培育人才团队	组织不断扩大，部门、层级增加，不断面临分工与调整的问题。逐渐规范内部管理制度、建立预算体系，做好产品与市场，吸引人才，建设激励机制	市场营销组织协调财务管理	规模盈利
成熟期	市场份额稳步扩大，建立以盈利为目标的经营战略，不断提升经营质量，积极开拓新领域	组织基本稳定，分工细化，管理走向规范化、制度化。重视成本、效率和业绩管理，重视人员培训与人才队伍建设	产品领先经营人才效率驱动	盈利效率
重组期	亟须确定新的发展方向，进行必要的内外部重组和变革，对经营要素进行重构	组织、业务庞大，责权重新划分，管理体系需全面提升与变革，需要控制成本、费用，关注效率与活力，加强预算控制	技术更新变革管理预算控制	风险

表 3-2　各经营指标与战略、财务方面的关注点

预算控制重点	战略解码	财务指标
规模	市场空间、竞争对手、客户需求、产品竞争力	销售量、销售收入、回款
盈利	市场定价、成本结构	毛利率、净利润
效率	资源配置、投入策略	费效比、人均销售额、人均利润、现金周期
风险	预测外部和内部环境变化、业务流程的风险评估、当地政策合规	遵从性测试、流程审计报告、内控报告

一、初创期

初创期的主要业务策略是贴近消费者，缩短导入期。

在产品销售方面，可以选择信誉较高的中间商代销或试销、内销、节销等，以提高品牌知名度；在广告方面，主要介绍产品的性能和特点，激发消费者的购买欲望；在产品定价方面，可以采用高价战略来赢得第一，也可以采用低价渗透战略来增加市场份额；在产品生产方面，要进一步优化设计，提高产品质量，提高产品性能，降低生产成本；在目标市场的选择上，可以采取无差别营销战略，降低营销成本，吸引潜在消费者。

这一时期，现金流为负，企业要面临较大的生存压力，组织规模小，结构简单，管理权力高度集中，没有规范的管理流程，因人设事、随机应变。企业能力建设更多地关注商业洞察、产品开发、市场推广。

因此，初创期预算管理的重点应当是匹配项目关键任务节点的成本费用的总额控制，避免盲目投资造成铺张浪费。

二、成长期

成长期的主要业务策略是增加市场份额。

在产品销售方面，要不断寻找新用户，开拓新市场，以扩大产品的市场份额；在产品定价方面，应采取降价战略，吸引对价格敏感的买家；在产品生产中，努力提高产品质量，增加新的款式和规格，以满足潜在消费者的不同需求；在广告方面，要从产品感知广告转向产品偏好广告，以树立产品的市场形象；在目标市场的选择上，建议采取不同的集约化市场战略，以满足不同细分市场的需求，巩固产品的市场地位。

这一时期，现金流从负值逐渐趋于平衡，企业组织结构不断扩张，部门、层级增加，不断面临分工与调整的问题。企业能力建设更多地关注市场营销、组织协调、财务管理。

因此，成长期预算管理的重点应当是逐渐规范内部管理制度、完善预算体系，关注产品盈利能力提升和现金流的回收，做好产品与市场，吸引人才，建设激励机制。

三、成熟期

成熟期的主要业务策略是改善营销组合，保持市场份额。

成熟期包括三个阶段：成长中的成熟期、稳定中的成熟期和衰退中的成熟期。营销人员应该系统地考虑市场、产品和营销组合，以保持不断增长的市场份额。比如，市场改善。通过差异化和集约化的市场战略，争取竞争对手的客户，改变和吸收非用户；进入新的细分市场，宣传产品新的更广泛的用途。比如，产品改进。包括增加新功能（耐用性、可靠性、安全性等），改善功能（材质、尺寸、口味等），以及日益增长的审美需求（色彩、结构、包装等）。比如，营销组合的改进。优化价格、分销、广告和服务组合，注重企业形象设计，提升服务项目，用礼品等促销工具代替简单的广告，通过降低销售价格扩大市场空间。

这一时期，现金流为正，企业组织基本稳定，分工细化，管理走向规范化、制度化。企业能力建设，更多关注产品领先、经营人才、效率驱动。

因此，成熟期预算管理的重点应当是重视成本、效率和业绩管理，重视人员培训与人才队伍建设。同时，在新领域扩张时，也应做好项目投资管理。

四、重组期

重组期的主要业务策略是淡出市场，推陈出新。

合适的重组战略取决于行业的相对吸引力和公司在行业中的竞争力。企业要防止两种错误：一是仓促撤军，造成新旧产品脱节；二是割爱难，错失良机。因此，经营者要有预见性地改变，有计划地退出，有目的地进攻，有选择地降低投资水平，抛弃没有前景的消费群体，从容退出产品市场。

这一时期，企业组织、业务庞大，管理体系需全面提升与变革、责权重新划分。企业能力建设更多地关注技术更新、变革管理、预算控制。

因此，重组期预算管理的重点应当是及时追缴欠款，防止闲置资金被个人利用，为新品开发及新投资储备资本。

第四章

全面预算管理启动前的准备

全面预算管理作为支撑企业战略到执行的有效工具，为了保证在日后实施阶段的有序展开，需要在其正式启动前做一些准备工作。具体包括组织保障、预算单元、制度保障、预算原则、经营报表体系、预算模板和历史数据等。

第一节　建立预算组织体系

预算组织是全面预算管理有效实施的前提和基础，由决策机构、管理机构和执行机构三个层面构成，形成相对独立、互相分离的组织控制体系。建立科学、合理的预算组织体系是实现全面预算管理的核心，预算组织体系应承担预算编制、执行、核算、分析、考核、反馈等职责，并遵循责权利相当，与企业组织相匹配且职责明确的原则。

具体来说，建立预算组织体系，如图 4-1 所示，负责全面预算管理工作，以实现：

① 推进预算管理工作的统一规划、统一部署、统一实施和统一决策；

② 综合平衡各方利益，确保企业整体利益最大化；

③ 打破企业和部门间壁垒，加强协作沟通，削弱本位主义；

④ 加强专业化管理，推进预算管理标准化进程；

⑤ 提高方案整合与系统整合能力，提高管理效率和效果。

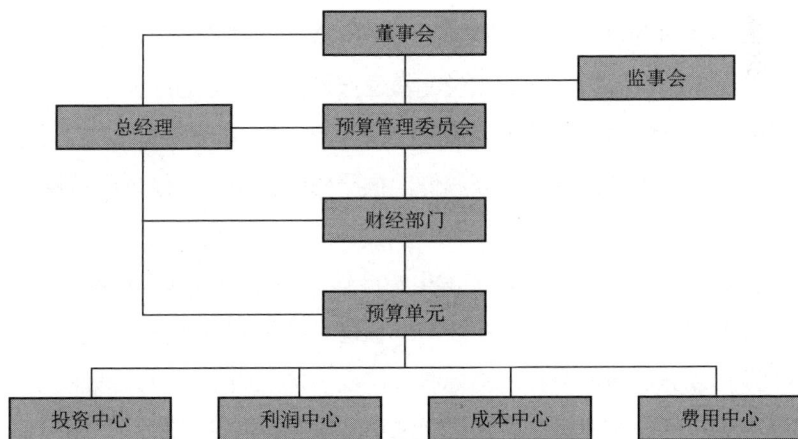

图 4-1　预算组织体系的基本架构图

图 4-1 所示是预算组织体系的基本构架图，不同类型的企业在实施全面预算管理时都可以在此基础上，结合企业的实际组织架构进行细化。

在预算组织体系的顶端是公司董事会，主要负责对重大的预算管理事项进行最终决策，是全面预算管理的最高决策机构。

在董事会之下，要求设立预算管理委员会，作为全面预算管理的日常管理机构，主要负责：根据企业战略规划和经营目标，研讨、制定年度预算指标；确定全面预算管理编制的方针程序和具体要求；审议各经营单元的预算并提出修改意见；研讨、审议经营单元的经营考核方案等工作。

在预算管理委员会下，是公司财务部门，作为执行机构，负责日常工作协调。主要负责：制定全面预算管理制度、模板及相关文件；组织各责任部门编制预算，提供专业数据，沟通预算编制信息；汇总各责任部门预算并进行初步专业审核，编制公司整体预算；对预算执行进行监督、控制或提供相关专业分析等工作。

最后是各预算单元，是预算、预测编制与执行的主体，形成纵横交错并互锁的预算责任体系。主要负责：根据经营计划与预算要求，编制本部门预算，对不能达成的指标进行说明；根据预算管理委员会反馈意见，调整本部门预算；根据已经正式发布的年度预算组织本部门经营活动，并进行过程管控等工作。

第二节　建立经营核算体系

在全面预算管理过程中，我们需要根据组织架构，也就是前面提到的预算单元，设计或完善经营核算体系，即我们常说的管理报告体系。有的读者可能要问，会计核算有严格的会计准则，同时企业外部的报表使用者，如外部监管机构、银行、税务、证券交易所都会对我们的会计信息披露做出很严格的要求，为什么还需要额外设计经营核算体系？

会计准则和外部监管要求，更加偏重企业信息披露的准确性和合理性。换言之，更加关注企业的经营风险问题。而企业内部管理层的关注点不一样，我们更看重依照内部的组织架构划分、依照内部的指标统计口径、依照内部的财务管理标准反映经营单元（预算单元）的经营成果和风险控制水平，从而对各级经理人作出业绩评价。

一、内部的组织架构划分

很多企业特别是集团化运作的企业，内部的法人结构非常复杂，有的企业在不同的区域、针对不同的业务注册了数百个法人实体。但在内部管理上，并不会完全按照法人结构进行管理，常常会出现多个法人合并成一个事业部管理，或者是将一个法人内不同的业务划分到不同的事业部中进行管理，"你中有我，我中有你"。这时如果仅仅是依靠法人为基础出具会计核算报表，那么在报表的组织划分上就不能满足经营管理的要求。

二、内部的指标统计口径

对于一项相同描述的数据指标，很多企业内部的统计口径就会与外部准则、监管要求存在很大差异，甚至企业内部不同部门间都有着不同的理解。比如，销售收入这个指标，如果以会计准则来判断，我们需要按照准则规定的"五步法"来确定收入确认的条件、时间点、具体金额。按内部标准，则可能统计出多个结果来：有的按签单时点统计，有的按回款时点统计，有的按发货时点统计，有的按客户接收时点统计，有的按发票时点统计，有的按安装调整时点统计，有的按客户验收时点统计，等等。

因此，我们需要明确一个符合企业内部管理需求的指标体系，作为内部评价各预算单元经营成果的标准。

三、内部的财务管理标准

基于管理的特殊性，很多企业会对一些事项的核算提出特殊要求，出具一些与法人口径不同的报表。比如集团内部长期由一个单位代另一个单位开支某项费用；集团内两个法人间需按内部交易价格而不是开票价格确认内部利润；集团职能部门费用需分摊给下属单位但并不实际开票结算；集团内部对资产折旧速度、风险计提比例有更加严格的要求等。

因此，我们需要从以下几个方面对经营核算体系（管理报告体系）进行重新审视。

① 明确各预算单元及其核心指标。预算单元的划分前面已有阐述，这里谈到的核心指标既包含该单元整体层面的一级经营指标和效率指标，也包括该单元对其内部的二级部门要求达成的核心指标，经营核算体系应主要围绕这些指标来进行搭建。不同预算单元间核心指标不同，经营报表的格式也不一定完全一致。

② 结合管理报告的需求，梳理完善现有的内部会计核算体系。主要包括我们的报告主体、会计核算科目体系等，要求尽量与管理报表口径保持一致，减少管理调整的工作量。

③ 制定经营指标数据库，对经营指标进行一次系统梳理。将指标定义、责任部门、计算公式、数据来源、计算逻辑等方面予以固化。要重点厘清的有收入的确认原则、内部定价原则、成本费用的计提和摊销原则等。

为什么会有这样具体的要求？因为我们发现在很多企业中，对于指标的运用是比较混乱的。在经营分析会上，对同一项业务的评价，这个月用 A 指标，下个月用 B 指标，随意性很大；不同的部门对于指标的口径存在分歧，相互质疑，经营分析会往往开成了对数会。

这样明确的标准，也给我们下一步实现管理报表信息化搭建了基础，一个明确的需求，将极大提升信息化项目的实施效率。

第三节　确定预算单元

在编制预算之前，我们要对企业组织结构进行审视，通过全面预算管理拉通经营执行，从成本与效率、从责任与权力、从价值创造与价值激励等角度，有效设置预算单元。这既是目标分解与编制预算的基础，也是预算有效执行的基础，更是经营管理的基础。全面预算管理要用来支持业务发展，组织（架构）也是为实现业务而存在的。

一、确定预算单元的基本原则

什么样的单元适合作为预算单元，基于什么确定预算单元，这是需要提前做好思考的，我们提供一些可供参考的基本原则如下：

① 以市场为导向，以流程为核心，以部门为支持；

② 组织是为了支撑战略，部门是战略支点，不是利益割据；

③ 关于职业化管理变革，打破官僚文化、行政级别；

④ 业务部门要纵向拉通，职能部门要横向衔接；

⑤ 业绩考核、专业考核、价值链考核、大众评价；

⑥ 在系统思考基础上，目标导向，协同作战，坚决剔除不好的因素；

⑦ 通过系统、文化、IT 等进行固化。

根据各预算单元的工作内容、工作职责，以及其具体承担的权责不同，预算单元可以分为投资中心、利润中心、成本中心和费用中心。

① 投资中心，主要对投资负责，对长期投资回报负责，对产品生命周期进行管理，通过每年的执行承诺，对投资战略进行闭环管理；

② 利润中心，是直接面向客户组织，对利润负责，有价格授权，对客户承担端

到端的责任，利润中心的设置需与分权管理体系相适配；

③ 成本中心，是端到端责任的直接组成部分，中心支出直接进入产品 / 项目成本，直接为利润中心提供服务；

④ 费用中心，为成本中心、利润中心提供间接服务，支出不能够直接进入产品 / 项目成本，是企业运营必不可少的职能部门，费用支出比较刚性。

二、评估组织的有效工具：六个盒子

为了保证预算单元和经营单元一致，我们可以使用一些组织管理的工具作为辅助，这里介绍一个由美国分析师马文·韦斯伯德开发的，用于组织诊断的工具——六个盒子，如图 4-2 所示。六个盒子就像扫描仪或者雷达，能够帮助管理者和业务团队，从六个维度的全局视角来看待组织。

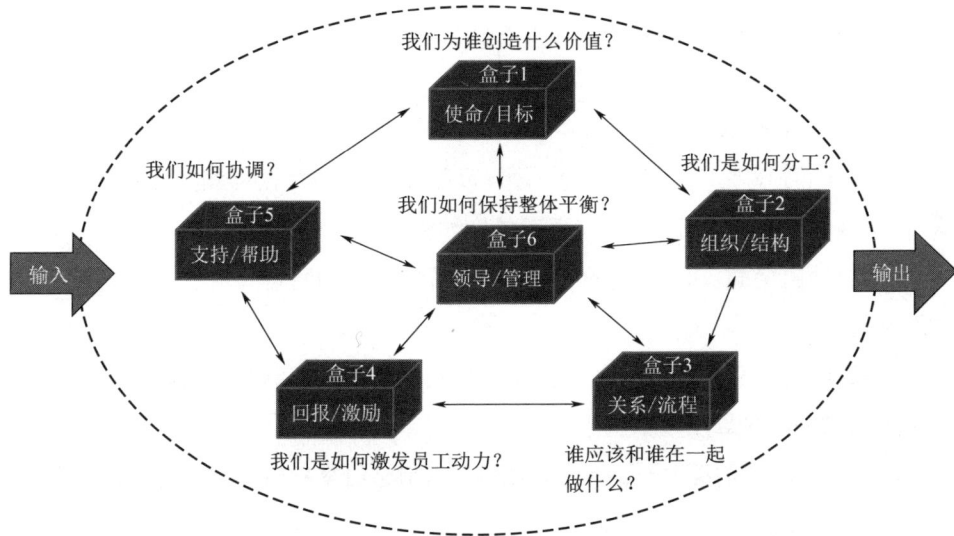

图 4-2 组织诊断的六个盒子

三、组织持续优化的原则

组织确定下来之后不是一成不变的，当业务发生变化，或是市场环境发生变化，抑或内部管理方式发生变化时，我们都有可能需要对组织进行调整和优化，那么在这个过程中，应当严格遵守下面几个原则：

① 战略导向原则，即基于企业的战略，自上而下地进行统一设计；

② 精干高效原则，指力求机构精简，人员精干专业，管理效率高，持续保持竞争力；

③ 权责利明确原则，每一管理层次、部门、岗位的权责力都明确和对应；

④ 兼顾发展原则，基于现状的管理成熟度、组织的发展阶段及管理能力，同时兼顾未来的发展需要。

第四节　确定预算编制原则

全面预算管理编制是一项严谨而科学的系统工程，不是一项纯粹的会计工作。因此，它需要结合企业经营与财务规则，制定相关的编制原则，主要包括通用原则、操作原则、标准规范和调整原则。

一、全面预算编制通用原则

通用原则一般与基本的会计准则与内部的财务管理规范有关，我们主要从企业经营管理的角度来归纳一些通用原则。

1. 全面预算原则

全面预算原则是指编制单位全面、预算项目全面、预算内部全面、参与主体全面。

① 编制单位全面，即集团所属各单位均须编制预算；

② 预算项目全面，即包括经营、投资和筹资在内的所有经济活动及其所产生的经营结果；

③ 预算内容全面，即预算必须全面反映预算单元的经营成果和财务状况，包括责任制及非责任制预算及预算执行；

④ 参与主体全面，即全员参与，预算的编制与日常分析、控制均由各预算执行部门、管理部门参与，逐级汇总。

2. 目标管理原则

集团年度预算目标确定并分解至各预算单元后，各单位应对目标实行动态的实时监控，通过对目标完成情况的分析，对出现的不利偏差及时采取相应的措施，控制经营风险，并及时披露、报告经营情况。

3. 会计核算原则

预算体系与会计核算体系应有效衔接，核算政策、口径和方法应保持相对一致，会计记录是预算执行记录的基础，预算执行结果以会计报表为基础，通过具体的调整事项得出预算执行结果，确保预算执行信息的真实可靠、有据可查。

4. 实事求是原则

预算目标的确定、预算的编制，应在综合考虑内外部经营环境变化的基础上，与集团的发展规划、预算单元的经营情况相结合，不夸大、不缩水。预算分析与报告、预算考评结果应真实、完整地反映预算执行实际情况。

5. 差异分析与责任追踪原则

强化预算执行差异的分析与责任的落实、追踪。预算管理机构确认差异原因，提出调整措施；预算执行机构对执行情况及时进行分析，提交改进建议，并执行预算管理机构下达的调整措施；预算考核机构对差异分析的质量、调整措施的效果进行跟踪与考核。

6. 保密原则

各级预算执行、管理和考核人员均对涉及的预算相关信息负保密责任，严防信息外泄。违者依照相关规定追究相关部门和个人的责任。

二、全面预算管理操作原则

操作原则主要是弹性预算和滚动预算，一般涉及预算编制和预算执行。

1. 弹性预算

弹性预算法是根据可以预见的一系列业务量水平确定不同的预算额的一种预算编制方法。可以充分规避固定预算法的弊端，使预算更加接近实际情况，考核评价的结果更加真实可靠。因此，为了制定一个可执行的预算，弹性预算法应当广泛应用于企业全面预算的编制过程中。

弹性预算的具体思路如下：

① 数值弹性，业务量不同的时候，预算可以有所不同；

② 目标弹性，情况发生变化时，企业经营会随之调整，则预算也可以调整；

③ 措施弹性，某项措施行不通，有备用方案，备用方案的投入产出可能会存在差别；

④ 经营弹性，预算不可能 100% 精确，需要进行一些调整。

无论如何弹性预算要符合逻辑、有效产出，并要有人对其指标负责。

弹性预算的注意事项如下：

① 开源节流，各环节审视，确保尽力完成；

② 对于控制支出变动半变动的精确分析；

③ 如何保证预算柔性？如何及时有效沟通？

④ 人力资源计划弹性，工资弹性；

⑤ 固定资产预算弹性；

⑥ 可控费用弹性，如差旅费、广告费等；

⑦ 形式、目标、动作的弹性。

2. 滚动预算

前面提到，完成预算编制工作只是全面预算管理工作的起点，在预算编制完成后，我们需要定期（每月）对比预实差异，分析问题、解决问题，保证后续经营周期能够持续达成预算目标。滚动预算，就是其中非常重要的一项工作。

滚动预算法，又称连续预算或永续预算，是指按照近细远粗的原则，根据上一期的预算完成情况，调整和具体编制下一期预算，并将编制预算的时期逐期连续滚动向前推移的方法。

进行滚动预算的原因有以下几个方面：

① 业务环境、策略和计划客观上是变化的，外部经营环境和内部经营条件的变化，导致业务计划和策略的变化，预算必须反映变化的业务计划和策略；

② 随着时间推移，未来事项的可预见性逐步增强，现有的预测能力还不能对较长时间的经营状况做出准确预测，只能随着时间的推移，逐步看清未来；

③ 可以促进预算与日常业务管理的结合，不断提升预算水平；

④ 滚动预算的收获；

⑤ 建立一个科学合理的机制，协助各部门编制滚动预测并就实际、预算及预测数据之间的偏差进行分析；

⑥ 有利于让经营者掌握企业的运营情况；

⑦ 有利于向经营者提供决策时所需要的信息；

⑧ 有利于让经营者选择适当的战略适应企业目标；

⑨ 有利于反映现金流缺口或盈余以提前采取适当行动；

⑩ 有利于及时对经营的变化做出预警或警示。

综上所述，预算每执行一个月后，即根据执行中发生的新情况，对后续 1～3 个月的计划任务进行调整和修订，使预算更具执行性的滚动预算法是非常必要的。在实际经营过程中，编制滚动预算并不意味着时刻调整年度预算目标。一般情况下，滚动预算是为了适应经营变化，更好地匹配各项资源，避免出现资源不足或资源浪费，而做出的计划任务调整。在企业经营没有发生系统性风险时，年度预算目标是不做调整的。

三、全面预算的编制标准

我们以美的集团为例，为保证全面预算管理顺利编制，美的集团制定了相关的具体标准，包括内部交易结算标准、大宗材料预算指导价格（根据宏观经济环境、供需需求预估、遵循谨慎原则等）、公共费用分摊标准（总部职能部门费用、品牌建设、商标使用费、IT 费用等）、外币汇率标准、资产风险计提标准等。美的集团各类资产风险计提标准样表，见表 4-1。

表 4-1　各类资产风险计提标准表（示例）

项目	类　别	资产状况		计提标准	备　注
应收账款	逾期	逾期 1～30 天		10%	内销逾期：渠道经销商铺底期限最长不超过 30 天，渠道连锁综合类经销商最长不超过 45 天。事业部直营连锁终端铺底期限最长不超过 60 天，中间产品铺底期限最长不超过 60 天；签订铺底协议的，按铺底协议到期时间计算，铺底延期视同逾期管理。未签订铺底协议的，从发货之日起算
		逾期 31～90 天		30%	出口逾期：指应收账款超过外销应收到期日。外销应收账款到期日根据结算方式确认
		逾期 91～180 天		50%	计提风险准备的应收账款不含集团内部单位、关联单位
		逾期 181 天以上		100%	质量保证金按合同约定的收款期开始计算逾期账龄
	不良（包括未到期和逾期的）	已有情况表明债务人资信状况恶化，货款回收存在较大风险		100%	对拟进入或已进入司法程序的债权，有保全的债权扣除保全价值的 50% 后计算
存货	材料	常规物料（含在制品、委外加工材料）	库龄 91～180 天	5%	在制品视同库存物料，委外加工材料、寄存在采购中心的委托代理采购物料视同自有物料，根据实际库龄计提风险准备，纳入责任制考核范围
			库龄 181～365 天	30%	
			库龄 365 天以上	80%	
		呆滞物料	因技术革新、工艺调整、生产计划变更等原因经技术判定不再需要的材料	80%	
		废料	毁损、变质，使用价值完全丧失，不能用于生产的材料	90%	

续上表

项目	类别	资产状况		计提标准	备注
存货	总部成品	正品	库龄 91～180 天	终端产品按 5%	不含已做应收账款处理的发出的商品
				中间产品按 10%	
			库龄 181～365 天	30%	
			库龄 365 天以上	终端产品按 60%	
				中间产品按 80%	
		等外品、处理品	产品经返修后仍未达到正品要求但不妨碍使用的；试产产品、测试样品	80%	
		残次品	不能正常出售的毁损或变质产品	90%	指毁损、变质以及使用价值完全丧失或部分丧失，经技术判定不能出售的产品库存
		样机（非实体样机）	库龄 1～90 天	10%	指不能做正品销售的样机，实体样机（可做正品销售）视同正品计提风险准备
			库龄 91～180 天	50%	
			库龄 181 天以上	90%	
		停产机型		100%	自停产之日起 6 个月内清理完毕。逾期未清理完毕，100% 计提风险准备，冲减当年利润，后期不得冲回
	渠道库存	正品	生产时间 1～2 年（在产产品）	30%	纳入责任制考核，冲减当年利润，后期不得冲回
			生产时间 2 年以上（在产产品）	50%	
		停产机型		100%	自停产之日起 12 个月内清理完毕。逾期未清理完毕，100% 计提风险准备，冲减当年利润，后期不得冲回
		残次品	不能正常使用或出售的渠道产品	80%	

综合来看，这些标准有个共同的特点，就是紧贴业务实际制定相应的核算逻辑，而不是拘泥会计、税务政策，要求尽可能缩短经营周期、投资周期、资金周期，降低经营风险。

四、预算调整原则

在业务环境发生系统性的、重大的变化时，我们需要对预算进行调整。预算调整应当遵循的原则有以下几个方面：

① 调整权利，事先明确调整权利由谁行使，哪些人参与决策；

② 调整前提，事先规定什么情况下才能调整，一般来说不遇到系统性的风险，不遇到冲击整个行业的变化时，是不得轻易调整的；

③ 调整形式，事先规定调整预算的频率与幅度；

④ 调整过程不调整结果，年度整体目标不轻易进行调整，即对分月的滚动预算可做出调整，但年度整体预算目标原则性不调整；

⑤ 公开透明调整决策过程要求公开透明，拒绝暗箱操作。

第五节　规范预算模板和历史数据

为使业务部门更好地理解财经管控逻辑，熟悉财务管理预算，从而更好地将业务规划转化成财务数据，在正式编制预算前，我们需要制定或完善一套符合企业经营业务的预算表格模板。模板既要符合企业业务属性，又要匹配企业内部预算单元。预算模板有利于规范预算内容与数据。预算编制需填写模板中的空格内容，也就完成了预算编制的前期工作，然后提交给上级的预算模板也恰恰是需要的预算结果。预算模板有利于提高预算编制的效率。相关的计算与汇总由模板中的公式自动执行，有利于分层、分级的预算汇总。

在确定了预算模板之后，财务部门需要根据模板格式，整理并提供各预算单元的历史数据。如果企业的预算工作是 9 月启动，那么历史数据就应该当年 1 月~8 月的实际数据加上 9 月~12 月的预测数据。有条件的企业，除了提供当年的历史数据外，还可以提供过去 3 年的历史数据作为参照。历史数据揭示了企业及业界费用投资结构比例、企业经营规模的增长趋势、企业成本费用结构的变动规律、单位成本及人均费用等历年统计值、企业 KPI 及投入产出指标的变动趋势等，是对企业历史发展规律的总结，对预算编制和评审有重要作用。

第五章

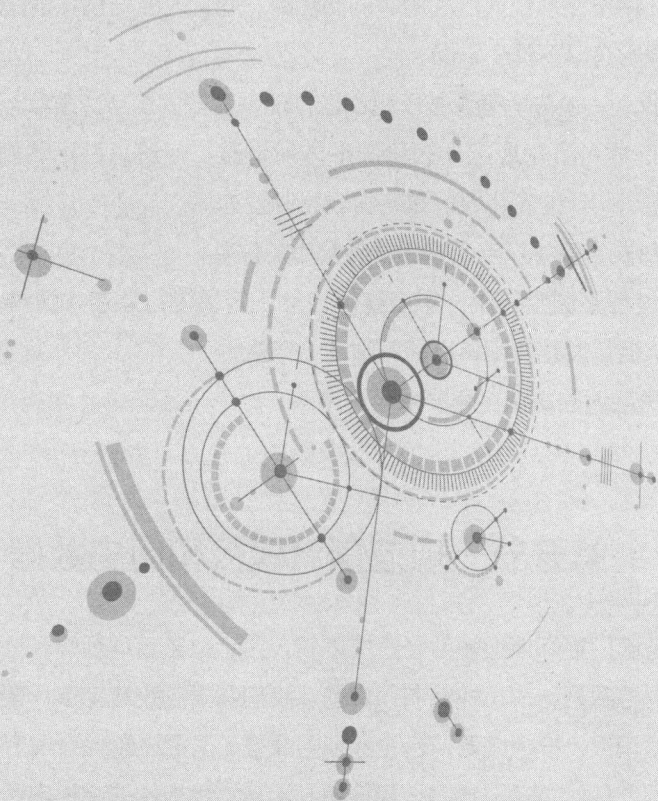

全面预算编制与评审

　　有效的预算编制和预算评审，是全面预算管理的重要环节。在全面预算编制过程中，这两个环节可能会反复进行，这对全面预算的全面性、准确性、可执行性、可实现性等方面具有重要的影响。

第一节 预算编制的四个阶段

企业从每年的 9 月份开始启动预算的编制工作。财务部门下发年度预算编制文件，用于明确预算编制的要求。财务部门作为组织者和文件的解释部门，而各业务部门和职能部门是具体的执行者。预算编制一般分四个阶段进行，如图 5-1 所示。

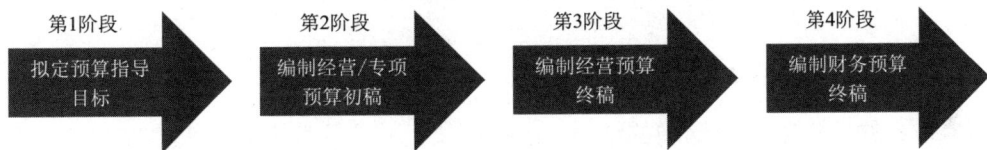

第1阶段	第2阶段	第3阶段	第4阶段
拟定预算指导目标	编制经营/专项预算初稿	编制经营预算终稿	编制财务预算终稿

图 5-1 全面预算编制的四个阶段

第 1 阶段：各级预算单元进行预算年度经营目标预测，逐级审核汇总至集团。集团预算管理委员会根据集团战略发展规划及投资计划等测算年度集团整体预期目标，结合各级预算单元提交的预测目标，提出建议并提交集团管委会审议，集团管委会审议后确定集团预算指导目标。

第 2 阶段：预算指导目标逐级分解下达后，各级预算单元根据下达的预算指导目标编制详细的经营和专项预算，再逐级审核并报告至集团，第一稿预算一般要求在 9 月月底或 10 月月初完成；集团预算管理委员会审核各级预算单元预算，经与各级预算单元充分协商后，修正形成最终预算目标建议，提交集团管委会审议后报集团批准，在 11 月月底前最终形成下一年要达成的整体经营目标。

第 3 阶段：各级预算单元根据集团批准的经营预算确定目标，再次逐级向下分解，编制预算年度经营预算的最终稿，报集团审批。12 月月底前，集团和各级预算单元年度预算终稿经集团批准后生效，同时各级预算单元年度预算应报集团财务部备案。

第 4 阶段：各级预算单元根据年度经营预算，将各预算指标落实到法人主体，完成分会计主体的财务预算；在此基础上，编制年度财务预算和资金预算。

第二节　预算目标下达与分解

预算编制的第一步就是制定年度经营目标，然后将确定的经营目标按照损益表的逻辑进行拆解，同时还要按照这一逻辑对内部各经营单元的目标也进行同样拆解。这里的经营目标不是随意设定的，而通过充分讨论达成共识后设定的目标。只有达成共识后的目标，在接下来的分解过程中才会减少博弈和冲突。

一、预算目标下达

有效的目标不是拍脑袋的结果，也不仅仅是同个人收入和利润数字挂钩，而是通过系统研究与论证后设定的经营目标，并按照"以终为始"的原则来制定财经指标。

企业可以通过召开经营研讨会的形式来确定目标及目标价值。研讨会中可以：

①让企业中高层能有时间一起思考未来一年的工作。企业领导层，特别是各部门负责人，平时都是忙于日常工作，应付各种重要紧急的工作，参加各种协调会议，很少有时间静下来，认真思考部门工作的得失及未来的方向。而组织研讨会，让企业中高层干部能有 2～3 天的时间认真总结一年来工作中的不足及原因，以及未来一年的方向。否则，如果只是发文要求各部门提交年度总结报告，往往各部门负责人会安排部门其他人代其撰写报告，而不会认真思考。

②让各部门一起研讨碰撞出新的思路。在忙碌紧张的日常工作中，企业中高层干部很少有机会进行系统的思考，同时在企业工作多年的中高层干部，思维往往会固化在旧有的思维和行为习惯中，没有外部观点的冲击，以及系统的思考工具，很难有创新的想法。通过研讨会，让企业中高层干部，在内部战略与经营计划专家（建议有条件的企业聘请外部专家参加），用系统的方法和工具引导，组织大家对关键的经营议题进行研讨，在一些关键问题上找到创新的思路、新的做法。

③让中高层通过研讨对未来经营计划达成共识。如果不召开研讨会，我们难以发现各部门在年度经营目标的制定、年度重点工作部署中到底存在什么分歧，更别说消除各部门分歧了。通过研讨会，让企业中高层干部畅所欲言，说出各自对年度经营目标和重点工作计划的想法，并发现彼此之间的分歧。针对重要的分歧点，通过研讨达成共识，至少做到最大限度地缩小分歧。

目标通常是要经过内外分析找到现实的差距后再做确定，具体来说要关注以下几个方面：

① 分析过去 3～5 年机会差距及原因。也就是找出曾经确立的、曾经提议的、本应把握但未做好的战略机会。

② 对自己企业过去的经营情况进行系统总结。过去业绩的增速如何，市场份额有哪些变化，经营指标和效率指标完成情况如何，通过 SWOT（strengths 优势、weakness 劣势、opportunities 机会、threats 威胁）工具对自身进行优劣势分析、企业内部的人才结构盘点、客户结构盘点、各类其他资源的盘点。

③ 从技术端、市场端两个维度，看行业增速、趋势变化和市场容量。不仅是要对趋势进行分析，还要将我们企业放到这个趋势中，分析自己的行业定位如何，在过去的趋势中我们的定位是如何变化的，行业地位是更高了，还是与竞争对手的差距更大了。

④ 对客户进行分析，看行业内的主要玩家是哪些，他们的数量、质量、结构分布的情况如何，行业内客户的价值如何，哪些客户在持续做大，哪些客户又在走下坡路，我们作为这些客户的供应商，地位有何变化。

⑤ 对竞争对手进行分析，研究对手的现状、发展趋势和未来策略。向外看哪些是我们的主要竞争对手，我们相对其优劣势有哪些；向上看哪些是我们的潜在竞争对手，我们与他们还有多大差距，该怎么补足；向下看哪些将成为我们的直接竞争对手，他们的发展策略在哪些方面会对我们进行冲击等。

⑥ 对企业未来 5 年的财务数据做一次预估，即基于企业未来发展战略，在 5 年后我们预计达到多少营业规模、市占率水平、盈利能力等，以财务指标的形式呈现给经营管理者。

⑦ 对未来资源与战略的匹配程度进行分析，在资金上、各类资产上、人才上、市场资源和能力上，目前是什么情况，未来还缺多少，补足这些资源需要多大投入，投入的节奏如何控制。

⑧ 面向市场与客户，在产品供给、技术支持上、售后服务、解决方案、业务模式上，有何创新空间，应该怎么创新。

⑨ 优化提升降本增效。分析内部运营还有哪些优化空间，在管理创新和降本增效上有哪些改进方向。

⑩ 确定未来一年关键任务举措。未来一年的关键任务举措是什么，主要的项目有哪些，这些举措的优先级如何排列，遇到市场情况发生变化，哪些举措是必保的，哪些举措是可以阶段性放弃延期开展的。

二、预算目标分解

常用的目标分解的逻辑结构图，如图 5-2 所示，这是一种自上而下目标分解的逻辑架构，一般分为五个步骤：什么是目标、我们该关注什么、我们如何去做、如何知道我们做得对、做多少。

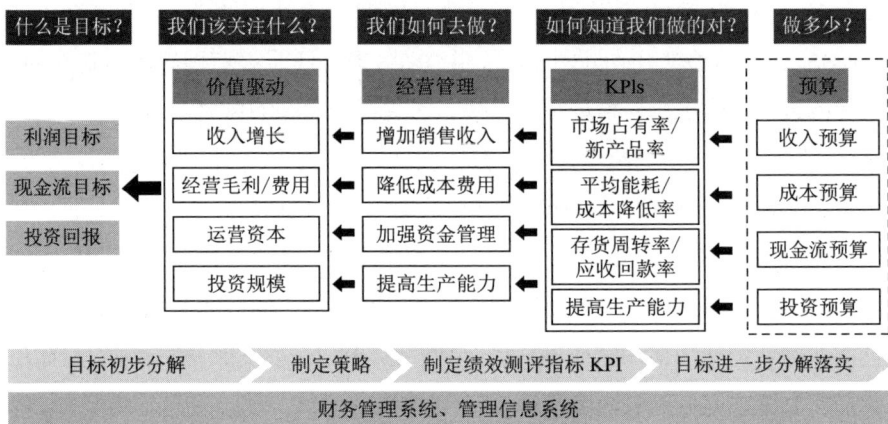

图 5-2　目标分解的逻辑结构

（1）什么是目标

要分解目标，先要搞清楚什么是目标。通过前面的章节，我们知道企业的目标是为了实现使命、愿景、价值观而确定的，通常包括经营目标、效率目标和投资规划。那么我们在这里做个假设，企业对未来的盈利情况、现金流情况和投资回报的情况设立了相应的目标。

（2）我们该关注什么

有了这些目标，我们就可以开始做一次初步分解。初步分解的逻辑是，我们应该关注一些什么方面来实现整体目标。

对于利润目标，我们前面提到通过"收入－成本＝利润"这个公式展开。增加利润的方式有两种：一种是拉高单位产品的利润空间，利润额和利润率均实现增长；另一种是在单位产品利润空间不变甚至降低的情况下，通过做大规模来获得更多的利润，即利润率下滑，但实现利润额增长。

对于现金流目标，通常需要关注在经营中需投入的，保证经营运用、周转的流动资金净额，即运营资本。通俗来讲，就是要投入多大的资金才能支撑销售目标实现，应该追求如何通过加强企业内部运营效率实现企业"规模经济"，而不是出现"一个人耕三亩地，一百个人耕三百亩地"这样一种情况。

对于投资规模，一方面需要匹配企业战略目标，在明确行业机会的时候甚至要提前超配部分资源；另一方面需要充分考虑资本的投入产出比和控制投资节奏，避免出现盲目投资而经营规模并未跟上的情况，保证实现期望的投资回报率。

（3）我们如何去做

确定了各项经营目标后，我们就可以围绕这些目标思考具体的实现策略，即做到哪些关键动作才能实现企业的经营目标，这些关键动作在后续步骤中得到逻辑验证后，将成为企业和各级部门的重点工作。

对于收入目标，我们可以进一步通过老产品销售多少、新产品销售多少；老客户销售多少、新客户销售多少；现有渠道销售多少、新增渠道销售多少等方法来进行分解，从产品、客户、渠道等途径综合考虑收入增长的可能性，最终实现"卖给客户更多"和"卖给更多客户"。

对于毛利率/成本费用目标，一方面需要持续推进成本费用的控制工作，通过新材料、新技术和新工艺的运用，从绝对额和相对额方面降低单位产品的综合成本。降低成本费用对于企业而言是无止境的。拿空调产品举例，今天一台空调价格相对20年前在产品性能和服务出现巨大提升的情况下，可现在空调的价格甚至比20年前略有下降（考虑货币购买力后，价格不可同日而语），而这一切是伴随着原材料价格、员工工资水平、土地价格、房屋建造成本等生产要素持续上涨的情况下发生的。

另一方面需要持续推出新产品来维持单位产品的售价和毛利水平。我们看到计算机、手机、电子配件几乎是一周一个价，为了应对这个问题，厂商通常是不断推出新产品，有的手机厂商甚至是月月都有新品上市。

对于现金流目标，我们可以拆解运营资本的结构来确定具体的关键动作。在销售业务方面，可以从业务模式、信用政策、货款账期、回款激励等方面提出要求；在库存管理方面，可以从库存结构、齐套性、订货周期、经济批量、呆滞清理等方面做出改进。

对于投资目标，我们主要关注与提高企业各项能力来匹配战略目标。需要注意的是，这里的投资既包括提升产能的厂房、设备投资，也包括提升产品升级迭代能力的技术投资，还包括持续为实现企业战略目标保驾护航的组织能力投资。

（4）如何知道我们做得对

我们可以通过提炼相应的客观的、可量化的指标来评价经营目标和关键动作的成效。只有对目标进行拆解后，才能更加准确地找到管理关键点，从而提出与经营活动相匹配的各项指标，发挥"风向标""指挥棒"的作用，避免出现公司目标和管理考核两张皮的情况。只有通过客观的、可量化的指标，才能更加清晰、高效地评价经营目标和关键动作的成效，排除人为干扰。

（5）如何知道做多少

我们需要将前面分解的每一项关键动作转化成数字，并将这些数字录入全面预算管理系统，通过财务逻辑测算，判断业务逻辑是否通畅：这些经营动作能否实现经营目标和管理指标。如果能够实现，相关的目标、动作、指标就此确定下来形成标准，各业务部门在年度开始后参照这个标准开展业务。

通常来说，企业在实行全面预算管理的前几年，目标、动作和指标之间是很难一次性达成一致的。这个时候，就需要回过头来审视关键动作与经营目标的匹配情况，或是优化动作，或是调整目标。

在企业持续经营中，产品售价通常是往下走的，因此在做与毛利率相关的测算和推演时，我们要注意产品（特别是老产品）持续降价对毛利率的影响。除了售价和成本外，销售结构也是决定整体毛利率水平的重要因素，如客户，一定会有高毛利客户和低毛利客户，这时候我们需要结合客户贡献的毛利率、业务规模、增长趋势来确定客户扩展的重心，将销售资源向规模大、毛利高、增长趋势好的客户倾斜，而对规模小、毛利低的客户，则需考虑是否进行一定的取舍，最终实现"卖给客户更好"和"卖给更好客户"。

降本目标的设置要符合逻辑，所制定的具体行动措施要能够落到实处，供应商通过什么手段加强管理、原材料价格如何控制、生产效率怎样提升、单位能耗如何降低，这些都不能只是停留在纸面上喊口号，相应的激励考核措施也应该同步跟进。

在费用控制方面，各项费用开支的标准持续增长是不可回避的。比如，员工工资水平、房租价格、企业对外购买各项服务等都会持续增长，更多地应该从提高费用开支效率。也就是从控制"率"而不是简单地控制"额"的角度来思考。

为了更科学、规范地制定和分解预算目标，在预算分解过程中，应当遵循 SMART（specific 具体化、measurable 可度化、attainable 协商一致、relevant 现实性、time-bound 明确的截至期限）的原则。也就是要在具体化、可度量、协商一致、现实性、时间要求方面进行明确，从远到近进行层层推演。

目标定义分为战略性目标、阶段性目标和实施策略，目标定义示例，如图 5-3 所示。

战略性目标	阶段性目标	实施策略
• 企业的销售收入在5年内翻一番 • 企业的产品市场份额在5年内由现有的 10%上升为 40% • 企业的利润率在5年内由5%提升到 9%	• 产品的生产和销售每年增加500万个单位 • 市场销售费用每年增长不超过5% • 每两年推出一个新产品 • 生产成本下降1%	• 在下列领域相应制定行动计划： 　− 市场营销 　− 生产计划 　− 研发计划 　− 投资计划

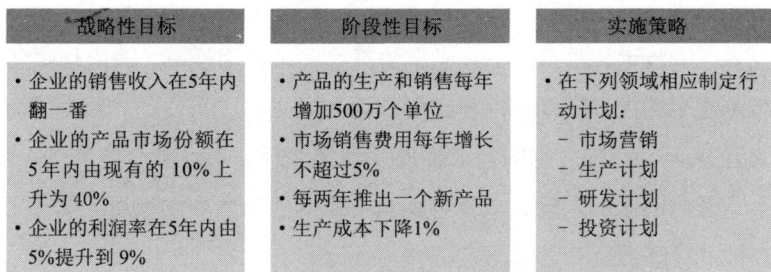

图 5-3　目标定义示例

第三节　全面预算编制

全面预算编制包括经营预算和财务预算两个部分。经营预算指直接承接企业经营计划，并与日常经营活动直接相关的业务预算，包括销售预算、研发预算、生产预算、投资预算、人力预算、费用预算、财务预算等。财务预算指最终形成财务数据指标和财务报表的预算，包括三张财务报表的预算、现金周期规划等。

一、销售预算

销售要在企业经营中发挥龙头作用，但这种作用的发挥，不是靠提升内部地位就可以做到的。销售如何有效发挥龙头作用、增加话语权，首先就表现在对经营的预测上。放到一个市场化的经济环境中，销售相当于是买方，如何获得卖方的重视并获取比较好的成本、品质与交付？就必须通过有效的销售预测，为企业的后台提供一个良好的工作空间。

一个有效的销售预测与预算，才能更好地拉动整体经营，也可以对产品、供应链体系提出更高的要求。而没有好的销售预测与预算，则会给后台的产品企划、生产管理、经营等工作带来很多的无序波动，造成成本与效率的损失。因此，销售预算是全面预算编制工作的第一步。

在正式编制销售预算前，要思考清楚几个问题：市场变化的趋势怎么样？我们的核心机会在哪里？我们的核心问题或者核心差距是什么？我们选择做什么或者不做什么？我们和谁竞争？我们的客户与渠道而已如何？只有想清楚这些问题后，接下来的工作才会游刃有余。

在确定了销售预算之后，我们才能开启后续的产销大纲、产能规划以及产品研发预算、成本预算等环节。销售预算由销售部门、产品部门负责编制和执行，主要包括销售收入预算、销售毛利预算、销售回款预算、销售费用预算、销售利润预算等。

需要特别说明的是，销售部门一定要作为利润中心进行设计，因为只有客户是企业利润的真正来源，销售之后的各个板块，都是消耗，不可能产生利润。也就是说，销售部门一定要对销售收入扣除成本与销售费用后的销售利润负责（至于是否还要分摊企业的其他他管理费用，则根据实际情况确定）。

让销售部门对利润负责，意味着销售部门必须通过收入与利润两头的要求来进行综合的经营考虑，甚至在当下特殊时期，可以要求销售部门对经营性现金流负责，这也就意味着他们还要对包括库存、应收在内的其他他重要经营要素进行关注和管控。

总之，不少企业的销售部门往往只对销售收入负责，而不对销售利润或经营利润负责，导致企业利润、现金流最后无人负责的情况，这是一定要注意的。

（一）销售预算的拆解维度

销售预算不是简单地对销售额进行估算，而是要有逻辑、策略、方法、资源等支撑。需要从产品、渠道、客户、区域等维度进行拆解，去验证目标的可实现性。

1. 产品维度

产品是企业实现销售的基本载体，因此在编制销售预算的时候，不可避免地需要以产品为维度进行预测和相应的数据指标预算。而产品规划是基于产品的销售预算的起点，其主要思路有以下几个方面：

① 确定产品的市场定位；

② 分析产品的市场需求的特征；

③ 分析产品的市场供给的特征；

④ 判断每一种产品或产品组合能够取得的合理市场份额，或者说可能的销量；

⑤ 依据市场供需情况及竞争状态的分析，并结合长期战略确定产品销售价格。

（1）产品竞争策略规划

根据波特三大竞争战略，产品规划可以从成本领先战略、差异化战略和聚焦战略着手进行。企业可以根据实际情况，选取一种或多种战略方法，对产品进行设计。

① 成本领先战略。要求我们以更高的性价比来赢得客户、赢得市场。这个过程中，要通过更加标准化的生产和服务体系，建立相对竞争对手的成本优势，从而在价格竞争中取得领先的地位。对于以量取胜的行业来说，成本领先是获取竞争优势的永恒话题，因此也是绝大多数企业在做产品规划时必须考虑。

② 差异化战略。要求我们通过技术创新、品牌建设、潮流设计等手段，使我们

的产品相对竞品而言，要么在性能和质量上有更加突出的表现，要么在品牌力上有更高的溢价空间，要么能够引领市场潮流，从而获得更高的价值评估，在单位产品上实现更多的盈利。

③ 聚焦战略。要求企业关注细分领域的小众需求，特别是私人个性定制的需求，通过满足个性化的需求，来获取更高的利润空间。本质上，聚焦战略也是差异化战略的一种。比如小熊电器凭借着优良创意和超强的设计能力，在竞争激烈的白色家电市场拼出了一片天地。

（2）产品型谱的确认

在确认了不同产品所应采取的竞争策略后，我们可以着手编制产品预算销售型谱，也就是企业的产品目录清单。具体可以从匹配渠道上的用户需求、新产品规划、产品定价和最小库存单位控制四个方面来思考。

① 匹配渠道上的用户需求。产品最终是要通过销售渠道卖给客户的，因此我们规划出来的产品能否销售出去，是确定产品型谱的第一要务，因此需要将产品的特点与渠道的需求和能力、客户的需求和价值主张进行匹配。我们需要考虑产品的定位、产品的价格和产品的成本。从渠道角度看，我们需要考虑渠道的价值链结构，渠道中利益相关者的渠道成本和盈利空间；从客户角度看，我们需要考虑客户实际需求和价值主张。需要提醒注意的是，客户外在表现出来的，并不一定是其真实的底层需求，很多时候客户其实是不善于表达真实需求的。比如，当年智能手机上市的时候，就完全是手机厂商主导创造出来的新增需求。

② 新产品规划。为满足市场需求的不断变化、加强产品生命周期管理、持续提升 / 维持产品毛利率水平，我们需要持续对新产品进行规划。比如在美的，每年8月月底各事业部就会列出来年要做的新品大纲：我要做哪些产品、产品在什么时候上市、产品的目标价格是多少、毛利空间有多大等。

新产品规划的主要依据：一是跟上市场技术趋势，满足市场需求变化；二是产品迭代升级，提升性价比及盈利能力；三是可配置的研发资源及研发费用。

③ 产品定价与毛利管理。稻盛和夫曾说："定价即经营。"对于产品规划来说，一定要有一个健康的定价基础。很多传统企业喜欢用成本加成法来定价，即企业生产这个产品需要开支的各项成本费用有多少，而我们需要有多少毛利空间，两相加成得到产品的售价。从市场竞争的角度看，我们要坚决杜绝成本加成法。产品的目标价格一定是来源于市场约束，坚持贯彻市场定价原则，这也是从"推动式经营"到"拉动式经营"的关键。当然，目标价格的最终确定，并不完全取决于市场价格，企业的品

牌力、市场的竞争态势也是需要综合考虑的。然后，我们根据预算目标确定产品的毛利率水平，这里的毛利率目标一般是通过净利率目标倒算的。企业确定经营目标的时候，通常会确定对净利润或者经营利润提出要求，再结合期间费用控制的要求，就可以倒算出产品的目标毛利率。最后，根据产品目标价格、目标毛利率，反算出产品的目标成本。与前面提到的成本加成法不同的是，我们的目标成本不再是以产品 BOM（bill of material，物料清单）、标准采购成本、标准工序加工成本汇总计算出来的产品标准成本，即不再是以内部标准定义市场所需产品的成本，而是为了满足外部性能和品质需求的最低成本。我们还要将反算的目标成本与产品标准成本进行对比，如果标准成本更低，说明产品的毛利水平能够超过预期；如果标准成本比目标成本更高，则需要组织市场、研发、工艺、采购、制造等部门讨论降成本方案，在不影响产品市场定位和品质要求的情况下缩减产品成本。

有些企业产品是代理销售，对代理商达到一定销量的时候会有一些返利政策。对于这类企业而言，产品定价的管理除了目标价格、目标毛利率和目标成本外，还需要综合考虑返利政策水平，既管住代理商销售价格，又给返利政策留出必要的空间。

④ SKU（stock keeping unit，最小库存单位）管理。产品 SKU 可以通俗地理解为产品的单品个数，当产品存在品牌、型号、配置、等级、花色等区别的时候，都可以视为不同的单品。单纯站在营销的角度，是不需要管理 SKU 数量的，因为对于营销团队而言，最重要的是完成公司的销售任务，SKU 越多，给客户的选择就越多，就越容易实现销售目标。但站在企业全局整体的角度则不然，每增加一个 SKU，对从产品设计、制造、原材料采购、库存、物流、售后等环节都会带来额外的负担，特别是对制造和库存，频繁地换线生产和原材料、半成品的备料，将直接增加大量成本，最终得不偿失。因此，我们应该追求以最少的 SKU 来实现销售目标，SKU 少则管理难度低，相关人员就可以把精力投到更加重要的事情上，对推进重点工作也颇有益处，这也是实现经营简单化的重要途径。

产品生产效率，如图 5-4 所示，从图中可以看出，在学习阶段单位产品劳动时间相对较长，带来的单位成本也就较高。随着我们的产量在提升，生产的熟练程度也在提升，单位产品需要的劳动时间是在下降的，也就意味着投入的资源会降低，花费的成本会少一些。当生产数量达到标准生产阶段的时候，单位产品的劳动时间基本上趋于稳定，这个时候我们认为产品已经是成熟产品，生产制造过程中的动态消耗数量也基本固定了。

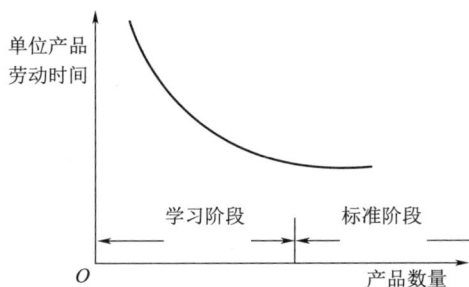

图 5-4 产品生产效率图

产品生产效率图为企业进行成本控制提供了非常重要的理论基础，它给出了"规模经济"是如何发挥作用的，也让我们知道减少 SKU 数量、提升单位 SKU 产销量是产品成本控制的核心手段。指导我们在经营过程中，一旦推出新品就要迅速上量，对长期得不到改善的长尾产品要大胆地砍掉，集中精力打造爆品战略。

（3）增长盈利矩阵

在确认了产品型谱后，我们需要对不同类型的产品制定不同的销售策略，这时候有一个常用工具，叫作增长盈利矩阵模型，如图 5-5 所示。

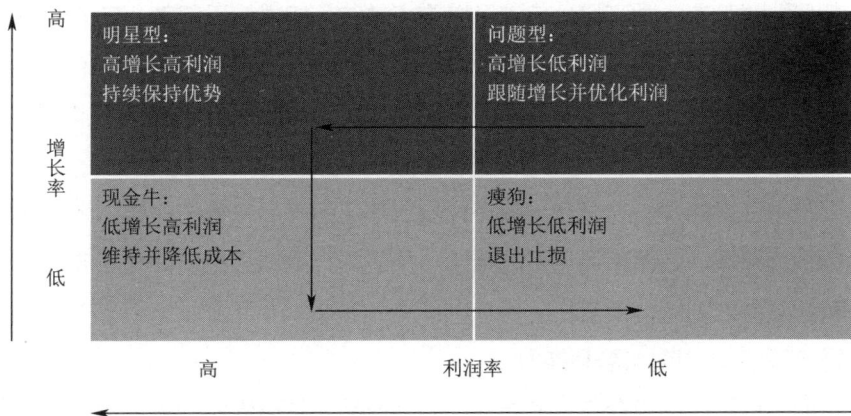

图 5-5 增长盈利矩阵

在图中我们可以看到，横坐标轴表示利润率，越靠左表示利润率越高；纵坐标轴表示企业的销售增长率，越往上表示销售增长率越高。因此，我们在矩阵中可以将销售渠道区分为四个象限：

① 问题型。增长率高、利润率低的称为问题型，落在此象限内的通常是我们的

新产品，因为高增长，表示新产品已初步获得了市场的认可，对这类产品的重点是随着产销量的增加，持续关注单位产品成本的降低，扩大产品的盈利空间。

② 明星型。增长率高、利润率也高的称为明星型，落在此象限内的产品已经基本得到市场认可，并且在市场上还存在一定的竞争优势，盈利空间也在逐步扩大，对这类产品工作重点应该在于持续保持产品的竞争优势，尽可能长时间地延续增长势头。

③ 现金牛。增长率低、利润率高的称为现金牛，落在此象限内的产品是成熟产品，已经充分得到了市场的验证，有了稳定的销售渠道和客户群，能够持续不断地给我们订单并贡献销售额和现金流，是企业业绩保障的基本盘、压舱石，其工作重点应该在于做好客户服务，稳住客户订单，同时借助业务体量已形成一定规模的优势，持续提升工作效率，降低成本费用，获得更高的利润空间。需要注意的是，归类到现金牛的成熟产品，往往也处于产品生命周期的成熟期，即将进入衰退期，为了保证企业的经营规模稳步增长，在这个阶段应该开始将成熟产品的替代产品逐步投入市场。

④ 瘦狗。增长率低、利润率也低的称为瘦狗，落在此象限内的渠道要么是新开发但还没有得到市场认可的新产品，要么是已经经过前三个阶段，进入产品生命周期末期的产品。对于这一类产品，应该予以重点关注，如果属于前者，应该审视过去的市场开发的策略是不是执行得足够好，同时要判断他是否有进入问题型的可能性，从而决定对应的资源投入；如果是后者，就应当制定相应的退出机制，及时退出止损，将节约下来的资源投到其他三类产品中。

需要特别注意的是，对于还没有正式投入市场的产品，我们需要结合过去同类产品的实际销售情况，或是市场调研的结论，预估新产品销售量，并将其放入相应的象限中，有针对性地制定营销策略。

（4）产品生命周期与盈利能力

和企业一样，产品也存在生命周期，而且产品的生命周期一般会短于企业的生命周期，并且其带来的业绩波动也会强于企业生命周期带来的波动。

产品开发的阶段是资金持续流出而没有资金流入的阶段。在产品开发阶段各项成本费用属于纯支出，如果产品开发失败，前期投入的资金将无法收回。在这个阶段，从产品开发立项开始，我们就应该将开发的成功率作为最重要的关注事项。

产品生命周期的盈利能力，如图 5-6 所示。从图中我们可以看出，产品生命周期的盈利能力分为引入期、发展期、成熟期和衰落期。

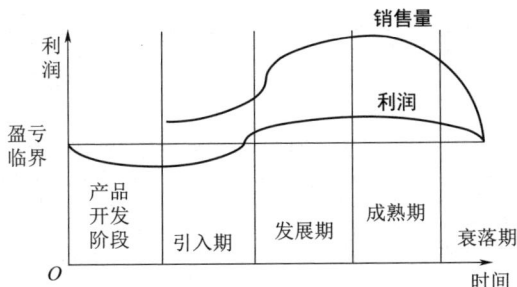

图 5-6　不同产品生命周期的盈利能力

① 引入期。在引入期产品已实现小规模的试产试销，但是制造能力还在持续爬坡过程中，市场接受程度也还在持续培育中，盈利能力一般来说还是比较差的。在这个阶段，我们应重点关注如何迅速打开销路和提升产能。

② 发展期。在发展期产品销量迅速上升，单品逐渐实现盈利。在这个阶段，我们应当重点关注持续的效率提升和成本降低，在确保产品交付能力的基础上扩大盈利空间。

③ 成熟期。在成熟期产品销量逐渐趋于稳定，不再高速增长，但是能够持续不断地给我们订单并贡献销售额、利润额和现金流，是企业的持续收获时期。此期间的重点应当是关注风险，对库存和在外货款规模采取严格管控措施，应控尽控、应收尽收。同时，需要注意将替代产品投入市场。

④ 衰落期。在衰落期产品已经需要逐步的退出市场了，所以它的销量持续在下滑，盈利能力也在下降，这个时候应当考虑选择合适的时机退出市场，但需要关注如何降低因产品退市对企业带来的负面影响。

为了保证企业经营的持续稳定，企业应当将不同产品的生命周期错峰排列，降低营业收入的大起大落造成的影响。

（5）产品规划的组织保障

见表 5-1、表 5-2，建立产品经理制是做好产品规划的组织保障，主要表现在：

① 有利于研究渠道结构及用户需求变化；

② 有利于对具体产品的卖点、目标客户、销量、价格、成本、毛利率等方面进行统一策划；

③ 有利于进行产品线规划，加强 SKU 管理和提升产品效率；

④ 有利于加强产品生命周期管理，针对处于不同生产周期的不同产品，能够及时、准确地做出相应决策。

为了进一步做好产品规划，我们给出了产品销售预测表，见表 5-1；新产品规划表，见表 5-2。

表 5-1　产品销售预测表（分月数据略）

产品	上年预计销售			本年预算			收入同比增长率
	数量（万台）	单价（元）	销售额（万元）	数量（万台）	单价（元）	销售额（万元）	
A 产品	103	1 500	154 500	150	1 480	222 000	43.7%
B 产品	78	2 890	225 420	30	2 800	84 000	−62.7%
C 产品	157	1 670	262 190	200	1 670	334 000	27.4%
D 产品	290	450	130 500	250	400	100 000	−23.4%
合计	628	—	772 610	630	—	740 000	−4.2%

表 5-2　新产品规划表

产品类型	产品大类	产品定位	目标市场	要求上市时间	规划售价、成本			本年目标销售毛利额			产品生命周期内目标销售毛利额		
					目标售价（元）	目标成本（元）	毛利率	目标销量（万台）	目标销售额（万元）	销售毛利额（万元）	目标销量（万台）	目标销售额（万元）	销售毛利额（万元）
主机	E 产品	B 产品的迭代产品	一二线城市线下渠道及外销	20×2年3月	3 000	1 800	40.0%	50	150 000	60 000	50	6 000 000	2 400 000
主机	F 产品	拓展线上渠道的全新产品	天猫、京东等线上渠道	20×2年4月	1 350	950	29.6%	50	67 500	20 000	50	6 750 000	2 000 000

续上表

产品类型	产品大类	产品定位	目标市场	要求上市时间	规划售价、成本			本年目标销售毛利额			产品生命周期内目标销售毛利额		
					目标售价（元）	目标成本（元）	毛利率	目标销量（万台）	目标销售额（万元）	销售毛利额（万元）	目标销量（万台）	目标销售额（万元）	销售毛利额（万元）
部件	G产品	E产品后市场的主要部件	一二线城市线下渠道及外销	20×2年3月	500	280	44.0%	30	15 000	6 600	30	5 000 000	2 200 000
合计	—	—	—	—	—	—	—	130	232 500	86 600	130	17 750 000	6 600 000

2. 渠道维度

渠道是企业营销的通路，是企业触发交易的地点的场所。从渠道维度编制销售预算，原则上就是"渠道数量 × 流量 × 转化率 × 客单价"。

不同的企业对渠道的划分有不同的标准，因此通过渠道维度来编制销售预算的具体方法也有所不同。一般来说，渠道的分类有线上、线下，内销、外销，零售、批发，直营、代理，以及根据地理行政区划和根据代理层级的进一步细分。企业一般会将这些分类标准选取一种或几种综合考虑，进行多维度细分，具体划分的细致程度根据企业实际经营管理实际下沉的层级决定，但原则上不宜分得过细，特别是对于刚开始编制全面预算的企业，因为颗粒度越细，对企业基础工作要求就越高，欲速则不达。

在明确了渠道基本分类原则后，我们就可以开始进行渠道的规划，这是我们编制销售预算的一个起点。渠道分类的核心思路有以下几个方面：

① 各类渠道的数量增长情况；

② 各类渠道过去三年的增长趋势；

③ 各类渠道市场份额的变化趋势；

④ 各类渠道的盈利空间，也就是综合利润率的情况。

根据增长盈利矩阵分析确定各类渠道的经营策略：一是根据增长率及市场份额来确定未来的增长率目标；二是根据过去的利润率来确定利润率的提升目标。

渠道销售预测表，见表5-3。

表5-3　渠道销售预测表

单位：万元

序号	渠道分类	20×1年预测	20×2年预算	增长率	1月	2月	3月	4月	5月	6月	7月	8月	9月	10月	11月	12月
1	华北	135 703	145 000	6.9%	8 700	2 900	10 150	13 050	14 500	14 500	15 950	17 400	14 500	13 050	11 600	8 700
2	华南	102 750	120 000	16.8%	7 200	2 400	8 400	10 800	12 000	12 000	13 200	14 400	12 000	10 800	9 600	7 200
3	华东	197 922	173 000	-12.6%	10 380	3 460	12 110	15 570	17 300	17 300	19 030	20 760	17 300	15 570	13 840	10 380
4	华中	89 000	105 000	18.0%	6 300	2 100	7 350	9 450	10 500	10 500	11 550	12 600	10 500	9 450	8 400	6 300
5	内销小计	525 375	543 000	3.4%	32 580	10 860	38 010	48 870	54 300	54 300	59 730	65 160	54 300	48 870	43 440	32 580
6	亚太	189 032	200 000	5.8%	12 000	12 000	12 000	14 000	14 000	16 000	16 000	18 000	18 000	20 000	22 000	26 000
7	北美	38 765	80 000	106.4%	4 800	4 800	4 800	5 600	5 600	6 400	6 400	7 200	7 200	8 000	8 800	10 400
8	欧洲	19 438	82 000	321.9%	4 920	4 920	4 920	5 740	5 740	6 560	6 560	7 380	7 380	8 200	9 020	10 660
9	外销小计	247 235	362 000	46.4%	21 720	21 720	21 720	25 340	25 340	28 960	28 960	32 580	32 580	36 200	39 820	47 060
10	天猫	—	30 000	—	1 800	600	2 100	2 700	3 000	3 000	3 300	3 600	3 000	2 700	2 400	1 800
11	京东	—	35 000	—	2 100	700	2 450	3 150	3 500	3 500	3 850	4 200	3 500	3 150	2 800	2 100
12	其他	—	2 500	—	150	50	175	225	250	250	275	300	250	225	200	150
13	线上小计	—	67 500	—	4 050	1 350	4 725	6 075	6 750	6 750	7 425	8 100	6 750	6 075	5 400	4 050
14	合计	772 610	972 500	25.9%	58 350	33 930	64 455	80 285	86 390	90 010	96 115	105 840	93 630	91 145	88 660	83 690

3. 客户维度

客户维度可以理解为对渠道维度的进一步细化，对 To C（to consumer，面向普通用户）业务，客户维度的分析与渠道维度大体相同，下面主要从 ToB（to business，面向企业）业务介绍对客户维度的分解。

① 我们要搞清楚行业内的主要玩家有哪些，也就是有哪些客户能采购我们提供的产品。这个维度的数据不要求百分之百准确，但大致的客户范围和整体的发展趋势需要与市场大盘基本一致。

② 收集行业内主要玩家对与我们相关产品的采购规模的预算。一般而言，成熟的企业在目标与预算管理上都有一定的基础，对其自身的业绩发展一定有清晰的规划，这个信息对我们分析客户需求是非常重要的。

③ 需要对客户与我们相关产品的采购规模和发展趋势进行排序，优先将那些规模大、趋势稳的或是发展潜力巨大的客户，作为我们重点开发或是维持的客户名录。

④ 收集主要客户的主要供应商有哪些，也就是有哪些竞争对手现在服务这些客户，他们服务的规模有多大，成长的趋势如何，占客户采购总额的比例大致有多少，客户对他们产品的评价怎么样。这一块信息主要依靠业务员向客户单位收集或从行业信息中进行预估。

⑤ 综合前几类信息，规划下一年度客户拓展具体工作思路，并对重点客户的收入、毛利费用等情况做出预测。

客户销售预测表，见表 5-4。

4. 区域维度

很多企业的销售业务是分区域管理的，因此按照区域维度进行销售预算，是销售目标分解的要求，也是对区域负责人进行业绩考核的基础。进行区域维度拆分时，应该需要注意以下几个方面：

① 给区域定目标不能一刀切，对各个区域不能都设定统一的业绩增长比例。不同区域的市场成熟度、竞争态势不一样，我们企业在不同区域的发展情况也不一样，因此必须因地制宜，制定不同的发展目标。

② 大区域下面还有小区域，我们的管理层级到了哪个维度，区域目标的分解也需要到哪个维度，销售任务由最小业务团队承接。同样，小区域的业绩目标也要因地制宜，根据其实际情况分别制定。

③ 区域目标一定要和产品目标结合起来，因为在一个区域内，销售哪些产品、各类产品的结构如何、产品的毛利情况如何是可以进行规划的。根据相关规划，我们

表 5-4　客户销售预测表

单位：万元

序号	客户	20×1年预测	20×2年预算	增长率	1月	2月	3月	4月	5月	6月	7月	8月	9月	10月	11月	12月
1	A客户	125 890	137 975	9.6%	8 279	2 760	9 658	12 418	13 798	13 798	15 177	16 557	13 798	12 418	11 038	8 279
2	B客户	101 265	121 822	20.3%	7 309	2 436	8 528	10 964	12 182	12 182	13 400	14 619	12 182	10 964	9 746	7 309
3	C客户	88 812	87 036	-2.0%	5 222	1 741	6 093	7 833	8 704	8 704	9 574	10 444	8 704	7 833	6 963	5 222
4	D客户	60 198	70 131	16.5%	4 208	1 403	4 909	6 312	7 013	7 013	7 714	8 416	7 013	6 312	5 610	4 208
5	E客户	54 783	61 467	12.2%	3 688	1 229	4 303	5 532	6 147	6 147	6 761	7 376	6 147	5 532	4 917	3 688
6	其他	341 662	494 070	44.6%	29 644	9 881	34 585	44 466	49 407	49 407	54 348	59 288	49 407	44 466	39 526	29 644
7	合计	772 610	972 500	25.9%	58 350	19 450	68 075	87 525	97 250	97 250	106 975	116 700	97 250	87 525	77 800	58 350

也就能够分区域对收入、毛利费用等情况做出预测。

华北区域销售预测表，见表5-5。

表5-5 华北区域销售预测表

所属区域	客户名称	产品型号	20×1年销售情况				20×2年销售预算				同比分析			
			销量（万台）	平均单价（元）	销售额（万元）	毛利率	销量（万台）	平均单价（元）	销售额（万元）	毛利率	数量增长（万台）	价格增长（元）	销售额增长（万元）	毛利率增长
华北	A客户	A产品	15	1 500	22 500	29.6%	16	1 480	23 680	28.5%	1	−20	1 180	−1.1%
华北	A客户	B产品	3	2 890	8 670	37.8%	3.5	2 800	9 800	35.0%	0.5	−90	1 130	−2.8%
华北	A客户	D产品	33	450	14 850	40.1%	35	400	14 000	32.0%	2	−50	−850	−8.1%
华北	B客户	A产品	8	1 500	12 000	29.6%	8.1	1 480	11 988	28.5%	0.1	−20	−12	−1.1%
华北	B客户	E产品	—	—	—	—	1	3 000	3 000	40.0%	1	3000	3 000	40.0%
华北	B客户	G产品	—	—	—	—	2	500	1 000	44.0%	2	500	1 000	44.0%
合计			—	—	135 703	33.5%	—	—	145 000	31.1%	—	—	9 297	−2.4%

（二）销售收入与毛利预算

从上述几个维度对销售任务进行分解和预测后，我们就可以编制销售收入和毛利预算，需要注意的是，最终按照不同维度拆分的预算数据，汇总而成的企业总销售预算应该实现统一。

销售收入与毛利预算表，见表5-6。

表 5-6　销售收入与毛利预算表（分月数据略）

产品	计划销量（万台）	预算单位销售收入（元）	预算销售收入（万元）	预算单位制造成本			预算制造总成本			预算销售成本		毛利		
				直接材料（元）	直接人工（元）	制造费用（元）	直接材料（万元）	直接人工（万元）	制造费用（万元）	单位成本（元）	总成本（万元）	单位毛利（元）	毛利总额（元）	毛利率（%）
A 产品	150	1 480	222 000	857	85	116	128 550	12 750	17 400	1 058	158 700	422	63 300	28.5%
B 产品	30	2 800	84 000	1 350	197	273	40 500	5 910	8 190	1 820	54 600	980	29 400	35.0%
C 产品	200	1 670	334 000	875	102	192	175 000	20 400	38 400	1 169	233 800	501	100 200	30.0%
D 产品	250	400	100 000	206	30	36	51 500	7 500	9 000	272	68 000	128	32 000	32.0%
E 产品	50	3 000	150 000	1 500	120	180	75 000	6 000	9 000	1 800	90 000	1 200	60 000	40.0%
F 产品	50	1 350	67 500	700	100	150	35 000	5 000	7 500	950	47 500	400	20 000	29.6%
G 产品	30	500	15 000	200	30	50	6 000	900	1 500	280	8 400	220	6 600	44.0%
合计	—	—	972 500	—	—	—	511 550	58 460	90 990	—	661 000	—	311 500	32.0%

（三）销售回款预算

销售收入预算完成以后，可以开始编制销售回款预算。销售回款预算一般是基于渠道的销售收入预算编制的，因为企业通常会对不同渠道制定不同的回款政策。回款预算的注意事项有：

① 回款预算应根据含税销售额而不是不含税销售收入预算；

② 回款预算应满足企业对销售回款率和应收账款周转率的要求，当不能满足相关指标要求时需进行调整；

③ 销售结构的调整，降低账期较长的渠道的结构占比，提升企业综合回款率和应收账款周转率；

④ 回款政策的调整，制定具体行动措施，与渠道商议调整回款政策。

渠道销售回款预算表，见表 5-7；客户销售回款预算表，见表 5-8。

表 5-7　渠道销售回款预算表（分月数据略）

单位：万元

序号	渠道	20×3 年预计			20×4 年预算		
		销售额（含税）	回款额	回款率	销售额（含税）	回款额	回款率
1	内销	593 674	584 947	98.5%	613 590	606 227	98.8%
2	外销	247 235	245 010	99.1%	362 000	360 190	99.5%
3	线上	—	—	0.0%	76 275	75 512	99.0%
4	合计	840 909	829 957	98.7%	1 051 865	1 041 929	99.1%

表 5-8　客户销售回款预算表（分月数据略）

单位：万元

序号	客户	20×3 年预计			20×4 年预算		
		销售额（含税）	回款额	回款率	销售额（含税）	回款额	回款率
1	A 客户	142 256	140 264	98.6%	155 912	154 041	98.8%
2	B 客户	114 429	112 747	98.5%	137 659	136 007	98.8%
3	C 客户	88 812	88 102	99.2%	87 036	86 601	99.5%
4	D 客户	68 024	66 935	98.4%	79 248	78 297	98.8%
5	E 客户	54 783	54 290	99.1%	61 467	61 159	99.5%
6	其他	372 605	367 619	98.7%	530 544	525 825	99.1%
7	合计	840 909	829 957	98.7%	1 051 865	1 041 929	99.1%

（四）销售费用预算

销售预算中还有一个非常重要的内容是销售费用的预算，与其他期间费用不同的是，销售费用是营销和市场行为的资源投入，其开支一般同销售规模是相关的，因此一般将销售费用纳入销售预算统一编制。

除与其他期间费用预算需要共同关注的事项外，销售费用单独需注意的事项还有以下几点。

① 销售费用预算是以销售预算为基础，并在上一年度销售费用分析的基础上，结合营销策划，考察其必要性和有效性。

② 销售费用的本质是市场投入，不能一味简单控制，而是引导有更多的、更合理的产出。这里与一般的费用控制不同，因为销售费用是销售、市场行为的资源投入，一项费用未开支可能意味着一项营销动作未开展。长期来看，对一些重点工作的推进效果会产生不利的影响。对于销售费用而言，企业常常会鼓励销售部门及时开支。

③ 销售费用分为固定费用与变动费用，需分别按额度与费率进行预算、分析、控制，避免费用提前、业绩滞后。对于固定费用，如折旧、租金、后台人员薪酬等按总体额度进行控制；对于变动费用，如市场推广费用、业绩提成、招待费等按照费率进行控制。同时，对于单笔大额费用的开支，应当合理控制费用开支节奏，避免出现年初集中开支，后续销售进度未能达成的情况。

④ 销售部门是最直接的价值创造部门，一定要作为利润中心进行设计，要对最终利润负责，其最终要与整体考核挂钩。

销售费用预算表，见表5-9；专项费用（广告费）预算表，见表5-10。

表5-9　销售费用预算表（分月数据略）

单位：万元

科目明细	上年预计		本年预算		同比增长率	预算说明
	金额	费率	金额	费率		
工资	20 350	2.6%	22 129	2.3%	8.7%	—
职工福利费	1 302	0.2%	1 501	0.2%	15.3%	—
折旧	2 503	0.3%	2 614	0.3%	4.4%	—
销售提成	23 178	3.0%	29 475	3.0%	27.2%	—
销售佣金	1 579	0.2%	1 000	0.1%	-36.7%	—
网销推广费	—	0	7 628	0.8%	—	—
广告费	6 802	0.9%	8 000	0.8%	17.6%	—
业务招待费	3 598	0.5%	3 368	0.3%	-6.4%	—

续上表

科目明细	上年预计		本年预算		同比增长率	预算说明
	金额	费率	金额	费率		
包装费	1 590	0.2%	1 843	0.2%	15.9%	—
商品损耗	498	0.1%	550	0.1%	10.4%	—
检验及认证费	307	0	413	0	34.5%	—
运输及装卸费	15 452	2.0%	17 805	1.8%	15.2%	—
保险费	210	0	240	0	14.3%	—
汽车费	203	0	240	0	18.2%	—
差旅费	3 607	0.5%	3 899	0.4%	8.1%	—
租赁费	1 204	0.2%	1 204	0.1%	0.0%	—
合计	83 442	10.8%	102 113	10.5%	22.4%	—

表 5-10 专项费用（广告费）预算表（分月数据略）

费用项目	上年预计（万元）	本年预算		同比增长率	备　　注
		费用开支范围	费用预算（万元）		
机场、火车站	4 500.00	增幅不超过 5%	4 505	0.1%	—
传统纸媒	560.00	减少 10% 以上	500	−10.7%	—
×× 电视台	1 500.00	减少 10% 以上	1 300	−13.3%	—
天猫商城	—	平台销售额 2.5% 以内	750	—	—
京东商城	—	平台销售额 2.5% 以内	875	—	—
其他	242.00	—	70	−71.1%	—
合计	6 802.00	—	8 000.00	17.6%	—

（五）销售预算的方法

按其性质划分，编制销售预算的方法可分为定性分析法和定量分析法两大类。

1. 定性分析法

定性分析法包括判断分析法和调查分析法。

① 判断分析法。它是指销售人员根据直觉判断进行预估，然后由销售经理加以

综合，从而得出企业总体销售预测的一种方法。

② 调查分析法。它是指通过对代表性客户消费意向的调查来了解市场需求的变化趋势，以此进行销售预测的一种方法。

2. 定量分析法

定量分析法包括趋势预测分析法和因果预测分析法。

① 趋势预测分析法。将企业的历史销售数据按发生时间的顺序排列，然后应用一定的数学方法进行加工处理，按时间数列找出销售随时间而发展变化的趋势，由此推断其未来发展趋势。

② 因果预测分析法。利用相关因素与产品销售之间的函数关系进行产品的销售预测。其中的相关因素是对产品销售起着决定性作用，或与产品销售存在某种函数关系的因素。因果预测分析法最常用的方法是回归分析法，包括回归直线法和多元回归法等。

（六）销售预算的修正

在销售预算的编制过程中，经常会出现各部门预算汇总，未达到企业总体目标的情况，这时候就需要对预算内容进行修正。销售预算修正表，见表 5-11。

表 5-11　销售预算修正表

单位：万元

项　　目	销售收入	销售成本	费　用	利　润
目标	1 000	500	400	100
预测	900	450	390	60
差距	-100	-50	-10	-40
路径：加大分销	40	20	10	10
增加渠道	20	10	7	3
增加新的区域或产品	10	5	2	3
加强对可控费用的控制	—	—	-10	10
最后可达成的结果	970	484	399	86

假设我们下达的经营目标是销售收入 1 000 万元，毛利率 50%，营业利润 100 万元（倒挤费用控制目标 400 万元）。在实际销售预测的时候，销售部门说做不

到目标的金额，其中销售收入只能做到 900 万元，因为销售部门对产品成本影响不大，所以毛利率仍按 50% 预计，因为收入未达标，所以部分变动费用也有所节约，预计花费 390 万元，计算出预算利润只能做到 900×50%-390=60（万元）。与企业下达的目标相比，收入少了 100 万元，利润少了 40 万元。

初步预算出这个结果，财务部门就需要组织销售部门进行研讨，首先要确认的是，预测收入 900 万元、利润 60 万元的依据是什么，是否已充分考虑了市场环境与我们的能力，能否继续挖掘一些措施来提升销售收入和利润指标。

经过讨论，销售部门针对原预测情况提供了充分、有效的情况说明。在此基础上，仍继续提出了四项改进措施，以弥补预测与目标之间的差距：一是通过加大分销，预计多销售 40 万元，但需多开支费用 10 万元；二是通过增加渠道，预计多销售 20 万元，但需多开支费用 7 万元；三是通过增加新的区域或产品，预计多销售 10 万元，但需多开支费用 2 万元；四是通过加强对可控费用的控制，预计减少费用开支 10 万元。四项措施汇总计算后，预测销售收入达到 970 万元，与目标的差距减少到 30 万元，预测利润 86 万元，与目标的差距减少到 14 万元。

经过这样充分地验证，得出的结果虽然仍未达到最初的目标，但差距已经缩小到了一个可以接受的范围。

通过这个案例我们看到，对预算的修正不是就数字改数字，这样改出来的结果没有任何意义，根本执行不了，最终造成预算和执行两张皮。财务部门和销售部门应当深入沟通，找到影响目标实现的关键环节。在这个案例中，主要是销售收入和费用开支。以业务部门为主对关键环节提出改进措施，逐渐缩小预算与目标的差距。

如前所述，销售部门要作为利润中心，要对利润负责，也就意味着财务部门与销售部门在预算制时就要针对利润结果进行测算、验证与规划。一份不能确定有效利润目标的销售预算，对企业的经营指导性的意义就大打折扣了。

二、研发预算

研发预算与销售计划紧密挂钩，承接销售预算中对产品的开发需求和优化需求。研发预算主要包含两个方面内容：一是产品或技术研发的项目预算；二是与之配套的资源投入和费用投入的财务预算。根据不同类型的研发项目，也有不同的预算要求。

① 新产品的开发。主要由技术部门负责新产品开发预算的编制与执行；新产品开发预算是企业在预算期内科研开发、科研产业化方面的投资预算；要与新产品销售计划直接挂钩，要能提升市场占有或毛利结构。

② 产品优化。主要是基于现有产品体系的优化与改善，需要与销售直接挂钩，要能提升市场占有或毛利结构。

③ 基础研发。科研开发要基于战略规划，并有开题报告、项目可行性报告等内部依据；科研投入资金专项预算，在考核评价上以进度、效果等里程碑事件为主；要统筹考虑科研开发的税收、贷款等方面的优惠政策。

产品成本控制与研发工作息息相关，研发设计的物料清单、工艺路线等，决定了产品成本的主要方向。因此，企业每年度都应对降低研发成本提出明确的要求。一般来说，研发部门降成本的主要思路是从"三新项目"着手，其中"三新"指的是新材料、新技术、新工艺。

① 新材料。主要是通过引进新的材料替代原来的材料来降低成本。比如国产原材料替代进口原材料；通过一些新型材料替代传统的钢材、铜材的消耗等。

② 新技术。主要考虑通过一些技术升级，使过去的低端材料达到高端材料的品质和性能，或是以全新的解决方案整体替代过去的产品部件。比如我们在一些企业看到，他们通过一些预处理的工艺，将国产普通钢材的性能提升到了进口优质钢材的标准，极大地降低了原材料成本。

③ 新工艺。主要是通过对生产加工工艺的调整，起到节约整体成本的作用。比如很多企业已经用到的整体冲压成型的方式，节约传统冷作工艺的成本。特斯拉在过去几年里推出的一体化压铸技术，给 Model Y 节省约 20% 制造成本。

特别需要注意的是，研发的预算一定要与经营相结合。也就是说，研发预算的投向一定要在经营中能够体现出来。除非基础研发可能是按企业战略方向进行投入，以项目制的方式进行管理，其他他的研发预算一定要与销售、生产部门紧密配合、共同验证，为销售与生产提供便利、提高效率。

科技投入预算表，见表 5-12；新产品规划表，见表 5-13；产品研发计划表，见表 5-14；模具投资计划表，见表 5-15。

表 5-12　科技投入预算表

项　　目	上年预计		本年预算		增长率
	金额（万元）	费率	金额（万元）	费率	
科技人员工资及福利	10 369	1.34%	12 534	1.29%	20.88%
研究开发费用	19 808	2.56%	25 029	2.57%	26.36%

续上表

项　　目	上年预计		本年预算		增长率
	金额（万元）	费率	金额（万元）	费率	
其中：竞品／样机购置费	2 567	0.33%	3 209	0.33%	25.01%
技术合作费／试制费	8 823	1.14%	10 982	1.13%	24.47%
包装运输费	1 022	0.13%	1 503	0.15%	47.06%
物料消耗费	3 028	0.39%	3 501	0.36%	15.62%
科技投入—五项费用	2 987	0.39%	4 066	0.42%	36.12%
工艺规程制作费	1 054	0.14%	1 398	0.14%	32.64%
资料费	102	0.01%	120	0.01%	17.65%
专利费	98	0.01%	150	0.02%	53.06%
其他研究开发费用	127	0.02%	100	0.01%	−21.26%
测试认证费	1 532	0.20%	2 000	0.21%	30.55%
其中：委外测试费	395	0.05%	500	0.05%	26.58%
能源动力费	1 028	0.13%	1 350	0.14%	31.32%
产品认证费	109	0.01%	150	0.02%	37.61%
租赁费	120	0.02%	150	0.02%	25.00%
固定资产折旧	150	0.02%	197	0.02%	31.33%
无形资产摊销	198	0.03%	249	0.03%	25.76%
其他科技投入	2 590	0.34%	5 521	0.57%	113.17%
其中：培训费	105	0.01%	200	0.02%	90.48%
科技奖励	2 485	0.32%	5 321	0.55%	114.12%
科技投入合计数	34 767	4.50%	45 680	4.70%	31.39%
主营业务不含税净收入	772 610	100.00%	972 500	100.00%	25.87%

表 5-13　新产品规划表

产品类型	产品大类	产品定位	目标市场	要求上市时间	规划售价、成本			本年目标销售毛利额			产品生命周期内目标销售毛利额		
					目标售价（元）	目标成本（元）	毛利率	目标销量（万台）	目标销售额（万元）	销售毛利额（万元）	目标销量（万台）	目标销售额（万元）	销售毛利额（万元）
主机	E产品	B产品的迭代产品	一二线城市线下渠道及外销	20×2年3月	3 000	1 800	40.0%	50	150 000	60 000	50	6 000 000	2 400 000
主机	F产品	拓展线上渠道的全新产品	天猫、京东等线上渠道	20×2年4月	1 350	950	29.6%	50	67 500	20 000	50	6 750 000	2 000 000
部件	G产品	E产品后市场的主要部件	一二线城市线下渠道及外销	20×2年3月	500	280	44.0%	30	15 000	6 600	30	5 000 000	2 200 000
合计					—	—	—	130	232 500	86 600	130	17 750 000	6 600 000

表 5-14　产品研发计划表

单位：万元

产品类型	项目负责人	目标完成时间	目标材料成本	目标加工费	目标总成本	备注
主机E产品	张三	20×2年1月	1 500	300	1 800	—
主机F产品	李四	20×2年2月	700	250	950	—
部件G产品	张三	20×2年1月	200	80	280	—

表 5-15　模具投资计划表

产品型号	模具名称	投资金额（万元）	完工时间	付款计划（万元）											
				1月	2月	3月	4月	5月	6月	7月	8月	9月	10月	11月	12月
E产品															
F产品															

三、生产预算

生产预算编制主要围绕一个核心、两个目标、三个预算来展开编制。

（一）一个核心：产销衔接

以销定产，是生产预算的底层逻辑，产销衔接的主要目的是匹配资源、识别瓶颈。具体来说，就是依托企业生产计划管理系统做好供应能力规划，将销售与研发对产品的需求，根据生产计划的逻辑均衡地分配到供应链各个环节，从而发现供应链中的业务堵点，并提出解决措施。

很多企业习惯贴着自己的能力做预算，有多大能力、能调配多少资源就能做多大的业务量，因此很多企业喜欢用以产定销的方式来组织企业的生产经营。这样做最大的坏处在于企业的经营规划既不是根据行业发展趋势、市场竞争态势做出的，也没有根据企业自身战略规划设计，很有可能经过几年的经营后，企业还在原地踏步，甚至规模越做越小。这样不是通过外部视角做出的规划：一是可能违背了市场原则，我们生产出来的产品得不到市场的认可；二是我们的生产能力可能与市场需求不一致，或是生产能力过高，造成供过于求，在企业内部积压很多库存；或是生产能力不足，将市场拱手让给了竞争对手。

生产计划的源头是业务对产品提出的需求，包括销售部门的产品销售计划、产品部门的新品试制计划、研发部门的设计变更计划等。计划部门将产品需求计划，结合企业年初年末的原材料、半成品、产成品库存政策，制定年度产销计划大纲。同销售预算一样，产销计划大纲也需要分解到 12 个月，形成具体到月的年度生产规划，用以平衡各月的生产资源需求。

年度产销计划大纲完成后，生产和供应链需要分环节对各自承接能力进行供应能力规划，发现生产和供应链环节的堵点。这个堵点也是接下来生产预算编制的重点，我们是通过调整销售需求，还是想办法提高堵点工作效率，抑或通过追加投入资源来补充堵点能力。这些都需要销售、生产、财务等部门进行细致的研讨。比如，在生产环节，过去产能是 50 万台，实际利用 40 万台，下一年规划产量 60 万台，即使产能利用率 10%，仍有 10 万台的差距。这 10 万台是通过生产效率提升解决，还是暂时通过部分工序委外加工解决，还是直接投资新厂房、新设备解决？

完成产能规划后，多少产品自制、多少产品外协也有了一个初步的确定，这时候我们就能进行自制产值的确认。这个步骤对生产预算的后续工作意义重大，是我们进行自制产品成本预算的基础，也是对生产人力匹配、制造费用投入预算的基础。

那么这一块的自制产能的预算有什么作用？自制产能的预算实际上就是后续我

们生产成本预算的基础。生产成本，一定是要考虑意义重大，如我们的产量、资源投入、设备的一些投入等因素，所以这一块可以看成是后续生产成本预算的基础。

编制产销计划大纲的主要注意事项如下。

（1）匹配人、财、物资源

① 物的匹配。物料资源主要考虑原材料、生产物资的保供情况。针对我们年度生产计划及其分月的分解情况，采购计划应当如何承接。特别是对采购中的中长期物料、独家供应的物料，以及企业的战略物资，需要逐一匹配。如果发现有可能出现供应不足的情况，我们是协助供应商提升交付能力，还是新引进新的供应商，还是通过战略储备、安全库存的形式做一些缓冲，需要综合考虑。

② 财的匹配。主要对流动资金规模做一个大体的计划，因为产品的成本是企业支出的大头，因此生产和供应链部门开支金额的大小、花钱的节奏控制，很大程度会影响企业现金流的安全。

③ 人的匹配。主要考虑生产和供应链的人员在生产的波峰和波谷时如何实现人力资源的合理匹配，人员的培养和招聘计划如何安排，需要和人力资源部门一起详细规划，具体将在人力资源预算中详细说明。

（2）识别关键瓶颈

识别关键瓶颈就是找堵点，将生产和供应链环节中关键的瓶颈工序识别出来，制定针对性的提升策略。比如一家汽车制造企业，第一年实际生产 100 万台，平均产能利用率是 80%，粗算还有 20% 产能可以利用，那么第二年 120 万台的生产计划是可以满足的。这种粗线条的能力分配是不够的，至少要细化到过去容易出问题的核心工序、核心物料，针对这些核心工序、核心物料有什么具体的预案。

（二）两个目标：安全交付和降本提效

生产预算主要围绕两个目标编制，一是要有效安全的交付，即能够满足销售目标的实现，准时保质交货；二是降本提效，即降低单位产品的成本费用，提升制造效率。

1. 安全交付

持续优化的订单准交率和交付周期，是生产精益改善所要保障的一个目标，能够持续改善客户满意度，也是企业的持续经营能力和产品的议价能力的保障。而以外部客户（后工序）需求的品种、数量、时间和地点来准时地组织各环节，前工序仅生产后工序所取走的品种和数量，不进行多余的生产，不设置多余的库存，使整个生产过程形成一个逆向的、环环相扣的"前端拉动式生产"，这是一种精益的生产方式，我们可以从下面几个方面着手。

① 历史情况复盘。精益部门或运营部门组织企业价值链中各个部门，对过去一段时期企业在订单准时交付和交付周期方面的问题进行复盘，主要通过数据分析揭示主要问题客户、问题产品和问题工序，从而找到突破点；以典型案例研讨的方式识别具体问题，提出改善建议。

② 重点提升目标。根据复盘结果，各个部门可梳理出各自年度改善计划，并制定量化的提升目标。对销售部门，关注销售计划的准确性和销售订单的前置时间的改善；对研发技术部门，关注新品的设计周期和产品信息的准确率的改善；对采购供应部门，关注采购周期、齐套性和采购合格率的改善；对生产制造部门，关注生产效率、设备稼动率和生产周期的改善；对物流部门，关注发运周期的改善。

③ 专题改善方案。对于运营环节中，反复发生的重大异常，单就一个部门的常规改善难以解决的，可另行召开专题研讨会议，寻求根本原因和纠正预防措施，找到问题根本原因，最终形成案例，从源头改善异常。

④ 制度流程固化。在执行过程中年度常规改善、专题改善情况及时总结，将其中的通用性动作固化到制度流程中，成为今后业务执行的标准。

2. 降本提效

持续的效率提升，降低单位产品的费用开支或资源消耗，是生产精益改善所要保障的另一个目标。提效降费，可以从几个方面进行着手。

① 减少浪费。持续使用精益思想分析、审视生产环节的"七个浪费"，对车间现场布局、内部物流环境、加工工艺、生产批量、产品品质和库存管理等方面进行改善。需要注意的是，对"七个浪费"的改善不是一蹴而就的，很多改善动作只能循序渐进，一步步实现。同时，"七个浪费"的改善也不是一劳永逸的，当生产的产品、生产工艺、设备组合、信息化水平和车间管理水平发生变化的时候，可能会产生新的"七个浪费"。

② 提高效率。持续使用新技术和新工艺提升生产效率，在不增加设备、人员等资源投入的情况下实现更多的产量。一般来说，针对单一产品我们要求直接人工成本占比是持续下降的，参照前面提到的学习曲线，工人作业的熟练程度肯定是持续提升的，那么单一产品的产量达到一定量级的时候，生产效率也是持续提升的，或者在一段时间的生产之后，我们发现给工人配备一些辅助的工装模具能够大幅提升生产效率，在这样的情况下，我们可以期望人工成本甚至相关其他费用的投入能够有一个持续下降的趋势。

③ 自动化、少人化。通过自动化设备实现车间少人化，也是提效降费的重要途径。相对于手工作业，自动化设备超高的效率和稳定的品质毋庸置疑。更加重要的是，使用自动化设备的后续学习和管理成本相对可控，它可以更加顺畅地接入信息系统，管理和维护成本也比较固定。需要注意的是，企业应当结合自身的实际情况来投资自动化设备，切不可为了自动化而自动化。

④ 削峰填谷。很多行业的季节性波动非常明显，造成行业内企业的生产经营周期的波动性也非常大。常常是在旺季各类资源不足，供应商原料供应也不及时，设备产能也出现瓶颈、车间工人工作强度非常大，新员工难招、老员工稳定性差。而到了淡季的时候，各类资源出现限制，白白耗费了大量的固定投入，因为产量不足造成的员工收入低，进一步影响员工稳定性。对于一些高能耗的企业，在峰值能耗高将进一步抬高单位产品能耗水平。因此，科学地削峰填谷，合理利用闲置资源也是提效降费的有效手段。通过库存来调节是很多企业常用的方法，即在现金流允许的范围内，在淡季储备一些常用的、通用的产成品或是半成品，缓解高峰期的压力。还有一种方法，企业使用得不多，但是也非常合理有效，就是在淡季接一些毛利率相对较低的订单，单看这些订单盈利能力较低，但其有效地分担闲置的固定成本费用，也给车间员工带来了相对稳定的收入。最后，从企业整体盈利的情况来看，是更加有益的。

（三）三个预算：采购预算、产品成本预算、库存预算

生产预算主要包括采购预算、产品成本预算和库存预算。通过这三个预算把生产方面的工作有效串联起来。

1. 采购预算

采购预算是产品成本预算的主要组成部分，其决定了产品材料成本的价格和部分制造费用（外协加工费）。采购预算一般按采购大类 / 中类 / 小类明细进行，并按采购类别制定成本控制目标。对于基础工作比较好的企业，可以按照具体的采购明细物料来编制预算。

（1）供应商分类管理

供应商的规划主要从交付能力、成本控制和品质保障三个方面考虑。

① 交付能力。

资源的充分性，供应商对企业采购需求的满足能力，我们企业在增长，现有供应商的供货能力能否跟上，如果不行能否有新的供应商补上，或者我们是否需要在关键的供应链产业上有一些布局。

交货的及时性，主要从原材料的采购周期、供应商的接单周期、交付及时率、尾数及时率（根据齐套的要求补发的尾数物料），以及新品的打样及时率等指标来评判供应商。

一体化资源的占比，供应商如果能够对某些部件提供总成式，或者一站式服务，对于我们的供应商管理和生产效率将有一定的益处。

行业标杆资源的占比，选择供应商，也不是一味选择价格较低、配合更好的供应商，对于一些关键部件，行业内知名供应商的供货是能够给我们的产品加分的，因此标杆供应商资源是需要企业积极、持续地开拓的。

优秀竞品资源的占比，我们与主要竞品的供应商资源孰优孰劣也是市场竞争中需要考虑的一个因素。

② 成本控制。

独家供应商的比例，对于独家供应商，我们的议价能力相对较弱。如果该供应商出现任何问题，其物料的交付能力和品质也将受到影响，能否改变这个现状。

招标物料的比例，一般来说，采购定价有议价和招标定价的两种方式。相对来说，议价定价透明度低、供应商之间竞争不够充分，不利于采购成本与质量的控制，能否做出一些调整。

供应商的数量控制，总体上体现既分散又集中的原则。供应商不宜过于集中，容易受制于人；同样供应商也不宜过于分散，当企业不能成为供应商的重要客户时，容易在对方企业出现问题时，成为其优先调整的对象。

我们跟竞品共用的一个供应商大概有多少，专供我们的供应商大概有多少，对于相同物料，我们跟竞品的采购成本相比是否有优势，如果没有需要采取哪些措施予以弥补。

③ 品质保障。

供应商来料的可靠性：采购入库的不良率，这块主要是来料收货时的品质指标，以及市场的退赔率，要从原材料加工成产成品并实现销售后，从市场反馈的质量问题追溯到原材料的品质指标。

技术的领先性，是对供应商能力的评估，考察其持续发展的能力。主要从供应商标准化体系建设和新技术的使用情况来综合考量。

（2）原物料的分类管理

除了对供应商分类管理外，对于生产经营过程中所需要使用的各类原材料、辅助材料、能源、备品备件等原物料也要分类管理，我们可以从风险和复杂程度，物料采购价值和价格弹性两个维度，将原物料分为四个象限进行分类管理，如图 5-7 所示，并制定不同的采购策略。

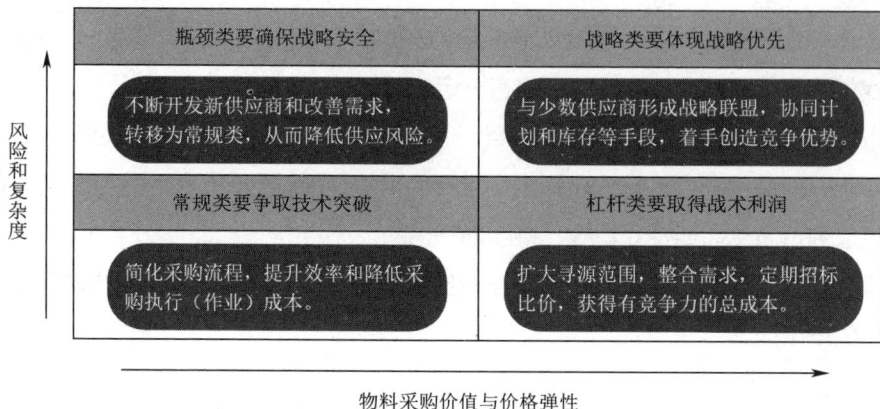

<table>
<tr>
<td>瓶颈类要确保战略安全</td>
<td>战略类要体现战略优先</td>
</tr>
<tr>
<td>不断开发新供应商和改善需求，转移为常规类，从而降低供应风险。</td>
<td>与少数供应商形成战略联盟，协同计划和库存等手段，着手创造竞争优势。</td>
</tr>
<tr>
<td>常规类要争取技术突破</td>
<td>杠杆类要取得战术利润</td>
</tr>
<tr>
<td>简化采购流程，提升效率和降低采购执行（作业）成本。</td>
<td>扩大寻源范围，整合需求，定期招标比价，获得有竞争力的总成本。</td>
</tr>
</table>

风险和复杂度 →

物料采购价值与价格弹性 →

图 5-7　物料分类管理

对于右上象限的原物料，其供应风险和材料本身复杂程度较高，且采购数量、采购金额和价格波动风险都相对较高，属于企业的战略类原物料。在制定采购策略的时候要体现战略优先的原则，主要是与少数重要的供应商形成战略同盟，签订独家供货协议；协同利用计划和库存的手段，着手创造竞争优势。同时，对于这一战略类物料，在资金允许的情况下，可以考虑储备较多库存，因为无论是从供应的安全性和成本控制的角度来看，都是有益的。但需要注意的是，当我们对此类物料价格判断趋势出现失误时，多储备的库存反而会带来一定的成本损失。

对于左上象限的原物料，其供应风险和材料本身复杂程度较高，但采购数量、采购金额或价格波动风险都相对较低，属于企业的瓶颈类原物料，在制定采购策略的时候要体现战略安全的原则，主要是不断地开发新供应商和改善物料使用需求，试图将这类原物料尽快转换为常规类原物料，从而降低企业的供应风险。这一类原物料的策略，通常是配合独家供应商的清理进行的。

对于左下象限的原物料，其供应风险和材料本身复杂程度较低，且采购数量、采购金额或价格波动风险也相对较低，属于企业的常规类原物料，在制定采购策略的时候要争取实现技术突破和效率提升，主要表现为简化采购流程，提升采购效率、降低采购的执行成本。企业经营活动中，经常会产生一些不常用的办公用品、修理配件、包装材料、打样耗材等物资的采购需求，这类原物料通常表现为需求急、耗用少、价值低，如果同样严格执行企业相关的采购流程，从供应商选择、招标定价、合同评审、订单评审等环节都进行严格控制，往往会得不偿失。

对于右下象限的原物料，其供应风险和材料本身复杂程度较低，但采购数量、采购金额或价格波动风险都相对较高，属于企业的杠杆类原物料，在制定采购策略的时候要体现成本领先原则，从这类原物料中要能够获取更多的利润空间。具体措施有扩大供应商寻源范围，整合企业需求，定期招标比价，获得有竞争力的总成本。

（3）采购成本措施

对于采购成本的预算，我们一般会先制定一个年度控制目标，比如可比物料的采购成本较上年下降 3%。然后，供应链部门需要针对这个目标制定相应的采购降本举措，并在下一年度开始前，对举措的可行性进行验证。常用的采购降本措施主要有以下几类。

① 招标管理。

前面提到，针对杠杆类原物料，以年度招标的方式能够取得比较好的效果。一般来说，在每年的 9 月、10 月，供应链部门就需要启动下一年度采购的招标工作，年底前必须完成。在招标过程中，特别需要注意的是防范相应的舞弊风险，在企业招标过程中，陪标、串标等情况屡见不鲜，这就需要我们建立完善的招标制度流程和严格的审计监察制度，降低内外部不规范操作带来的风险。

② 独家清理。

在企业达到一定规模后，一定要加强对独家供应商的清理工作，特别是针对采购量大、采购频率高的物料，一定要建立供应商之间的竞争优势，只有通过多方竞争，才能持续保证物料采购的交付、成本和品质。

③ 标准化。

在销售预算的环节我们提到了 SKU 管理对企业的好处，同样在采购环节，如果我们能够通过产品结构、零部件的标准化、减少原物料种类，同样能够物料的直接采购成本和间接管理成本中得到相应的回报。因此，我们每年都会对研发部门提出标准化的目标，作为持续降低企业成本、提高效率的支撑。

④ 价格核算。

对于我们拥有一定话语权的，或是其提供的物料加工工序较为简单、替代性较强的供应商，我们一般还可以采用价格核算的方式参与供应商内部的成本控制工作，通过将其制造成本降下来，来实现我们控制采购成本的目的。具体的方式就是建立料费分离的精细核算制度。

大宗原材料价格预测表，见表 5-16。

表 5-16 大宗原材料价格预测表

材料 大类	小类	上年预算 价格	上年 1月-8月 实际	上年 8月份 价格	上年底预 测（第四 季度平均 价）	本年预测 （本年全年 价格平均 价）	备注说明
钢材	热镀锌	6 600	7 100	7 500	7 700	7 850	以 DX51D+Z；0.6；120-W-FY 为例（钢厂均价）
	硅钢片	6 800	7 760	8 000	8 200	8 500	以 50WW1300 为例（钢厂均价）
	冷板	5 300	6 460	6 400	6 400	6 300	以 SPCC1.0 为例（钢厂均价）
	电镀锌	7 400	7 800	7 600	7 600	7 400	以 SECC1.0 为例（钢厂均价）
塑料	均聚 PP （进口）	US$1 300	US$1 760	US$1 800	US$2 000	US$2 050	以 大 林 HP602N 为 例（市场月均价）
	共聚 PP （进口）	US$1 400	US$1 790	US$1 800	US$2 080	US$2 200	以 三 星 BJ750 为例（市场月均价）
	高结晶 PP （进口）	US$1 400	US$1 820	US$1 800	US$1 800	US$1 850	以 三 星 HJ730L 为例（市场月均价）
	国产均聚 PP	12 300	13 750	13 500	13 220	13 000	以 S700 为例（市场月均价）
	国产共聚 PP	12 500	13 900	13 500	13 500	13 050	以 EPC30RH 为例（市场月均价）
	国产 ABS	16 300	16 600	17 000	18 000	17 500	以 121H 为例（市场月均价）
	ABS （进口）	US$1 700	US$2 080	US$2 100	US$2 100	US$2 100	以 GP22 市场价为例（市场月均价）
	高光 HIPS	14 000	14 000	14 000	14 000	13 500	以 MB5210 市场价为例（市场月均价）
	亚光 HIPS	13 900	13 900	13 900	13 900	13 300	以 MA5210 市场价为例（市场月均价）
	AS	15 600	15 700	15 700	15 500	15 000	以 80HF-ICE 为例（市场月均价）
	POM （进口）	US$1 700	US$1 790	US$1 800	US$1 800	US$1 820	以 韩国工程 F20-03 为例（市场月均价）

续上表

材料大类	小类	上年预算价格	上年1月—8月实际	上年8月份价格	上年底预测（第四季度平均价）	本年预测（本年全年价格平均价）	备注说明
铜材	电解铜	60 000	63 273	65 033	65 012	64 602	各类铜材价格在电解铜价格上加上加工费即可，分别约为漆包线（7 000～10 000）、铜杆（1 500）、铜管（5 000～10 000），不同型号的铜材的加工费存在一定的差别
铝材	铝锭	19 800	18 815	18 502	18 800	18 000	—

注：国内原材料单位为"元／吨"，进口原材料单位为"吨"。

有很多供应商的成本管理基础较差，甚至他们都不能准确核算其产品的料工费，这就更需要我们参与价格核算了。具体的方法是，打开物料成本结构，根据不同的成本构成建立不同的核价和控制工作：

a. 对于材料消耗，需要展开其物料清单，核准具体材料用量和损耗，确定材料的基础成本。具体的结算原则可以事先约定，如材料属于大宗材料的，可以参照大宗材料行情网的价格执行；材料不属于大宗材料的，可以约定调价机制，即市场价格波动达到多少比例的时候，才启动我们与供应商之间的调价。

b. 对于工费，则根据物料的加工设备和加工工艺进行确认，核定其加工时间和单位时间内的费用标准。需要注意的是，我们企业所采取的一些提效降费的思路、工具、方法，甚至具体的管理流程，都可以提供给供应商，要求其遵照执行，达到双赢的目的。有些对供应链管理非常严格的企业，甚至对供应商加工的工艺、使用的设备、产线的布局等都会提出具体的要求，否则就不能进入其供应商目录。

c. 在确认了供应商的制造成本后，我们再附加一定的税务成本和必要的利润空间，就基本确定了与供应商的结算价格。以这种方式确定采购成本的，每隔一段时间，就需要组织供应商进行重新核定，并且同样可以采用招标比较的方式引入供应商之间的竞争机制。

在上述工作都完成后，供应链部门就可以对分解的产销计划大纲，分月匹配相应的物料采购成本和付款条件，完成采购预算。

⑤ 采购付款预算。

采购付款预算一般是基于企业的采购付款政策编制的，编制过程中需注意的事项有：

a. 付款预算应根据含税采购额，而不是不含税采购成本预算；

b. 付款预算应满足企业对应付账款周转率的要求，当不能满足相关指标要求时，着手考虑供应商账期的调整工作。

c. 同销售回款预算，每年的第一稿预算时也可暂不编制付款预算。

采购付款预算表，见表 5-17；采购预算汇总表，见表 5-18。

表 5-17　采购付款预算表

材料大类 / 供应商	付款额												
	1 月	2 月	3 月	4 月	5 月	6 月	7 月	8 月	9 月	10 月	11 月	12 月	合计
A 公司													
B 公司													
C 公司													
D 公司													
E 公司													
合计													

表 5-18　采购预算汇总表

材料 类别	计划 采购量 （万吨）	上年平均 采购单价 （元 / 吨）	上年价格计算 的本年采购额 （万元）	本年预计 采购单价 （元 / 吨）	本年预算 采购额 （万元）	单价降低 （元）	总额降低 （万元）	降低率
钢材	20.4	7 475.0	152 166.3	7 513.0	152 939.9	−38.0	−773.6	−0.5%
铜材	3.5	65 000.0	224 445.0	64 601.8	223 069.9	398.2	1 375.1	0.6%
塑料	5.1	13 480.0	69 017.6	14 349.0	73 466.9	−869.0	−4 449.3	−6.4%
标准件	67.0	498.0	33 366.0	493.0	33 031.0	5.0	335.0	1.0%
电气件	89.3	350.0	31 270.8	332.0	29 662.5	18.0	1 608.2	5.1%
辅料	10.5	204.0	2 131.8	191.0	1 996.0	13.0	135.9	6.4%
合计	195.8	—	512 397.5	—	514 166.2	—	−1 768.7	−0.3%

2. 产品成本预算

产品的成本由料、工、费构成，因此产品成本预算也应分为料、工、费分别预算。在产品成本预算之前，我们应该先对各产品的重置成本进行核算。所谓重置成本又称现行成本，是指的是按照当前的产品物料清单、原材料采购价格、企业的工艺流程和费用标准，重新制造同样一件产品需要花费的各项成本合计。其中，产品物料清单、工艺路线和工艺工时标准依照研发部门重新确定，即研发预算确认的研发降本后的标准计算，原材料采购价格按照供应链部门核定的最新价格，即采购预算确认的采购降本后的价格计算，直接人工和制造费用的费率暂按当年的标准计算。从这里我们可以看到，材料成本的价和量都已经按照预算目标进行了调整，因此我们可以直接视作产品成本预算中的材料成本部分，下面我们主要看直接人工和制造费用预算应该如何进行。

（1）直接人工预算

直接人工预算，是以生产预算或者是预计生产量为基础进行编制，车间管理部门和人力资源部门负责直接人工预算的编制与执行，以及对预算执行情况的考核。直接人工预算，主要有预计生产量单位产品工时，人工总工时、每小时人工成本和人工总成本等内容。

对直接人工的预算，一要考虑设备水平的提高、人员结构的调整、工时定额的修订，以及劳动生产率的提高等因素对人工成本的影响；二要考虑分配激励机制的完善对人工成本的影响；三要关注人工效率的提升，原则上人工成本占比和人均产值等人效指标应持续得到提升。

直接人工通常包括直接从事产品的生产人员的工资、津贴、补贴、福利费、社保等，因此预算也应当分解成这几个部分。

工资的预算首先应当确认工作总量，其基础还是我们前面确认的产销计划大纲。对于实行计件工资制的企业，由研发部门确认各产品的标准工时与人力资源部门确认的各工种的小时工资标准分类计算得到；对于实行计时工资制或是混合工资制的企业，则需由生产管理部门根据预计产量做出人员人数需求评估，再根据人力资源部门确认的各工种计时工资标准计算得到。不管实行何种工资制，都对生产系统的数据质量有一定要求，单位产品的标准工作量应当与实际情况相当，否则预算出来的工资将存在较大差距。

直接人工的其他项目则主要根据人员编制和企业相关的福利标准制定，具体在人力资源预算部分详细介绍。

　　将直接人工和直接人工的其他项目进行合并，我们就得到了直接人工预算的总额，后面我们还需要将预算分解到具体产品的单位产品中。

　　直接人工预算过程中，我们会反复计算人效相关指标，对没有达到预期目标的，会要求进行调整，但是在调整方式上，应避免进入误区：

　　少人化、降低单位人工成本，不是以盲目减少人数和克扣员工工资来实现的，我们应当使用更加科学的方法来达到这一目标。前面我们已经提到，生产效率的提升是带动单位工时降低的一个重要途径，改善生产作业方式，调整直接生产人员和辅助生产人员的结构比例也是可以采取的重要方法。

　　直接人工预算也应考虑人员流失成本，一般来说，企业生产工人的流失速度是比较快的，很多企业每月甚至能流失 10% 左右的工人，这将给企业带来大量的损失。一方面频繁招聘新员工带来的高额招聘、培养成本；另一方面新员工的熟练度是肯定与老员工有所欠缺的，往往要入职几个月以后，才能达到我们满意的效率水平，这与我们前面提到的提效降费的总体原则是背道而驰的。

　　直接人工预算表，见表 5-19。

表 5-19　直接人工预算表（分月数据略）

部　门		下料车间	机加车间	焊接车间	装配车间	调试车间	涂装车间
岗　位		激光切割	加工中心	焊工	钳工	调试工	面漆
岗位级别		O3	O4	O3	O3	O3	O4
薪资上限（元／月）		12 000	15 000	13 500	13 500	10 000	17 000
薪资下限（元／月）		7 000	8 500	8 000	8 000	6 000	10 000
岗位平均薪资（元／月）		10 200	12 750	11 475	11 475	8 500	14 450
五险一金基数（元）		4 000	5 000	4 500	4 500	4 000	5 000
五险一金公司比例	养老保险	20%	20%	20%	20%	20%	20%
	工伤保险	1.50%	1.50%	1.50%	1.50%	1.50%	1.50%
	失业保险	2.00%	2.00%	2.00%	2.00%	2.00%	2.00%
	医疗保险	7%	7%	7%	7%	7%	7%
	生育保险	0.50%	0.50%	0.50%	0.50%	0.50%	0.50%
	公积金	6%	6%	6%	6%	6%	6%

续上表

部　门	下料车间	机加车间	焊接车间	装配车间	调试车间	涂装车间
岗位平均年终奖金	—	—	—	—	—	—
年薪资预算（万元）	16.8	21	18.9	18.9	14	23.8
职工薪酬	12.2	15.3	13.8	13.8	10.2	17.3
养老保险费	2.4	3.1	2.8	2.8	2	3.5
工伤保险费	0.2	0.2	0.2	0.2	0.2	0.3
失业保险费	0.2	0.3	0.3	0.3	0.2	0.3
医疗保险费	0.9	1.1	1	1	0.7	1.2
生育保险费	0.1	0.1	0.1	0.1	0.1	0.1
公积金	0.7	0.9	0.8	0.8	0.6	1

（2）制造费用预算

制造费用预算（见表5-20、表5-21）是企业在预算期内为完成生产预算所需各种间接费用的预算，主要在生产预算基础上，按照费用项目及其上年预算执行情况，根据预算期降低成本、费用的要求编制的。

除与其他期间费用预算需要共同关注的事项外，制造费用预算需注意以下事项。

① 制造费用预算是在自制产值预算的基础上编制的，人员规模、费用投入都需与自制产值匹配而不是全部产值匹配。

② 高能耗行业对水电气的预算是制造费用预算的重点，而水电气作为典型的变动费用，需在综合考量历史消耗水平和精益改善目标的基础上合理预算。

③ 折旧和车间管理人员工资属于固定费用，根据经营杠杆的原理，对固定费用的控制，要么严控费用规模，在有限的开支下做出更多的产值；要么实现更多的产出，降低固定费用率。从而达到控制制造成本和降低企业经营风险的目的。

④ 识别瓶颈、加大投资、解决堵点也是综合降低制造费用率的有效途径。有些投入会增加成本费用的总额，但平摊到单位产品后成本费用率是可能下降的。因为堵点的存在，除堵点之外的其他环节的资源是有部分闲置的，这部分闲置也在源源不断地发生固定费用，而通过结合产销计划来解决堵点，进而将其他环节的闲置资源充分利用起来，提高车间综合产能利用率，能够实现单位产品成本的部分下降。

⑤ 合理控制外协比例，简化经营、控制成本。外协通常可以分为工序外协和整

体外协，前者是将企业不具备能力的或产能不足的部分工序外发，以达到解决堵点的目的；后者是将产品的部件总成或是整个产品都委托供应商加工制造，企业仅提出工艺、质量标准进行控制。

⑥ 对于工序外协，长期来看，当外发数量达到一定规模，是可以考虑自建产能予以覆盖的，同样是利用经营杠杆的原理。产值越大，新增投入的固定费用率越低，而外协加工费通常是以变动成本的形式存在，每单都有固定的开支，变动费用率基本上是固定的。

⑦ 对于整体外协，则要更加具体地分析。如果是因为新开发的产品，短时期内不具备生产能力，在产量达到一定规模的时候，也应该参照工序外协的方案进行一定的投资，扩充产能。而有些企业常常与客户签订的是一揽子商品销售订单，订单中的主要商品是企业生产的常规产品，部分搭配销售的产品，企业也能生产，但因为其生产频次低、生产批量少，如果企业也自己生产，将拉低制造的综合效率，不利于整体成本的控制。在这种情况下，在一定时期内，我们更偏向承担更高单体采购成本，而将这些小批量的搭售商品全部外购。

综上，外协物料的单件成本问题、交付问题和质量问题都是客观存在的，但整体而言我们应该辩证地看待外协，切不可因为这些问题的存在就武断地推进外协转自制工作。

制造费用预算表，见表 5-20；专项费用预算表，见表 5-21。

表 5-20　制造费用预算表（分月数据略）

科目明细	上年预计		本年预算		同比增长率	预算说明
	金额（万元）	费率	金额（万元）	费率		
制造费用—工资	17 358	2.25%	21 102	2.17%	21.57%	—
制造费用—职工福利费	1 823	0.24%	2 084	0.21%	14.32%	—
制造费用—折旧	30 801	3.99%	39 016	4.01%	26.67%	—
制造费用—低值易耗品摊销	2 057	0.27%	2 614	0.27%	27.08%	—
制造费用—模具摊销	4 599	0.60%	6 182	0.64%	34.42%	—
制造费用—物料消耗	3 762	0.49%	5 011	0.52%	33.20%	—
制造费用—水电气费	4 512	0.58%	5 817	0.60%	28.92%	—
制造费用—检验鉴定费	109	0.01%	118	0.01%	8.26%	—

续上表

科目明细	上年预计		本年预算		同比增长率	预算说明
	金额（万元）	费率	金额（万元）	费率		
制造费用—办公费	1 193	0.15%	1 422	0.15%	19.20%	—
制造费用—设备修理费	936	0.12%	1 150	0.12%	22.86%	—
制造费用—修理备件	572	0.07%	650	0.07%	13.64%	—
制造费用—搬运费	87	0.01%	90	0.01%	3.45%	—
制造费用—汽车费	121	0.02%	125	0.01%	3.31%	—
制造费用—租赁费	15	0.00%	120	0.01%	700.00%	—
制造费用—差旅费	376	0.05%	539	0.06%	43.35%	—
制造费用—劳动保护费	521	0.07%	609	0.06%	16.89%	—
制造费用—停工损失	435	0.06%	300	0.03%	−31.03%	—
制造费用—业务招待费	92	0.01%	100	0.01%	8.70%	—
制造费用—其他摊销	105	0.01%	105	0.01%	0.00%	—
制造费用—产品改装维修费	673	0.09%	720	0.07%	6.98%	—
制造费用—辅助材料	1 722	0.22%	2 110	0.22%	22.53%	—
制造费用—合计	71 869	9.30%	90 990	9.36%	27.66%	—

表 5-21　专项费用预算表（分月数据略）

费用项目	上年预计	本年预算		同比增长率	备　　注
		费用开支范围	费用预算		
项目 1					
项目 2					
项目 3					
项目 4					
合计					

（3）产品总成本和单位成本预算

在分料、工、费项目完成预算后，还需要将其合并进行产品总成本预算和单位产品成本的预算（见表 5-22）。其中的重点就是将直接人工和制造费用的预算总额分配到具体产品中，达到产品成本预算与直接人工和制造费用预算的统一。

成本费用分配最需要解决的问题就是分配规则。

对于基础工作较为扎实的企业，费用的核算和预算能够做到车间、班组、工序甚至直接做到产品。而在 ERP（enterprise resource planning，企业资源计划）系统内，对每个产品的每个工序都有准确的定义，并制定了相应的工序作业工时，并在每年预算前研发工艺部门和财务部门都会重新进行核定。这样我们就可以将相关工序的成本费用以工序工时的权重分配到具体的产品、工序中，实现预算总额到单位产品预算的分配过程。同样，有了各个工序的预算总费用，又有各个工序的预算总工时，我们就可以计算出各工序的预算作业费率，一般可以分为工序人工费率、工序制造费率、工序机器费率等，这些费率可以视作来年的成本控制目标，也即来年的标准成本。因此，全面预算的制定过程也是新的年度产品标准成本制定和发布的过程。

对于基础工作较差的企业，没有分工序制定作业标准，也没有分产品制定分料工费的目标成本体系，总成本预算既分不到产品，更分不到工作，该怎么办？

全面预算是提升企业经营质量的重要抓手，也是企业资源分配的重要依据。遇到问题，我们就要着手解决这个问题，没有分配标准，就要着手制定分配标准。相信基础再差的企业，对自己产品的原材料用量和不同产品加工制造的复杂程度都有一定的评判标准，那么预算总额的分配也可以依照这些标准来逐步制定。一开始可以制定一些粗口径的标准，并要求后续的成本核算也根据这些标准进行细化，而只要我们细化了核算和管理的颗粒度，就一定会暴露过去未曾发现的问题，或是某项费用的归集不准确，或是某项费用的分配标准不合理，或是专项费用被分摊到了全部产品，或是这个班组人员支持其他班组工作但费用没有分配出去。发现一个问题我们就解决一个问题，发现哪里做得粗了就着手细化，通过几年时间的循序渐进，相信每个企业都能够建立一套科学合理的成本预算和核算标准，未来在上 ERP 系统的时候，也能少走很多弯路。

产品成本预算表，见表 5-22。

表 5-22　产品成本预算表

产品种类	型号	年产量（万台）	单位目标成本（元）				总目标成本（万元）				分摊后总实际预算成本（万元）			
			材料	直接人工	制造费用	合计	材料	直接人工	制造费用	合计	材料	直接人工	制造费用	合计
主机	A产品	150	857	83	110	1 050	128 550	12 450	16 500	157 500	128 550	12 750	17 400	158 700
主机	B产品	30	1 350	195	270	1 815	40 500	5 850	8 100	54 450	40 500	5 910	8 190	54 600
主机	C产品	200	875	100	192	1 167	175 000	20 000	38 400	233 400	175 000	20 400	38 400	233 800
部件	D产品	250	206	30	35	271	51 500	7 500	8 750	67 750	51 500	7 500	9 000	68 000
主机	E产品	50	1 500	120	180	1 800	75 000	6 000	9 000	90 000	75 000	6 000	9 000	90 000
主机	F产品	50	700	100	150	950	35 000	5 000	7 500	47 500	35 000	5 000	7 500	47 500
部件	G产品	30	200	30	50	280	6 000	900	1 500	8 400	6 000	900	1 500	8 400
合计	—	760	—	—	—	—	511 550	57 700	89 750	659 000	511 550	58 460	90 990	661 000

3. 库存预算

在完成成本预算后，就进入库存预算的环节。一般来说，库存预算也分为库存数量和库存金额的预算，对于基础相对较差的企业来说，暂时不能分产品、分物料对库存进行有效的统计和分析，我们可以先从库存总金额预算开始。

库存预算主要关注的就是周转，这个周转既有从客户处接到订单到我们交货完成的大周期的周转，也有各个小环节，如采购物料的周转、半成品的周转、产成品的周转、物流环节的周转等。持续加快周转，降低库存是库存预算的终极目的。因此，外部需求交期和内部交付周期之间的差额，就是我们进行库存预算需要考虑的基本原则。如果企业的主要业务是 ToB 业务，客户下单后才开始安排生产，且客户要求的交货周期长于企业内部的生产和采购周期，那么原则上企业可以完全不提前储备库存，各期库存预算的金额就是各期末完工订单的预计余额。

对于大部分客户要求交期短于企业内部的生产和采购周期，甚至是直接销售给 C 端客户（个人客户）的零售产品的行业，需要提前安排生产和原材料采购，库存的设置主要从保障交货安全的角度予以预计。原则上企业内部交付周期减去客户要求交期（如果是零售商品则为 0）的差额，作为备货周期，再结合企业生产能力和一定的安全库存标准，进行库存的备货计划。同理，作为企业内部的物流、生产、采购各节点的备货计划，也应该按照内外部交期差额来进行预计。

库存预算的本质是加快周转，对基础较弱的企业而言，可以先设定各类库存的周转目标，再以此反推库存预算金额。

四、投资预算

投资决策往往是企业内部较为复杂的项目，涉及方面众多，本书不做过多展开，仅对涉及预算制定的相关内容做一个简单阐述。需要明确的是，这里讲到的投资是配合企业战略发展和布局所进行的中长期投资，企业在日常经营中购买理财产品、在二级市场上投资股票、债券不在此列。因此，投资预算的主要原则是谨慎投资，追求回报。投资预算主要包括以下几个方面。

1. 战略投资

战略投资主要是配合企业的战略发展和布局，在现有经营体系外进行的投资，比如为新进入一个行业，或是新开辟一种商业模式。其表现形式既可以是对土地、厂房、设备的固定资产投资，也可以是对人才、技术的无形资产投资，还可以是以对外兼并收购为主的股权投资。战略投资的目的是寻求企业业绩新的增长点，在市场上建立明显的竞争优势。战略投资通常资金需求量较大，回报周期较长，并伴随较大的投资风险。战略投资所需的资源通常是专款专用，在执行过程中原则上不得挪作他用。

2. 产能补充与改造

这一块主要是针对现有业务的能力补充，企业对业务的发展趋势、市场的竞争态势、竞争对手的情况相对比较清晰。一般来说，可以以内部为主进行评估与决策。产能的补充与改造包含以下两个方面。

① 现有产能的补充。前面提到在产销衔接环节，我们找到了生产制造过程中的堵点，解决堵点很重要的途径就是补充产能，消除瓶颈工序。主要设计厂房、机器设备、专业的生产管理系统、技术工人等。

② 设备的更新改造。对于机器设备而言，一是设备本身有使用年限，到了报废的期限就会产生更新设备需求；二是原有的生产工艺能已经不符合生产的要求了，必须更新设备来改善工艺、提高产品品质；三是配合精益改造项目，需要对产线进行自动化升级。

产能的补充与改造时，必须格外关注投入与产出的关系，当预计新增设备的利用率不足时，或是新增设备将会带来制造成本快速上升时应当慎之又慎，优先通过工序外发和选取性价比更高的方式予以过渡。

3. 其他投资

除此之外，企业基础能力构建、管理效率提升和工作环境支持等方面也会有一些投资。投资预算表，见表5-23；投资支出计划表，见表5-24。

表 5-23　投资预算

单　位	项目名	审批预算（万元）	项目内容	项目投资目标	最新进展
递延重大投资项目	A	12 000	×× 土地	—	已支付 3 000 万元，余下 9 000 万元 20×2 年 7 月支付
	B	3 000	× 号厂房	—	已完成主体建设，已付款 2 100 万元，20×2 年 2 月验收后支付 750 万元，剩余 5% 质保金预计 20×5 年支付
	—	—	—	—	—
	小计	15 000	—	—	—
新增重大投资项目	C	5 000	× 号生产线自动化改造	—	20×2 年 3 月前完成招标，9 月前完成改造
	D	500	员工小区×号楼装修工程	—	20×2 年 5 月完工，6 月正式入住
	小计	5 500	—	—	—

表 5-24　投资支出计划

单位：万元

项目名称	项目内容	项目预算	本年资金支付计划					递延至下年支付
			一季度	二季度	三季度	四季度	合计	
A	×× 土地	12 000	—	—	9 000	—	9 000	—
B	× 号厂房	3 000	750	—	—	—	750	150
C	× 号生产线自动化改造	5 000	1 500	2 500	750	—	4 750	250
D	员工小区 × 号栋装修工程	500	300	200	—	—	500	
合计	—	20 500	2 550	2 700	9 750	0	15 000	400

（1）研发投入

主要是为支持企业各类研发项目而进行的投入，包括实验室、实验设备、专利技术、试制产品、测试耗材等。在研发预算中提出，并对投入的必要性和预期成果进行评估，在研发费用总体控制目标内进行预算。

（2）信息技术（IT）投资

在当下的企业经营活动中，单靠堆人的方法是无法堆出一家优秀的企业的，日新月异的各类信息技术工具，持续提升企业的管理效率和经营质量，因此持续有效的信息技术投资是非常必要的。一般来说，信息技术投资需要提前做一次顶层设计，即全面梳理企业预计的信息技术框架蓝图，将企业的业务痛点和优先级进行分析和排列，并对具体需要实施的系统进行初步的功能设计和产品选型，避免出现"头痛医头，脚痛医脚"，最终有重复建设的情况。

（3）其他投资

主要是支撑日常工作所需的办公场所、办公设备、交通运输工具等，由需求部门分别提出，行政、运营部门汇总后，再调配现有资源扔存在缺口后，合并预算。

投资预算主要关注投资回收期和投入产出比指标，企业应当参考市场同行的标准，科学制定、严格要求，切忌盲目投入。对于非生产性的、不直接产生价值的投资更应予以严控。

五、人力预算

人力预算由人力资源部门牵头，统筹各用人部门分别编制。人力资源预算主要包含人员编制预算和人力成本预算两大部分。

1. 人员编制预算

在人工成本预算前，需要先确认各部门的人员编制情况，即各部门的定岗定编标准。这个标准可以由人力资源部门下达，各业务部门根据工作任务核定、调整；也可以先由各业务部门先行上报，人力资源部门再组织业务部门进行评审。

不管选取何种方法，定岗、定编的基础都应当是依据企业年度经营计划的重点工作事项，兼顾企业三年战略规划的提前布局做出的。比如对于生产制造部门而言，需要根据产销计划大纲和现有生产效率，结合生产波峰波谷的变化，提出具体用工需求；对于市场销售部门而言，则主要根据企业年度市场推广计划，对渠道短板进行相应的补充，但需关注新进人员的产出要求和对市场销售部门的整体人均产出要求；对于研发设计部门，则主要是在研发费用开支总标准内予以控制。

人员编制预算表，见表 5-25。

表 5-25 人员编制预算表

部门	岗位	职级	工资标准（元）	人数（人）												
				上年末	1月	2月	3月	4月	5月	6月	7月	8月	9月	10月	11月	12月
总经办	主任	M3	25 000	1	1	1	1	1	1	1	1	1	1	1	1	1
总经办	督办经理	P3	10 000	2	2	2	3	3	3	3	3	4	4	4	4	
总经办	专员	P2	5 000	2	2	2	2	2	2	2	2	2	2	2	3	3
总经办小计	—	—		5	5	5	6	6	6	6	6	7	7	8	8	
财务部	总监	M4	30 000	1	1	1	1	1	1	1	1	1	1	1	1	1
财务部	成本经理	P3	15 000	1	1	1	1	1	1	1	1	1	1	1	1	1
财务部	会计	P3	8 000	3	3	3	3	3	3	3	3	5	5	5	5	5
财务部	出纳	P2	5 000	1	1	1	1	1	1	1	1	1	1	1	2	2
财务部小计	—	—		6	6	6	6	6	6	6	6	8	8	8	9	9
总计	—	—	—													

在人员编制预算过程中，除了确认各个部门各个岗位的数量编制，还需要拿到各个岗位的具体要求。比如，岗位的职级、岗位任职资格和能力需求、岗位的工作经验和学历要求等。如果涉及新员工招聘，需要明确到新员工的招聘进度。

定岗、定编工作并不是以人力资源部门下达的指标为准，也不是以业务部门上报的数据为依据，其过程要像整个预算一样，经过自下而上和自上而下的几轮沟通。业务部门主要根据自己的业务规划进行人力资源的安排，而人资部门则需要结合各业务部门年度工作规划，以及企业整体的人效要求，整体的人员结构要求和整体的薪酬结构的要求给出专业意见。原则上，定岗、定编要导向人效提升、人力资本回报增加等要素，这些指标也必须要量化到各个相关部门承担，真正体现各部门负责是本部门的人力资源管理者的定位的原则。否则，就成为其他部门与人力资源管理部门间的博弈，导致人员增加。

2. 人力成本预算

在确认了各部门的定岗定编之后，就可以开始进行人力成本相关的预算。

进行人力成本预算时，先要审视企业的薪酬标准、人均工资是否需要进行调整。因为 CPI 每年会有一定的增幅。因此，企业如果要保持对人才的吸引力，就有必要对人均工资定期进行一定幅度的调整。

接下来就可以根据部门定岗定编的情况，结合工资标准、人均工资要求进行工资预算。需要注意的是，经营预算是分月的，因此工资的预算也应该根据各个部门每个月的在岗员工人数进行预算。

在确定各个部门的基本工资预算后，就可以以此为依据来预算其他的人员费用。比如，依照基本工资的标准而制定的一些相应福利、社保和公积金预算等。

有两项直接发放给员工的费用，一般不计入人力成本预算，分别是：与销售额直接相关销售提成，并入销售费用中单独预算；与经营结果相关的经营责任制激励，不在经营预算中体现。

总经办人力成本预算表，见表 5-26。

表 5-26　总经办人力成本预算表

单位：万元

序号	项目	费率	1月	2月	3月	4月	5月	6月	7月	8月	9月	10月	11月	12月	合计
1	基本工资	—	5.5	5.5	5.5	6.5	6.5	6.5	6.5	6.5	6.5	7.5	7.5	8.0	78.5
2	年度考核	—	—	—	—	—	—	—	—	—	—	—	—	13.1	13.1

续上表

序号	项目	费率	1月	2月	3月	4月	5月	6月	7月	8月	9月	10月	11月	12月	合计
3	其他工资	—	—	—	3.0	—	—	3.0	—	—	3.0	—	—	3.0	12.0
4	离职补偿	—	—	—	—	—	—	—	2.0	—	—	—	—	—	2.0
5	养老保险	16%	0.9	0.9	0.9	1.0	1.0	1.0	1.0	1.0	1.0	1.2	1.2	1.3	12.6
6	失业保险	0.7%	0.0	0.0	0.0	0.0	0.0	0.0	0.0	0.0	0.0	0.1	0.1	0.1	0.5
7	医疗保险	8%	0.4	0.4	0.4	0.5	0.5	0.5	0.5	0.5	0.5	0.6	0.6	0.6	6.3
8	工伤保险	0.4%	0.0	0.0	0.0	0.0	0.0	0.0	0.0	0.0	0.0	0.0	0.0	0.0	0.3
9	生育保险	0.7%	0.0	0.0	0.0	0.0	0.0	0.0	0.0	0.0	0.0	0.1	0.1	0.1	0.5
10	住房公积金	12%	0.7	0.7	0.7	0.8	0.8	0.8	0.8	0.8	0.8	0.9	0.9	1.0	9.4
11	福利费	—	0.3	1.3	0.4	0.4	0.4	1.0	0.4	0.4	1.1	0.4	0.5	0.5	6.9
合　计		—	7.9	8.9	10.9	9.3	9.3	12.9	11.3	9.3	13.1	10.8	10.8	27.6	142.1

与人员编制分析一样，从人工成本的角度，也需要进行人效分析，常用的指标有人均销售（销售收入 ÷ 人工成本）、人均利润（经营利润 ÷ 人工成本）、人工成本率（人工成本 ÷ 销售收入）、人力成本投资回报率（ROI）（净利润 ÷ 人工成本）等，这些指标都反映人力资源的投入产出效率。

需要注意的是，企业在做人力成本预算时，我们要同时要考虑员工的薪酬要具备竞争力，不能一味压低人员成本。一个基本逻辑是，我们必须持续提升员工收入，才能在获得和保留人才上具备竞争力，企业的长期发展才有人才供应。

3. 人效指标的合理应用

在产品成本预算部分曾经提到，控制人工成本不能以降低员工的薪酬福利为手段。人力资源既是企业的成本更是企业的资源，一方面会持续产生成本费用；另一方面也是企业持续经营、做大做强的基础。因此，对于人力成本预算，一般要做到企业、股东和员工的多方共赢。我们一般预设三个"刚性要求"，即人均薪酬刚性上涨、人工成本率刚性下降、人均产出刚性提升。企业能够做到这三点，就意味着企业在人力资源的管理上不断进化。

企业必须充分认识到，只有人效提升，才是既做到有效控制人工成本，又能吸引与保留人才的有效途径。但是提升人效不能通过简单减员来实现，而是应该在实现经营目标的过程中，提高员工的单位产出来实现。

六、费用预算

费用预算主要包括销售费用预算、管理费用预算、研发费用预算和制造费用预算。其中，销售费用、研发费用和制造费用预算的要点在前面的内容中已有涉及，这里主要针对费用预算的通用性要求进行介绍。

费用预算主要围绕一个原则、两类费用、一个标准来进行编制。

1. 一个原则

一个原则是指零基预算原则。所谓零基预算，指的是不考虑过去的预算项目和收支水平，以零为基点编制的预算，具体是指不受以往预算安排情况的影响，一切从实际需要出发，逐项审议预算年度内各项费用的内容及其开支标准，结合财力状况，在综合平衡的基础上编制预算的一种科学的现代预算编制方法。

有些读者可能会有疑问，前面我们强调了历史数据在预算编制工作的重要作用，这里又强调费用预算不要受过去实际情况的干扰，是否存在矛盾？其实这并不矛盾。历史数据的主要作用是提供一个标尺，用这个尺子来对照预算结果较历史情况是进步了还是退步了，从而作为预算评审和修订的依据。对于预算基础较差的企业，历史数据还起到提示的作用，提示企业在编制预算时不要出现漏项。而我们回顾一下前面提到的费用预算的相关要求，人工成本预算是依照下一年各部门定岗定编情况编制的，市场费用需要结合市场推广动作来预算，研发费用、研发资产的投入都要跟具体的研发项目相关联，车间水、电、气等能源的消耗得根据生产计划进行测算。所有的这些编制标准实质上都是与历史数据的具体金额不直接相关的。因此，坚持零基预算原则来编制费用预算，是保证预算可执行的基础。

2. 两类费用

在编制费用预算时，对固定费用和变动费用，应当具有不同的编制策略。

固定费用是指在一定时期和一定业务量范围内，不受业务量增减变动影响而能保持不变的费用。主要有长期资产的折旧摊销费、长期资产的租赁费、管理人员的工资和日常开支的相关费用等，可以视作维持企业基本运转的必须投入的费用。对于固定费用的预算和控制，主要从开支的必要性来判断，进行总额控制。

变动费用是指在一定时期和一定业务量范围内，随着产销量变化而同比例变动的费用。主要有销售员的业绩提成、代理商的返利政策和车间的水、电、气消耗等。对于变动费用的预算和控制，主要要识别费用的关键驱动因素，这项费用是与销量相关，还是与产量、工时相关，还是与工时相关，不同的驱动因素将影响费用的开支时点和开支标准。

需要注意的是，固定费用额是固定的，但固定费用率是变动的，当固定费用的投入产出比增大时，固定费用率将显著下降，企业将收获更高的利润率（因为收入规模增加同时也会收获更大的利润额）。因此，在不增加固定投入的情况下，不断想办法增加业务规模，即从企业整体层面追求投入产出比的提升，是固定费用控制的主要思路。

变动费用率是相对稳定的，但变动费用额是随着业务量增减变动的，当每笔变动费用开支的标准略有降低时，虽然整体的变动费用率可能变化不大，但变动费用额将有较多节约，反映到利润表中，最终的利润额将有可观的增加。因此，在收入规模较为稳定的情况下，不断想办法控制单笔业务的投入，即从单笔业务的层面追求投入产出比的提升，是变动费用控制的主要思路。

3. 一个标准

同人工成本预算一样，对于费用预算，我们也有一个刚性的标准，就是总体费用率刚性下降，不管是从企业整体层面，还是从业务订单操作层面，都要实现投入产出的持续优化；同人工成本控制一样，哪怕费率只有千分之一的提升，长期来看也是有益处的。

具体到操作层面，对于固定费用要按额度严格控制，避免超额开支，特别是对下一年与本年相同的费用事项，要特别关注其增减变动的原因；对于变动费用，每年制定变动费用率降低标准，持续关注提升业务层面关键动作的有效性。

为了对预算数据形成有效支撑，除各部门的费用预算明细表外，对于开支较大的关键费用，如销售业务的广告费、推广费、销售佣金等项目，生产业务的模具费用、大额设备维护费用等项目，后勤支持的装修费、办公家具采购等项目，还可以以独立附表的形式，详细介绍预算逻辑。

管理费用预算表，见表 5-27；专项费用预算表，见表 5-28。

表 5-27 管理费用预算表（分月数据略）

科目明细	上年预计		本年预算		同比增长率	预算说明
	金额（万元）	费率	金额（万元）	费率		
管理费用—工资	8 834	1.1%	9 770	1.0%	10.6%	—
管理费用—职工福利费	989	0.1%	1 032	0.1%	4.3%	—
管理费用—折旧	1 762	0.2%	2 021	0.2%	14.7%	—

续上表

科目明细	上年预计		本年预算		同比增长率	预算说明
	金额（万元）	费率	金额（万元）	费率		
管理费用—社会保险费	2 209	0.3%	2 443	0.3%	10.6%	—
管理费用—补充保险费	—	0.0%	200	0.0%	0.0%	—
管理费用—住房公积金	1 060	0.1%	1 172	0.1%	10.6%	—
管理费用—股份支付	2 033	0.3%	3 000	0.3%	47.6%	—
管理费用—低值易耗品摊销	995	0.1%	1 164	0.1%	17.0%	—
管理费用—办公费	560	0.1%	643	0.1%	14.8%	—
管理费用—水电费	334	0	360	0.0%	7.8%	—
管理费用—邮政电信费	24	0	30	0.0%	25.0%	—
管理费用—差旅费	218	0	286	0.0%	31.2%	—
管理费用—合计	19 315	2.5%	22 368	2.3%	15.8%	—

表 5-28　专项费用预算表（分月数据略）

费用项目	上年预计	本年预算		同比增长率	备　注
		费用开支范围	费用预算		
项目 1					
项目 2					
项目 3					
项目 4					
合计					

七、财务预算

在完成上述业务预算后，财务部门需要统筹进行财务预算。预算是"提前一年推演出企业的财务报表"，有了财务预算，我们才可以综合的评价各预算单元最终的预算成果和计算各关键指标，看看推演出来的结果是否符合企业战略预期。

财务预算是利用财经逻辑推演验证业务预算的最后一个环节，通过不同层级的报表可以反映企业整体和单预算单元的经营成果（利润表）、资金运营安全（现金流量表）、财务状况和资产结构（资产负债表），通过利润表、现金流量表和资产负债表（三张报表）的指标组合计算，可以得到企业业绩评价的综合性指标，如净资产收益率（ROE）、资产报酬率（ROA）、库存周转率、经营现金保障倍数等。

财务预算与销售预算的逻辑相同，有条件的企业还可以根据预算管理需要，分产品、渠道、区域、客户等维度编制报表预算。通过细分维度的预算报表，可以对各项业务是否赚钱、是为企业贡献现金回报还是需要企业提供资金支持、资产结构是否健康、运营能力在如何变化、投入产出比的情况如何等方面作出更清晰、更直观的判断。

通过财务预算报表和各综合指标，企业整体或预算单元的营收规模、毛利水平、盈利情况、运营能力、资金安全等方面将一目了然。这时候，我们就可以对照之前下达的经营目标，对业务规划最终是否能够达成目标作出判断。对预算结果不满意的，可以要求预算单元通过对工作规划的调整来影响财务结果。当然这个时候预算单元也可能反馈，现有的预算结果已经在能够调配的资源下得到的最佳结果了，各项指标都有具体的工作内容承接，不是拍脑袋做出的决策。这时企业高管层就需要对经营目标的合理性做出重新判断。有了具体工作内容的支撑和财经逻辑的验证，企业上下层的思维已经实现同频，高管层的判断也是比较容易做出的，而且这种共识才是真正的共识。

财务预算通常包括利润表、现金流量表、资产负债表和现金周期管理。

1. 利润表

利润表的结构相对简单，是将"收入 - 成本费用 = 利润"这一朴素逻辑的报表呈现，经营预算完成后，报表结构中的各项内容基本都能够直接获取了。需要注意的是，预算报表作为企业内部的管理报表，其呈现形式是可以与标准的财务报表格式不同的，我们可以根据管理要求，对利润表的结构和内容进行调整。

不同类型的预算单元，根据其业务管理范围和能力的不同，我们可以根据需要设置不同的责任制考核利润逻辑，那么该预算单元的利润表最终输出的就是单元的责任制考核利润。比如，对于供产销一体的事业部而言，它的利润表应当包含其事业部经营范围内的一切收入、成本、费用及合理的分摊成本费用；对于仅从其账套内过账，但不实际归属其管理的业务，产生的盈利和亏损都应当从事业部利润表中剔除；对于仅负责销售业务的预算单元，倘若它只对销售收入、毛利和销售费用负责，后台期间费用的多寡不需要其承担，那么销售单元的利润表就只需呈现收入、成本、毛利、销售费用，以及根据这些指标计算得到的销售利润。

对于使用内部交易价格的企业，那么销售单元的成本就将是内部交易价格而不是企业的实际制造成本，同样生产单元的销售收入也是内部交易价格而不是终端销售收入。

对于预算单元间内部协作需要相互收费的，如果在经营预算中没有涉及，可以在报表预算中进行调整。

对于涉及预算单元间费用分摊的，在报表预算环节，应当设计好费用分摊规则，将分摊后的各项费用计入预算单元的报表中。

更重要的是，因为利润的产生是有财经的逻辑的，因此利润也是可以"规划/预算"的。比如，某标杆企业在五年战略规划中，对利润率进行了规划，最终的结果实现了规划目标，见表5-29。在当下环境，我们认为，每个企业都应该做一份这样的利润规划表。

表5-29　某标杆企业五年利润规划表

序号	利润规划项目	毛利贡献	净利贡献	备　注
1	销售增量毛利额	1.0%	1.0%	—
2	新产品销售提升毛利率	2.0%	0.6%	新产品占比30%
3	采购成本降低率	3.0%	1.5%	材料占比50%
4	技改降成本	2.0%	1.2%	材料替代、工艺改善等
5	人工成本率下降	0.3%	0.3%	—
6	期间费用率下降	0.3%	0.3%	—
合计	—	8.6%	4.9%	—

2. 现金流量表

现金流量表分项目反映了企业或预算单元现金的流入和流出的情况，其主要目的在于确定经营现金流指标和确定年度的资金安排。在经营预算中，通过销售预算确定各期间预计能实现多少回款、通过生产预算确定各期间预计需要开支多少成本、通过费用预算确定各期间要花费多少费用、通过投资预算确定年度内要做哪些投资，以及这些投资的现金流出节奏如何，有了这些内容，就可以对企业和各预算单元的现金流量表进行编制。

当然，这些事项并不能涵盖企业所有与现金收支相关的经营业务，并且费用预算的入账期间与费用的支付期间也可能存在差异。但预算从来不是追求百分之百的准确，更重要的是定方向、定策略。通过这些事项我们已经能够初步掌握企业整体和各预算单元在资金使用上的主要脉络，已经能够为企业资金筹措和内部调配提供参考，也就达到了我们预算的基本目的。

在预算中，如果发现企业整体预计将出现资金短缺的，就可以通过内外部同时发力来提出解决方案。所谓内部发力，是指对收付款相关事项做个重新评估，该收款的能否提前一点，该付款的能否压后一点，从而实现在一定期间内的资金收支平衡。所谓外部发力，是指新增融资来解决资金压力。而通过预算我能够做提前知晓企业将出现资金短缺，可以提前启动的融资谈判，将更有利于选择融资渠道、控制融资成本。

对发现预算单元出现资金短缺的，通常的做法是分级设计资金成本，冲减预算单元的利润。比如对于初始流动资金，不收或只收取较低的资金占用利息；对于超过一定规模，按市场价或市场价上浮一定比例收取超额资金占用利息；对于超额较多的部分，收取惩罚性资金占用利息。产生的利息费用，作为管理调整事项直接计入预算单元的利润表中。

同样，作为管理报表，预算现金流量表的结构和内容也可以根据企业的管理需求进行调整。比如银行支票、汇票、各种承兑汇票、信用证等票据，是可以通过背书转让的方式直接使用出去，或是有较多的融资渠道实现票据变现的，对于这些票据的收发，很多企业将其视同现金的收支，编入现金流量表。企业可根据自身实际情况确定具体的编制原则。

在完成现金流量表的预算之后，还需要回过来将现金流指标和收入、利润指标进行对照，审视收入、利润指标的质量。收入是否能及时收到回款（销售收现比），利润是否有现金流支持（净利润现金保障倍数）。

在一些存在多个品类或多个渠道的企业，哪怕内部没有按品类或渠道划分内部经营单元，但在当下环境，也有必要将现金流量表分品类、分渠道进行预算。比如有些业务可能没毛利，或利润不如其他业务，但能够贡献稳定的现金流，也是有价值的；而有些业务看上去利润不错，但是现金流不好，背后的风险很大，也是需要注意的。企业需要在预算中进行各种平衡后，进行有效的业务组合。

3. 资产负债表

资产负债表的结构相对要复杂一些，很多项目在经营预算中并未直接涉及，编制起来有一定难度。因此，一般同样采用现金流量表的编制原则，抓住主要矛盾，将经营预算涉及的部分，如货币资金、存货、应收账款、长期股权投资、投资性房地产、固定资产、无形资产、在建工程、应付账款、职工薪酬、长短期贷款、未分配利润等，在期初资产负债表的基础上，计算并确定相关报表项目的期末余额，其他项目暂维持期初数据不变分项或打包成一个项目列示。

通过预算中对资产负债表的编制，相当于可提前知晓未来的资产负债情况，从而可以提前做好准备。这对固定资产投入较大的企业来说，尤其重要。

4. 现金周期管理

对现金流的管理，常规的做法是通过资金的年度预算和月度的滚动资金计划进行，这种方法非常重要，能够及时发现企业存在的资金问题并提前采取措施，但总体来说还是偏重短期行为。将时间跨度拉长，企业经营的主要目的之一，是持续给投资者带来现金回报。简单来说，经营企业是需要给投资者挣钱，而不是需要投资者或债权人持续不断往里投钱的。

因此，实现有现金流支撑的利润应当被企业当成重要战略目标，在经营过程中做出明确的要求，并逐年改善的。现金周期这一指标很适合用来长期评价企业这方面的能力。

现金周期是企业在经营中从付出现金到收到现金所需的平均时间，是评价企业经营效率的重要指标。其计算公式：

现金周期 = 库存周转天数 + 应收账款周转天数 − 应付账款周转天数

绩优企业在现金周期常常会比一般企业少 40~65 天。按照法罗斯（Farris）教授提出的现金周期模型，在分析了美国戴尔和杰西潘尼的现金周期，以及美国主要产业现金周期的过程，他得出结论，现金周期缩短是企业效益提升的一个关键指标。我们通过对一些上市公司的数据研究，也印证了法罗斯教授结论。

图 5-8、图 5-9 所示为这两家 A 股上市公司现金流相关指标的真实年报数据。A、B 两家公司同属一个行业，主要产品和客户渠道也基本相同，财务数据可比性较强。从图中我们可以看出，这两家公司在现金流指标上有明显不同。

A公司现金流

	2010	2011	2012	2013	2014	2015	2016	2017	2018	2019
▪ 筹资活动净现金流	−9	−4	−6	−14	−15	−13	−16	−19	−23	−26
▪ 投资活动净现金流	−1	−5	−6	−7	−26	−3	−18	−25	2	1
▪ 经营活动净现金流	11	12	22	19	27	22	41	47	60	66
−− 现金周期	−13	−9	−21	−33	−34	−23	−22	−22	−30	−42

▪ 经营活动净现金流　▪ 投资活动净现金流　▪ 筹资活动净现金流　−− 现金周期

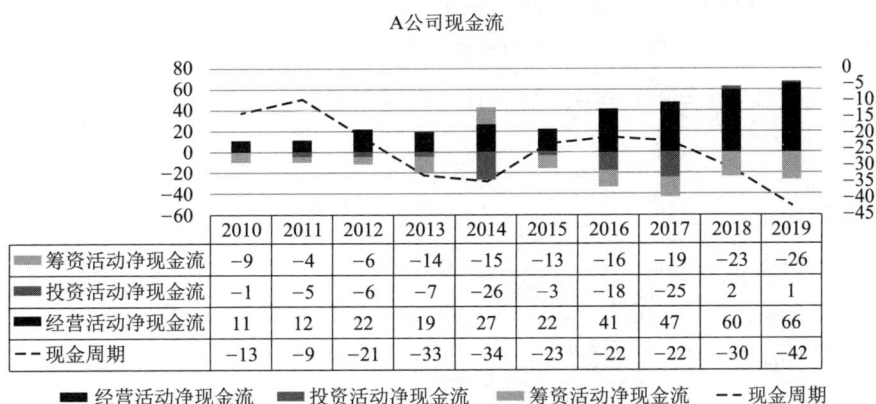

图 5-8　A 公司现金流（2010—2019）（单位：元、天）

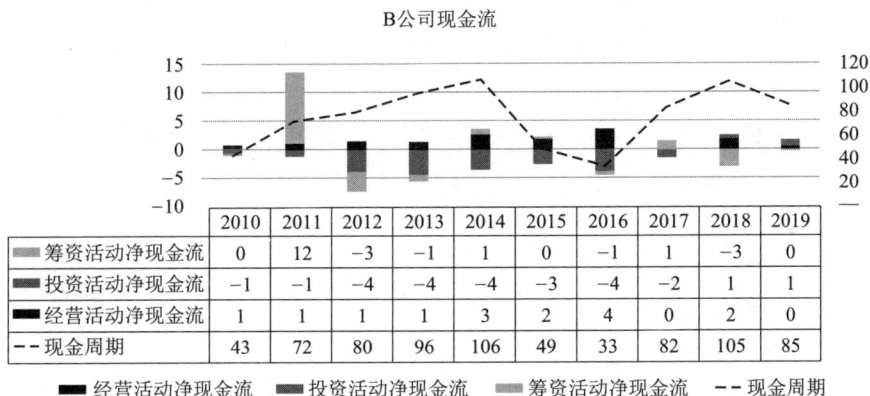

B公司现金流

	2010	2011	2012	2013	2014	2015	2016	2017	2018	2019
▪ 筹资活动净现金流	0	12	−3	−1	1	0	−1	1	−3	0
▪ 投资活动净现金流	−1	−1	−4	−4	−4	−3	−4	−2	1	1
▪ 经营活动净现金流	1	1	1	1	3	2	4	0	2	0
−− 现金周期	43	72	80	96	106	49	33	82	105	85

▪ 经营活动净现金流　▪ 投资活动净现金流　▪ 筹资活动净现金流　−− 现金周期

图 5-9　B 公司现金流（2010—2019）（单位：元、天）

　　A 公司历年现金周期均为负值，反映出 A 公司在经营企业时甚至可以不占用自有资金，完全依赖客户和供应商资源即可维持公司运转。反映到现金流分类上，我们看到 A 公司从经营活动上获取了充足的现金回报，完全可以覆盖公司再投资和对融资的还本付息。

　　B 公司历年现金周期均在高位波动，平均下来为 90 天左右，一年周转四次。简单来说，B 公司做 1 亿元的生意，需要投入 2 500 万元 / 月的流动资金，资金压力较大。从现金流的分类上也看出，B 公司历年的经营活动现金流难以覆盖企业再投资，再投资的资金来源基本依靠融资获得。

　　对比这两家企业的销售收入（如图 5-10 所示）和净利润（如图 5-11 所示），我们可以更加明显地看到之间的差异。A 公司十年以来销售收入和净利润均实现了跨越式的增长，特别是净利润的增幅还远高于销售收入的增幅；反观 B 公司，十年内销售收入有一定增长，但净利润基本原地踏步，通过这两个指标，我们都可以初步判断，B 公司在过去十年的经营中，经营压力在逐年增大。

销售收入

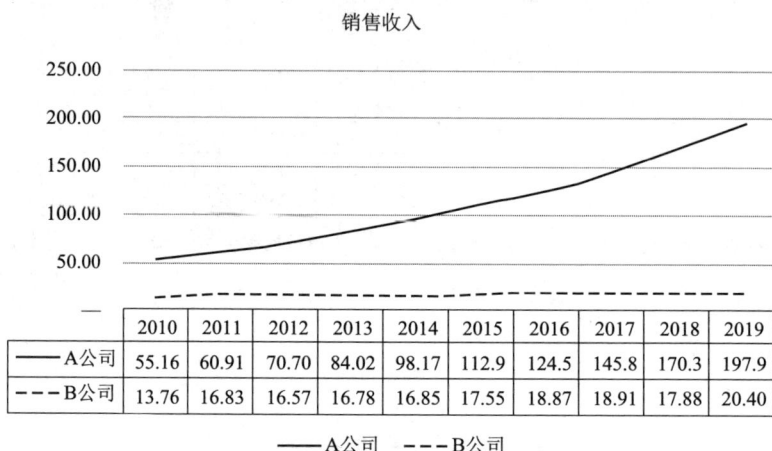

	2010	2011	2012	2013	2014	2015	2016	2017	2018	2019
A公司	55.16	60.91	70.70	84.02	98.17	112.9	124.5	145.8	170.3	197.9
B公司	13.76	16.83	16.57	16.78	16.85	17.55	18.87	18.91	17.88	20.40

——A公司　- - -B公司

图 5-10　A 公司和 B 公司销售收入对比图（单位：亿元）

净利润

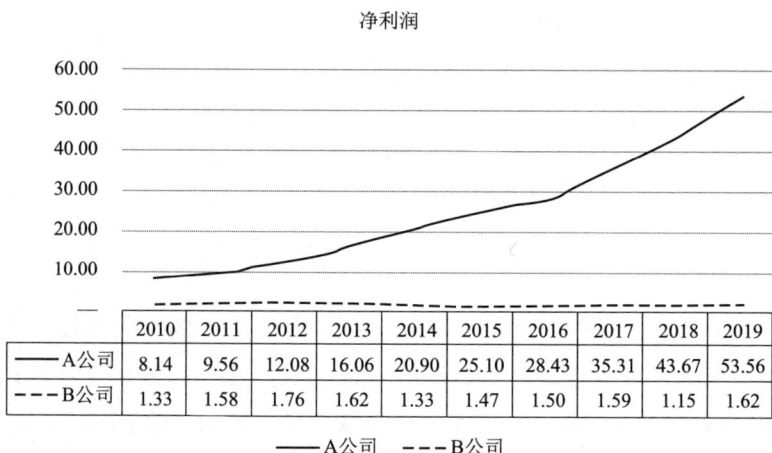

	2010	2011	2012	2013	2014	2015	2016	2017	2018	2019
A公司	8.14	9.56	12.08	16.06	20.90	25.10	28.43	35.31	43.67	53.56
B公司	1.33	1.58	1.76	1.62	1.33	1.47	1.50	1.59	1.15	1.62

——A公司　- - -B公司

图 5-11　A 公司和 B 公司净利润对比图（单位：亿元）

在环境变化的现实条件下，企业更需要重视现金流预算，保持对现金流的敏感度。甚至对现金流的管理，还可以前置到战略规划的环节，通过现金周期的测算来检验战略规划对资金的需求。比如，某跨境电商企业，当前做到了 50 亿元的规模，在行业排名也比较靠前，团队基础也比较好，市场势头也很不错。在做战略规划的时候，这家电商企业提出三年做到 200 亿元，按照战略规划的框架来看，基本上没什么问题，团队也沉浸在战略畅想中，甚至人力资源部门已经开始设计相关的股权方案。我们通过测算他们的现金周期，发现现在的现金周期是 140 天，我们问企业创始人与财务负责人，三年后他们是否拥有 80 亿元运营资金？他们一方面有点惊奇怎么样问这个问题；另一方面进行测算后告诉我们，这几年经营盈利有限，大约累计能盈余不到 10 亿元，外部融资最多能融到 30 亿元，不可能有这么多运营资金。我们分析后说，如果按这个战略目标，这家企业若不能把库存周转天数降到 110 天以内、现金周期不能降到 80 天以内，不论多么强大的能力、多么好的机会，都不可能实现 200 亿元的经营目标。

为什么呢？现在现金周期是 140 天，简单来说，就是一年的运营资金的周转次数大约是 2.6 次。如果不改善，那么未来 200 亿元的生意就需要 80 亿元的运营资金。如果只有 40 亿元的运营资金，而想做 200 亿元的生意，那运营资金的年周转就要做到 5 次 / 年。而影响这家企业现金周期的主要因素又是库存周转。听到我们这样一分析，该企业创始人说，我们原以为跨境电商很高大上，原来核心是库存周转。其实，不计算现金周期、不做现金流规划，是许多创业企业尤其是互联网企业失败的一个重要管理原因。而他们往往失败了也还感受不到，通常归结为外部环境、运气，或者其他偶然因素。

如何做好现金周期管理？可以从其计算公式的组成部分分别入手，加强应收账款管理、加强库存周转管理，以及合理改善应付账款周期。

（1）加强应收账款管理

应收账款管理的总体原则是：刚性政策、严格管理。很多企业不重视应收账期管理，一方面原因是短期内资金压力尚小，没有过多关注；另一方面原因是把客户当成企业的衣食父母，为了尽量获取客户订单，对账期的控制没有严格执行，签约的时候信用条件放得比较宽，实际出现逾期的时候也担心影响客户关系而未能积极催收。长此以往，逾期账款占用了大量的资金，给企业平添了巨大的经营压力。往大了说，这是影响企业生死存亡的重大事项，既定的应收政策必须严格执行，并且需要设定逐年改善目标。比如，某企业作为房地产公司的重要供应商，每年一半以上的业绩由房地产公司贡献，但从五六年前起，他们就开始着手对回款情况差的房地产公司进行清理，要么及时清偿现有欠款，并在未来的订单中改善付款条款，要么就中止合作。经过这轮清理，因为中止了几家房地产公司的订单，该企业第二年业绩增长远逊于同行（在第三年时就已恢复过来），似乎经营出现了问题。但在 2020～2021 年房地产爆雷的黑天鹅事件中，该企业轻装上阵，在拥有大量资源的情况下迅速收割了同行无力占领的市场，一跃成为行业排名靠前的企业。之前中止合作的房地产公司，在大幅压缩付款周期后，又重新建立了合作关系。该企业对待应收账款的态度，是值得国内企业学习和借鉴的。

如何加强企业应收账款管理，可以通过以下措施：

① 制定年度目标。每年预算启动前，就要对应收账款管理制定年度目标，对应收的周转天数或是销售回款率指标，都必须要求在上年的基础上有所进步，即每年都要改善一点。在预算编制过程中，将业务规划与能够达成的应收目标和年度目标进行反复验证，对不能达成目标的，如何通过改善信用政策或调整业务结构来进行改进，改进策略要形成具体的工作标准，形成来年实际执行业务的作业标准。

② 客户信用管理。同人民银行征信系统一样，企业内部也可以"一户一册"建立客户信用管理系统，将客户资质、业务规模，以及过往信用执行情况等要素建立分级管理，对不同信用级别的客户，在业务执行过程中进行一定的政策倾斜。信用情况好的客户，在未来的订单中可以考虑适当给予一定的放宽；信用情况转差的客户，在未来的订单中要逐渐收紧信用政策，并加强对现有欠款的催收力度。信用分级也不是一劳永逸，每隔一段时间需要重新评估，并根据最新的评估结果及时调整客户信用政策。

③ 逾期预警管理。在应收账款的过程管理中，要建立逾期风险预警机制，至少每月要对逾期风险进行提示。基础较好的企业甚至可以每周、每日预警。对临期应收账款，应当提示销售人员予以关注，采取恰当的方式提醒客户按时回款；对已逾期的应收账款，从逾期的第一天起就要"一户一策"建立跟催机制，由财务BP（business partner，业务伙伴）和销售部门领导督办催收进度，并按制度规定核减销售人员的业绩提成，逾期时间越长，督办催收的领导级别越高，核减的业绩提成也越多。

应收账款出现逾期，一定不能轻易放过。正常来说，企业一般不会恶意超期欠款，当出现逾期的时候，往往是其经营状况出现风险的征兆，而逾期时间越长，回款的风险就会越大。当拖到需要启动法律程序解决时，那客户往往会有反正法务已经介入了，不如等法院宣判了再执行。而这个诉讼流程，少则几月，多则几年，宣判下来后执行过程也不一定顺畅，万一出现极端情况，拖到客户企业破产清算，将血本无归。因此，我们必须在逾期出现的第一天就充分重视，争取尽快收回货款。

④ 风险计提机制。在预算编制原则那节我们提到，要建立更严格内部风险计提标准，当发生逾期甚至坏账时，除了对直接责任人追责，还需要以风险计提的方式，

扣减该预算单元的经营利润，影响其年度责任制考核结果，充分引起各级经营者的重视。

⑤ 严格责任考核。对于前面提到的各种管理和考核机制，一定要严格落实到位，切忌"高高举起，轻轻放下"，要让从上到下的经营团队都绷紧应收账款管理的弦，将管理动作落实到日常经营中去，做到生意选择中有所为有所不为，不合乎企业资金管理的生意可以不做。

（2）加强库存周转管理

库存管理是供应链管理能力的集中体现，库存过高和过低都会对企业造成不利的影响。库存不足时，如果我们产品的交付周期长于客户的需求周期，那就会不断产生缺货抱怨，车间和供应链天天忙于救火，最终客户订单还可能不能正常交付。库存过高一方面占用大量流动资金；另一方面对呆滞库存的跌价计提和处置都会给企业带来损失。

库存管理的总体原则与应收账款管理一致，也需要制定目标、严格管理，并且库存控制目标（一般是库存周转天数）也要求逐年进步。但库存高企的原因相对应收账款来说更加复杂，要想管好库存首先要从其产生原因入手分析。

① 企业备库存的前提是产品交付周期长于客户需求周期，为了保证交付必须提前对产成品、半成品和原材料进行一定数量的储备。

② 销售预测的频繁变更，或是已确认的销售订单被临时取消造成已备货的库存不能及时销售。主要存在于产品多品种、小批量的企业。

③ 因为各种内部管理责任造成库存积压。比如设计问题、生产质量问题造成的产品滞销，销售预测不准，超计划生产，生产批量、采购批量、备货批量设置过大等。

④ 企业 CIF（cost 成本、insurance 保险、freight 运费）结算的外销业务和跨境电商企业，因物流周期长导致各种在途库存多。

针对企业库存管理存在的实际问题，提出措施如下：

① 通过提高企业计划能力、生产执行能力等方面持续缩短采购周期、生产周期、物流周期来减少企业的库存规模。对于外销收入占比较大的企业，除在本企业内部挖潜之外，充分调动全球供应链，如在借助海外供应商资源提供就近服务，甚至直接到离主要市场更近的地区开设分厂。

② 帮扶供应商加强库存管理，提高供应商的计划能力、交付能力、缩短其交付周期也是控制企业库存的有效手段。

③ 持续降低采购成本，提高企业盈利空间以提升库存承受能力。

④ 对有条件的原材料引入供方寄售库存，即供应商先将物料寄存到企业仓库，企业根据需要适时领料生产，定期按照实际领料情况进行结算的方式。

⑤ 加强标准化管理。标准化对于库存控制意义重大，因为库存的本质就是为了保障供应的安全，只要企业的产品系列里有这个产品、产品结构中要用这个原材料，原则上都是需要储备一定库存的。不管是成品的标准化还是半成品、原材料的标准化，都可以减少储备库存物料的种类，就有更多的空间来控制库存的金额。

⑥ 对产品结构、业务范围等方面进行综合设计，有意识地调整库存占用少的产品和业务的结构占比，在同等销售规模下实现更高的库存周转率，以平衡企业整体库存压力。

⑦ 持续提升基础工作管理水平。每年至少组织一次对主要数据、物料清单、工艺路线、MRP（material requirement planning，物料需求计划）参数等基础数据的清查；采购、生产、物流环节严格要求执行"日清月结"，确保账务记录与实际物料流转保持一致；加强日常实物管理，对物料实行 ABC 分类，根据不同物料特性分类管理；严格执行先进先出，保障物料品质；建立循环盘点机制，加强库位管理，做到物料账、实、位一致。

⑧ 备产成品不如备半成品，备半成品不如备原材料。因为成品它的产品的特殊性是最高的，特别是专用产品，如果一个客户不需要则很难再销售给其他客户。相反的是原材料的通用性较高，这个产品不生产了还能用到另一个产品上，除非是一些保质期特别短的材料，否则即便是生产完全不需要了，原材料在处置变卖过程中的损失，也远小于产成品和半成品。

⑨ 及时清理呆滞库存。企业或多或少的都会存有一些库龄较长的呆滞库存，很多企业对于呆滞的态度是先放着，看看以后还需不需要使用，直接处置会带来较大的损失。而实际上，即便不处置，呆滞库存的贬损速度也是非常快的，躺在账上不处理，只会虚增企业的资产和盈利水平，同时占用大量的资金。所以，我们一方面要建立起严格的库存管理制度，控制呆滞库存的产生；另一方面对已经出现的呆滞，要及时清理，降低损失。

考虑企业的储备库存和安全库存的水平，对整个管理体系要求比较高。如何制定一个既保证交付安全，又占用资金较低的库存水平，需要内部系统不断磨合。

（3）合理改善应付账款周期

对于应付账款管理，主要从合理利用的角度予以关注，具体的思路有如下：

① 制定年度的改善目标。从企业整体层面对应付账期确定总体原则，可以参考企业历史数据，也可以参照竞争对手水平。

② 供方分解管理，平衡供方关系。对采购物料种类众多，供应商数量和类型也较多的企业，应当分级分类管理，不可一刀切制定付款政策，但同类供应商的付款政策，应逐渐趋同。

③ 合理利用社会资源。对于应付账款，我们的目的并不是拖得越久越好。如果账期过长，供应商资金压力实在是过大，那么也可能导致两种情况：第一种情况是供应商逐渐放弃我们企业，而去和一些付款条件好的客户继续合作了；第二种情况是供应商如果觉得在这个生意中挣不到钱，他可能直接就会转行，我们可能会失去一些供应商。所以，针对应付账款管理，我们追求的是平衡，既不过于苛求对供应商的无限压款，也要合理地利用供应商让渡给我们的账期条件，进而为提升企业现金周期水平作出贡献。

对当下的中国企业来说，现金流的重要性不言而喻，但是如何进行有效的管理，仍然是一个难题。现金周期管理就是加强经营性现金流管理的一个有效抓手。

第四节　全面预算评审

一般来说，每年度的全面预算至少要经过两轮审批，每轮审批时，需先由预算单元负责人、财务部门预算团队评审后，再将预算资料提交至预算管理委员会（或内相关预算管评审机构）审批。在预算评审过程中，需要避免出现对个别指标纠缠时间较长，而拖延预算整体工作进度的情况，因为预算的时间节奏非常重要，必须在年末确定，否则就会对下一年度的实际经营产生不了指导作用。所以，在评审过程中，要敢于做决策、敢于做调整，指标不合适的调整指标，人员不适合的，也要调整人员。

一、预算评审的主要目的和基本原则

预算评审是预算单元负责人展示经营思路的过程，也是推销预算的过程，更是与上级的重要沟通过程。预算评审的目的：一是为了衡量业务目标、策略、KPI（key performance indicator，关键绩效指标）、资源投入的合理性，并形成一致的意见；二是发现业务中的问题和风险，未雨绸缪；三是按照业务规划，协调资源配置。预算评审的基本原则是投入产出综合效益是否合理、是否有利于提高客户满意度、是否在财务上对企业有所贡献。

二、预算评审的注意事项

预算评审的注意事项如下。

（1）预算审批不是讨价还价

预算审批不是走过场，不是简单的上下级对指标讨价还价。预算审批的过程实际上就是对下年度重点工作的确认过程，通过预算审批的预算是经营对照的依据。在这个过程中，预算数据的颗粒度、预算数据的业务支撑显得尤为重要。预算审批时就指标谈指标是很难达成一致的，如果我们将指标的具体构成拆解到具体执行的小团队，比如收入、毛利等指标拆解到区域、客户、产品，甚至最终的业务员，那么这些更为细致的指标，大家是很容易判断其合理性的。

（2）对未达到目标的预算指标，需要准确识别预算单元是确实难以做到，还是有意识地降低预算标准

在评审过程中，特别是第一稿预算的评审，一般很难一次性达到之前想要的所有目标，比如材料成本可能预计在上升、市场竞争可能预计更加激烈。我们该怎么办？一般要求财务根据目标的差额，跟每个部门沟通改进方案，根据这个目标的差额来分解任务。分解完以后，每个预算单元及其下属机构，都会对目标的达成策略形成更详细、具体的工作规划，作为预算目标达成或不达成的依据。

预算是要与绩效考评挂钩的，有时经营单元负责人可能为了更轻松地达成业绩目标，而刻意降低预算标准，比如强调工作的难度、降低销售收入目标、抬高成本费用目标。这就要求预算评审机构要根据企业战略规划和经营计划，结合历史数据、行业表现等作出准确的判断与反馈。

（3）预算评审要讲数据与逻辑

预算评审时，免不了要"切一刀"，但是绝不要"一刀切"，不可盲目做"刀斧手"。"切一刀"是基于数据、逻辑，要有足够的信息支撑。

评审时既要对比历史数据变动趋势，又不能局限于历史数据框架，特别是对于人员规模、大额投资、专项费用等项目，必须有清晰的业务规划与预算逻辑，不允许有"以前都这样，明年也该这样""销售增长了，费用也要增长"等理由。

此外，预算管理部门事先要对各单元预算进行初审，对重大差错提前发现并要求修订，避免因数据问题影响预算评审工作；同时对预算的重要问题要提前沟通，对能初步达成一致的，在评审前进行调整，对不能达成一致的，要列出清单，并附上审核理由和审核建议，做到有的放矢，提高评审效率。

（4）预算评审对各板块的关注点

全面预算是一项专业性比较强的工作，涉及众多的财务概念和财务指标，而预算单元负责人往往对这些基础概念一知半解。特别是过去没有编制过预算的企业，或是没有参与过预算工作的预算单元负责人，他们在汇报预算资料时，常常会抓不住重点，面对质询的时候也难以解释清楚具体原因，因此对各级预算单元设计合理的预算汇报模板是很有必要的。

对于预算单元的整体情况，主要汇报总体经营计划和经营目标、市场战略、产品战略、竞争战略、目标预测和可实现程度、盈利能力的基本情况，以及整体效率目标规划，即控制要求、投资依据、整体资金需求。

对于市场和销售板块，主要汇报竞争策略、推广策略、分渠道、客户、区域、产品的销售策略和具体销售，以及毛利目标、回款计划、费用投入计划、考核标准和激励办法等。

对于研发、技术板块，主要汇报产品生命周期管理情况、新材料、新技术、新工艺使用情况、提效降本计划、新产品研发情况，以及投资计划、费用投入计划、考核标准和激励办法等。

对于生产、供应链板块，主要汇报产能规划、产值计划、分料工费的提效降本计划、投资计划、产能利用情况、库存计划、原材料价格预测、供应商管理计划、提效降本计划、费用投入计划、考核标准和激励办法等。

对于人力资源板块，主要汇报组织架构与部门编制依据、薪酬标准、福利标准、培训计划、招聘计划、人效管控规划、费用投入计划、考核标准和激励办法等。

对于财务板块，主要汇报整体经营指标平衡情况、资金平衡情况、费用控制情况、重点风险提示、筹融资计划等。

第五节　全面预算的过程管理

全面预算编制完成后，并不意味着全面预算管理工作的结束，而是到了一个新的阶段：全面预算执行的过程管理。过程管理，是保障预算目标实现的重要手段，也是提高全面预算准确性的重要手段，主要涉及经营分析、风险控制、预算调整等内容。

一、预算分析

预算分析报告分为定期报告与不定期报告。月报、季报、中报、年报为定期报告。不定期报告是在出现异常情况、重大事件时的临时编报。凡对年度预算目标造成重大负面影响，如产品大幅降价、产品积压、应收账款，以及逾期应收账款大幅增长、原材料价格上涨、大量不良资产积存等均属异常或重大事项。与年度预算比较单项负面影响达到一定标准的事件（企业内部可以定义影响金额或是影响比例等），各预算单元均需及时以专项报告形式书面报集团财务部门，在此幅度及额度之下的负面影响因素在月度预算执行分析报告中说明。

预算分析报告由报表与文字分析说明组成。预算分析报告内容除年度绩效考评指标的执行情况外，还需对下述经营方面的重要异动情况给予足够的关注：企业营运效率、盈利能力、资金流情况、资产风险等方面的指标，如产品产销存情况、销售回款率、产品售价和成本、经营活动净现金流量、投资活动净现金流量等。

各级预算单元定期报告的内容应反映对重点问题的跟踪落实情况：上期分析报告中反映的调整措施和上级预算单元安排的预算管理工作改善事项的落实情况，以及后期准备实施的重要经营举措等。

预算报告应重点针对异常变动进行差异分析，确定对差异拟采取的调整措施，预算分析报告中针对差异的调整措施由预算管理机构审批，由预算执行单位落实，财务部门跟进措施的落实情况，同时在预算分析中应跟进反映前期改进措施的落实情况。具体内容详见第六章。

二、预算调整

全面预算管理是监督生产经营部门和控制生产经营过程的科学管理方法，必须保证在执行过程中的严肃性和权威性。年度预算一经审批，除非发生重大偏离，原则上不进行调整。重大偏离是指生产经营环境发生重大波动，与制定年度预算时的预测基础严重背离，人力不可调节的事项。

年度预算调整实行双向调整原则，即年度预算调整既可由下级预算单元提出，也可由集团提出。各预算单元如需调整年度预算，须报集团相关部门审核、预算管理委员会审批、集团财务部备案。

预算年度内偶然发生而未予调整年度预算的事项，由上级单位审批决定纳入责任制或非责任制考核，所有非责任制考核事项以书面审核为准，预算执行单位应在审批额度和范围内控制，并在定期预算报告中予以反映。

1. 预算调整的原则

预算调整必须按照全面预算管理制度中规定的流程是审批权限进行，未通过正规流程或流程审批不通过的一律按原预算标准执行。同时，调整预算还应该分别按照不同的情况确定不同的调整方案。预算调整根据预算指标执行的具体情况、客观因素，以及其对预算执行造成的影响程度，可分为预算目标调整和预算目标不调整而只调整预算内容两种。具体来讲就是：当企业经营遭遇系统性风险，对行业内所有企业都产生同等重要影响的时候，可以视情况在季度、半年度时点启动预算目标调整程序；当企业经营遭遇局部性风险，如近几年多点散发的疫情，造成部分订单出现堰塞，但市场整体需求变动不大的情况下，年度预算整体目标不做调整，分月目标可适当增减。

企业应当区分固定费用和变动费用，建立内部的弹性预算机制。对于变动费用，主要关注开支规模受实际销售情况影响；对于固定费用，主要控制额对超支情况，应当严格控制。

预算调整事项不能偏离企业发展战略和年度财务预算控制的总体原则，如新增或减少的业绩，对应的投入产出比例应当与原有业务相当。

预算调整方案在经济上应当能够实现相对较优。

2. 全面预算调整的流程

全面预算调整一般分为分析、申请、审议和批准等环节。

预算单元在具体执行预算时，如果发现存在重大预算偏差，应及时组织相关部门进行分析，对预算执行差异的原因进行深入剖析。首先要判断差异是因为主观因素还是客观因素造成的。对于主观因素，一般不允许调整，要求预算单元在后续月份滚动补足；对于客观因素，也要视情况而定，一般情况下，也要求通过自身努力解决，出现不可逆的重大影响时才能向预算管理委员会申请调整。

全面预算调整的申请应由预算单元向预算管理委员会或其常设机构提出书面申请。预算调整申请报告内容应详细说明预算调整的理由、初步建议方案、调整前后预算指标的变动情况，以及调整后预算指标可能对企业预算总目标的影响，如果有相应的人员变动，也应一并报告。

预算管理委员会或其常设机构在接到预算单元的预算调整申请报告后，应当及时组织评审。评审程序一般包括：根据预算调整的具体内容、范围、权限等确定预算调整评审流程；组织对预算调整申请事项进行深入的调查论证，并提交评审意见报告；预算管理委员会或其常设机构将预算调整审议意见与预算单元的预算调整申请报告进行分析对比，特别要注意拟调整的预算应与原有预算目标相协调，并与预算单元充分沟通。

　　预算管理委员会确定的预算调整评审流程，批准或否决预算调整事项，并下发预算单位执行。

　　全面预算调整必须要有一定的程序和流程，并有相应的配套制度来保证预算调整程序和流程得到严格地执行。预算调整的范围、调整程序和流程、预算调整的权限构成了预算调整的三大要素，企业必须严格加以规范。

3. 全面预算调整的方式

　　全面预算调整的方式包括自动滚动调整、期中调整、授权调整、追溯调整、即时预算调整及授权与即时调整相结合等。

　　（1）自动滚动调整

　　自动滚动调整，是全面预算管理信息系统中的一个子模块，即"预算调整模块"，在经营情况发生变化时，自动按照最新的预算假设或预算条件对预算指标作出调整，并且当满足预算总目标调整条件时，自动生成新的预算总目标，如此不断滚动到预算年度结束为止。

　　（2）期中调整

　　期中调整，是在预算执行到年中时将预算指标提前与年中预算实际执行结果进行比较，然后根据比较得出的预算偏差考虑进行年度预算调整的一种形式。这种形式由于只在期中进行一次，因此调整也是粗放式的，通常适用于规模较小、经营环境相对稳定的企业。

　　自动滚动调整和期中调整，这两种预算调整形式的预算调整决定人与预算制定人实际是同一人。如果两者非同一人，预算调整的形式就不一样，由此会派生出预算调整的其他形式。

　　（3）授权调整

　　授权调整，是指预算制定人在制定预算时授权预算执行人，或其他与预算有密切关系的人员，当预算前提在一定范围内发生变化时，可以根据实际情况对预算指标作出修订，以保证预算总目标的完成。

　　（4）追溯调整

　　其形式与行政事业单位预算方法类似，即将平时实质上已经调整的预算先实施挂账，在期末决算前一次性对原挂账的预算调整数进行逐一审查确认。这种形式适用于规模较小或对市场适应要求不高的企业。

　　（5）即时预算调整

　　即时预算调整，是在预算执行过程中，当预算前提发生变化时，对原先编制的各项预算指标进行审核，并即时根据新的预算前提进行预算指标更新。即时预算调整与自动滚动调整在形式和程序上有一定的区别。前者强调的是对预算前提进行即时审核，而后者则是预算程序的实时反映。

即时预算调整形式适用于商业及制造型企业。但是，即时预算调整与预算自动滚动调整形式一样，预算即时调整也存在预算调整程度问题。

（6）授权与即时调整相结合

授权与即时调整相结合，是实务中基于企业法人治理原则，吸收预算授权调整和预算即时调整的优点、克服存在的缺陷和在实务中难以操作的因素而形成的预算调整形式。

4. 预算考评

对各预算单元及集团直接管理的单位预算考评包括经营绩效考核和预算管理考评。

（1）经营绩效考评

经营绩效考评一般以上级与下属预算单元签订年度经营责任制的形式进行，经营绩效考评一般包括主要的经营指标，其指标数据来自预算方案。

经营绩效考评的责任部门一般为集团人力资源部门、财务管理部门、运营管理部门、审计部门等相关部门，他们对有关专项预算执行情况提供考评支持，供一把手决策。

一个考评年周期结束时，财务部部门一般应编报预算执行报告，并协同相关部门开展经营绩效审计工作。一般来说，对经营绩效的考评周期以年度为宜。

（2）预算管理考评

预算管理考评主要评价预算管理工作，一般由集团财务部或运营部门负责，可采取月度过程监控与年度综合考评相结合的办法，即分为月度预算考评和年度预算考评。

月度预算考评主要包括对月度预算管理报表报送的及时性和分析报告质量进行考评。

年度预算考评包括预算管理体系的建立与完善、预算编制的准确与完整、预算信息反映的真实与及时、预算分析报告内容的完整、调整措施的落实效果、预算档案管理的完整性、集团预算规章制度执行情况和预算管理创新能力等预算管理工作。预算管理创新指对集团预算管理体系、考评办法等进行现状分析，并提出建设性的书面改进方案，以及结合本单位实际情况，明显改善本单位的预算管理工作。

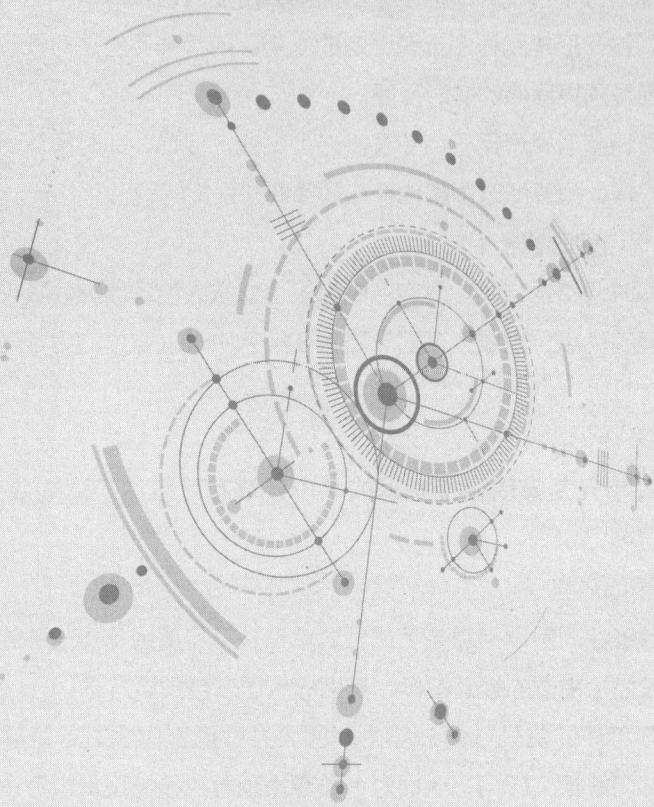

第六章
全面预算执行分析

完成全面预算编制，并不等于完成了一个年度的全面预算工作，相反我们更愿意将其理解为全面预算工作的起点，还需要有一些管理措施使其形成闭环，保障全面预算的顺利达成。第一个保证就是全面预算的执行分析。

标杆企业都会有一套全面预算管理的数据分析体系，不同的数据指标以天、周、月、季等周期进行统计、分析和检讨，及时发现并校正企业经营中出现的各类问题，确保企业经营方向和经营成果朝着既定的战略目标前进。以全面预算为基础的经营分析活动，就成了这个过程的重要抓手。

第一节　经营分析的主要形式

经营分析通常是指利用会计核算、统计核算、业务，以及其他方面的数据信息，采用一定分析方法，依靠计算技术分析经济活动的过程及其结果，从而加强对企业运行情况的把握，监控运行过程的问题，发现商业机会及提炼经营管理知识，以便充分挖掘人力、物力、财力的潜力，合理安排生产经营活动，提高经济效益的一项经营管理活动。

企业里虽然有很多经营活动，有各种项目、各种目标，虽然可能有各种具体的工作会议、管理动作，但是企业的经营活动是一个整体，不少部门、业务之间是有相互关联的，也有很多工作、项目，甚至问题涉及全局，必须通过经营分析对整体经营情况进行全貌展示，也必须通过经营分析来进行检查、讨论与部署。此外，其他工作会议可能侧重某一些专项工作或是某一类工作，不可能像经营分析会这样全局性地分析。因此，绝对不能认为经营分析可有可无，用其他的工作会代替经营分析。

具体到企业管理的操作层面，通常包括数据指标定义、统计和计算、指标监控体系、经营报表体系、专项分析会议、月度经营分析会、年度经营分析会等动作。

一、明确各类经营指标含义

一般来说，企业内部需要各项经营指标明确定义、统一口径，主要包括经营指标的含义、计算公式、取数逻辑、计算频次等内容，以免产生歧义。

在此基础上，建立经营指标监控体系。通过人工分析或信息系统预警，对影响经营结果的关键指标，或影响系统数据准确性，进而可能对经营决策产生误判的事件定期进行内部检查和通报，指导相关责任人及时改善。主要内容包括以下方面。

1. 建立各基础数据维护管理办法

基础数据包括主数据（组织架构、会计科目、客户、供应商、物料、作业类型等）和系统基本参数（物料清单、工艺、工时、工价、订货批量、分摊规则等）。

有些企业存在主数据维护权限泛滥、维护内容质量差的情况，会计科目、客户、供应商、物料等基础内容与系统内编码一对多、多对一等情况较为普遍，对数据指标的统计和计算的准确性带来较大影响。

有些企业存在系统基本参数存在后续维护不足的情况，可能是受信息化团队力量不足影响，也可能是因为业务部门不重视，物料清单、工艺、工时／工价、订货批量、分摊规则等技术参数，在 ERP 系统上线后从没做过维护和修正，经过几年运行，企业的实际情况早已与当初的系统设置出现了偏差，为了业务正常运行，往往形成了系统一套账、业务部门手工再统计一套账的情况。

因此，对于各类系统的主数据，应该严控数据维护权限，基础数据的创建、修改、冻结、删除等操作必须经业务审批，再由专人进行维护。对于系统基本参数，也要不定期和定期地进行比对和及时修订。

2. 建立业务数据监控体系

建立业务数据监控体系，对业务数据录入的时效性、准确性提出要求。财务或者其他后台管理部门需建立起业务数据的日常监控机制，每日、每周、每月对系统数据进行检查，及时发现、通报和处理问题。

比如，成本会计每天对当月截至当日的完工订单的成本数据进行核实，对于完工订单哪些成本归集有不足的、错误的，应及时要求生产部门进行调整。对于采购价格，也需要每日监控采购入库数据是否异常。在业务中经常会出现要么是采购订单维护错误，要么是单位换算问题（千克—吨、万件—件、米—卷、升—桶等）出现问题，造成实际收货价格与合同价格差异较大，一方面影响后续与供应商对账、结算；另一方面也造成产品成本的异常波动。

在仓库过账及时性方面，也应不定期抽查纸质单据、其他业务指令与系统中实际过账情况是否存在不一致。比如，在统计销售发货数据的时候，有些企业是以实际发货过账时点来确认的，这时候如果有订单未能及时过账，对销售数据统计乃至后续给客户开票确认回款义务都将造成一定影响。在成本、库存方面更是这样，生产领料／配送不及时过账，一方面产品成本归集不足；另一方面仓库账实也不相符。

同时，对数据员也要建立相应的管理标准。首先，在数据录入的及时性方面，要求日清日结，当日的完工单据尽量在当日内要处理完毕，最晚不晚于第二个工作日；其次，对数据录入的及时性和准确性也要建立相应的考核标准。

二、建立经营报表体系

企业各级预算单元均需要建立经营报表体系，将各类销售、生产、财务、人力等数据，定期以经营数据报表的形式进行报送。

信息化基础较好的企业，数据指标已经有了清晰的定义，各类业务数据也能够通过信息系统及时出具，就可以以此为基础搭建企业"经营数据驾驶舱"，按照权限级别，定期自动发布各类经营数据报表。

信息化基础一般的企业，各级业务部门也应逐步建立经营报表体系（见表 6-1），尤其对重点经营数据，即便条件有限，也要尝试通过手工统计或是半自动加工的方式进行编制。一旦明确了具体报表需求和报表编制形式，就可以更加清晰地纳入后续信息化建设规划中。

美的某事业部经营报表体系表，见表 6-1。

表 6-1　美的某事业部经营报表体系

报送体系	报送内容	报送时间	报送责任部门	接收部门
一级信息报送体系	销售日报	每日下班前	销售财务中心	事业部总经理及公司管委会成员
	库存日报	每日下班前	销售财务中心	
	预算执行月报	每月 10 日前	预算与成本中心	
	资金日报	每日下班前	会计管理中心	
	运营月报	每月 10 日前	公司运营中心	
	投资执行月报	每月 5 日前	公司运营中心	
	人力资源月报	每月 5 日前	人力资源中心	
二级信息报送体系	内销周报	每周一下班前	内销综合管理中心	公司运营中心及对应部门各科室负责人
	外销周报		外销综合管理中心	
	× 项目部运营周报		项目部运营中心	
	× 项目部运营周报		项目部运营中心	
	× 工厂运营周报		工厂运营中心	
三级信息报送体系	生产日报	每日下班前	各工厂 / 车间	各项目部运营部门及相关人员
	来料检验日报	每日下班前	项目部下属各 IQC	
	成品检验日报	每日下班前	项目部下属各 QQC	
	过程检验日报	每日下班前	项目下属各 LQC	
	技术研究 / 产品开发月报	每月 5 日前	各技术研发中心	
	客户投诉月报	每月 5 日前	各品质中心	
	试验及测试月报	每月 5 日前	各品质中心	
	品质改善月报	每月 5 日前	各品质中心	
	其他（各部门根据需要建立）			

三、举行经营分析会议

除了经营报表，经营分析会议也是检查预算执行情况的重要手段。一般以经营分析会为主，同时包含一些专项经营分析会议。

1. 月度经营分析会

经营分析会主要是按照分解的月度预算，在一个经营周期结束后，根据各项经营结果数据，总结企业在上一经营周期的经营成果的达成情况，进行差距分析，并对后期的预算做出相应部署。

一般来说，主要以月度经营分析会的形式进行，部分经营周期相对较长的企业，可以采取季度经营分析会的方式进行。

月度经营分析会主要是对标预算、同比、标杆、细分区域、客户、产品线、内部组织等维度，复盘上月经营目标达成与重点工作执行情况，明确下月经营目标与重点工作计划。对完成较好的经验予以推广，对与目标有差距的作出针对性改善，周而复始。

在有些企业在实际经营管理中，并没有真正认识到月度经营分析会的本质，甚至错误地认为，月度经营分析会就是工作通报会，或者工作碰头会。而这种认知上的差异，就会导致经营分析会的效果也是天壤之别。如果一个企业连月度总结与计划都做不好，就更别说做好年度经营总结与计划了，因为如果连上个月出现了什么问题都分析不出来，下个月要达成什么目标也定不出来，又怎么可能等到年底时能分析出当年有什么问题、明年应该定什么目标。

2. 专项经营分析会议

对企业经营有重大影响的，或者是有一定重要程度但根据一般流程长期未能解决的，而且不适合在月度经营分析会上讨论和快速形成决议的事项，就需要组织专题研讨会，找到解决方案。这种专题研讨会，不是强制要求每个月都要做，而是根据需要，由管理者或者经营管理部门（财务、运营、人力资源）根据需要组织召开。

企业中比较常见的专项分析会议的形式有：产销协同会、成本分析会、回款分析会、呆滞库存分析会等。

第二节　经营分析会的核心价值

对经营分析会的理解，最通俗地说就是上"数学课"而不是"语文课"，通过数据指标的增减变动来分析现状、发现差距、总结问题、制定措施。而上"数学课"的前提一定是有预算，所以没有预算，经营分析会是不可能开好的。对数据指标的分析一定按照财经逻辑，严格地对上个月的经营情况进行拆解，不仅有全局方面，还要有细节方面；不仅有财务结果的指标，还要有各种经营质量指标。通过数据分析，我们对问题的总结会变得更具体、更清醒，这样才能够更加明确地制定有效的措施，促进我们业绩目标的达成。

一、有助于年度经营目标达成

通过将大目标分解为小目标并及时跟踪总结，有助于目标达成。经营分析会让每个月都有具体的经营目标，包括收入、毛利率、费用率、净利润等等。这样将年度经营目标分成 12 份，让完成目标的难度骤然降低。比如，企业年度销售目标是 10 亿元，如果分到 12 个月平均分，每个月也就是约 8 000 万元，不到 1 亿元。如果年度定的收入目标是较去年要增加 5 亿元，这看起来很难实现，但如果分到 12 个月，平均分下来每个月也就是约 4 000 万元。这样，只要我们每个月较上年同期增加了 4 000 万元，那么我们就朝目标迈进了一步。

这种将大目标分解成小目标，从心理学上讲，是有助于目标达成的。

通过经营分析会，能够让经营团队始终记住年度经营目标，让各部门重点工作紧紧围绕经营目标开展。而每个月召开经营分析会，能让经营团队回顾年度经营目标及执行情况，从而牢牢记住经营目标。

实际中，我们有一些企业在一个季度后，团队成员基本忘记了年初定的目标，各部门工作的开展都是救火式的工作方式，缺乏工作主线和重点。而通过经营分析会，将年度经营目标分解到每个月，让每个月重点工作都围绕经营目标开展。

二、有助于年度经营目标落地

经营分析会是推进战略与年度经营目标落地的有效抓手。企业战略规划一般是 3～5 年，规划有点遥远，如何观察战略动作是否在落实？一个年度的经营计划时间也有点长，如何确认是不是在逐项落地？原有的经营逻辑与计划是否可行、配置的资源是否合理？经营分析会是检查经营乃至战略的标尺。通过经营分析会，能够做到简单、有序地检查、落地各项经营目标，可以及时调整，不至于让战略规划、经营计划成为空谈。如果仅是通过年度会议来检查经营情况，往往很难真正检讨到位。此外，我们经常讲财务与业务要一体化，而经营分析会是实现财务与业务一体化的核心动作，没有经营分析会，没有财务与业务的反复谁与分析，是不可能实现财务与业务的高度融合的。

通过经营分析会，对月度经营工作进一步进行详细的部署和计划，推进相关责任部门的跟进执行，同时经营管理部门做好执行过程跟进，并在下个经营分析会上对经营结果、各项重点经营工作执行效果进行评估通报，从而实现闭环管理，真正确保战略落地，确保年度经营计划得到有效执行。

通过经营分析会上呈现出的日常实际经营数据，还能够对战略规划进行纠偏。比如某个公司在经营分析会中发现工厂的成本管理长期存在问题，最终问题的根源在于引进的是高昂价格的进口设备，摊销折旧成本高，但营销战略上的定位却又是生产大众化的产品及代工业务。这样一来，就存在不可调和的矛盾，而在固定资产投入已无改变的事实下，就必须对营销战略、目标市场、产品企划等进行重新调整，不然，低毛利甚至负毛利的现状就不可能扭转。

三、建立用数据说话的企业文化

经营分析会上都是工作的"实打实"、数据的"硬碰硬"、问题的"打破砂锅问到底"、现实的逻辑与验证，能够使经营团队养成重视数据、重视逻辑、尊重目标的企业文化，而且要言必行、行必果，尊重计划的严肃性、执行的坚决性，养成良好的战斗作风。

有些企业都有绩效考核，但往往陷入结果考核还是过程考核的矛盾之中。比较有效的方法就是结果考核、过程管理、绩效导向，其中一个有效手段便是经营分析会。通过经营分析会，逐月通报各个关键绩效指标的达成情况，让相关人员、部门及时了解本部门绩效差距。一方面是在过程中对各部门形成绩效压力和危机意识，提前采取改善措施；另一方面年度进行最终结果考核和兑现时，减少质疑。更何况，如果出现不胜任的情况，等到年底再确认已经迟了。

四、造就经营人才的有效手段

经营分析会涉及的销售、成本、利润等数据，都是企业经营的真实数据。这些数据本身反映企业的真实经营情况，其中一些效率指标更是直接揭示组织的真相，比如利润率、费用率、成本率、人效、库存周转、现金流等。

数据就是经营能力的体现，通过月度的分析，可以推动快速、持续的优化、改变，甚至问责与处理，再上升到流程、标准与制度层面来解决，从此又不断推动以后设立更有挑战性的目标指引，如此循环，就能够不断提升组织效率和组织能力，也就能够不断提升经营能力。

在当前外部环境快速变化的情况下，如果是以季度、半年度为周期，意味着问题可能累积到了更严重的程度，这对解决经营问题是一种巨大的损失。稻盛和夫说："不懂会计不能成为真正的经营者。看起来非常复杂的企业经营状况，如果用数据极为单纯地表达出来，就会清晰地反映出真实的状态。"

通过月复一月、年复一年的宣贯年度经营目标，并通过数据分析评估经营目标达成情况，让各部门负责人逐步树立起经营的意识，让各部门负责人深刻认识本部门工作是如何影响企业最终经营结果的，让各部门负责人学会算账，而不仅仅是关注部门工作是否完成与否。

经营分析会也是培养经营型人才的重要场所。在经营分析会上不仅有大量的信息，包括各业务板块的信息，可以帮助经营者掌握更多的知识，而且决策者的经营思维、经营逻辑能给年轻人提供借鉴。甚至在经营分析会上有大量的经营分析和决策方法被运用，这对年轻人来说是不可多得的学习机会。

可以说，好的经营分析会就是较好的 MBA 课、企业经营管理课。通过这样月复一月、年复一年真实的数据分析，评估经营目标达成情况，找差距、找问题、出思路、出建议，共同研讨、共同碰撞，甚至是不留情面的"批评"与"对抗"，会让经营意识牢牢树立在与会人员的心中，并真正深刻地认识到，本部门的工作是如何影响到企业的最终经营结果的，从而让各部门负责人都学会算大账、算细账，而不仅仅只是关注本部门工作是否完成与否。没有经营分析会，这种全局意识是不会自动产生的。

五、可消除各部门之间分歧的手段

虽然有效地开展年度经营计划可以保证各部门实现目标和重点工作的协调一致，但这种一致还只能体现在规划层面上。然而在实际执行过程中，受部门本位主义、部门负责人认知意识等诸多因素影响，各部门总是存在目标和工作不协调的地方。

通过每月一次的经营分析会，让各部门负责人每个月都有一定时间进行深刻思考和研讨，并把关注重点放在企业整体经营目标达成上，消除彼此之间的分歧达成共识。企业的经营活动是一个整体，不少部门、业务之间是有相互关联的，也有很多工作、项目、问题涉及全局，因此必须通过经营分析会对整体经营情况进行全貌展示，让参与者能够有机会了解到企业的整体经营情况。通过分享数据、原因和结果，可以塑造人们对业务及其背景的共同看法。

第三节 经营分析会的常见问题

这些年来，我们走访了很多企业，也参加了很多场经营分析会，我们发现这些企业普遍存在下列问题。

一、不开或不坚持开经营分析会

有不少企业不开经营分析会，或者经营分析会时开时不开，很随意。究其原因，有些企业认为开会没用，大家都忙，不如多干点活；有的企业认为开来开去都是扯皮，而且扯也扯不清楚，就不开了；有的企业认为经营数据要保密，或者数据不好看怕影响士气，几个核心人员知道就行了；有的企业认为在其他会议上也讲过了，就不必多此一举了；有的企业认为现在变化太快，每周有工作例会就可以了；有的企业认为各种工作会议太多了，或者说高管们的时间难协调……

二、经营分析会不准时或时间不合理

主要表现在以下方面：

① 经营分析会的时间不固定。召开经营分析会的时间随意性很强，想到了要开了就临时发个通知开会，而这种随意性往往导致与会人员不齐，或不想参加会议的人借口已有其他安排，不能参加这个临时通知的会议，导致会议质量不高，大家也不重视这个会议。

② 月中下旬开经营分析会。可能是月度的经营数据很难出来，可能月初大家忙工作，可能有其他会议占用时间，要是到月底才开经营分析会，本月度的经营情况已基本结束，而布置下个月的工作又太早，已没有太大意义。因为月度经营分析会要兼顾对上月的经营总结与对当月经营的指导。

③ 季度、半年度或偶尔开经营分析会。因为全面性的数据出不来、对经营分析会不重视，认为可有可无，或者认为月度好像也分析不出什么，或者相关部门不愿意每月做一次资料与汇报的准备。有些企业的经营分析会是分季度开，或者用半年度的总结计划会议替代，或者是想到了认为要开一开就开经营分析会，或者认为积累了很多经营问题就召开一次经营分析会。在当前变化如此快速、经营周期越来越短的市场环境下，一年对经营情况仅分析几次够吗？更何况，如果问题累积越来越多，反而又

加重了经营分析会的难度与时间长度，往往也很难产生好的成果，又导致大家对经营分析会产生没什么价值的判断，形成恶性循环。

三、经营分析会缺乏有效的经营数据

有些企业都因为数据缺失而导致经营分析会开不好。比如，没有基于业务逻辑和财经逻辑进行数据整理；数据片面、不系统，不能比较全面地总结经营情况；财务核算等问题导致数据口径不一致；内部经营指标库没有建立，难以有效评价与分析，所有的情况都汇报，所有的问题都讨论，时间拖得很长；历史数据缺乏，难以有效比对；缺乏外部数据，难以对标外部市场与竞争者；预算缺失，没有对标的轨道……

其中，比较典型的是预算问题。很多企业没有编制预算，或是预算编制得比较简单，仅对资产投资和费用开支进行了预算。而经营分析会通常是一个综合性的会议，在分析到营业收入、产品毛利、成本结构等维度的时候，就找不到有效的标尺与轨道，经营分析会就成了"故事会""批斗会"等。

四、经营分析会没有差距分析、没有红脸出汗

有些企业经营分析会虽然有数据，往往也是通报一下财务结果，大家了解一下情况，要么是满满的会计语言、数字让人无从谈起；要么没有深层次、系统地暴露出真正的经营问题；要么没有对存在的问题进行归类、有效分析；要么没有追责到人和明确改善计划；要么选择性地讲成绩、讲亮点，对目标（预算），没有找差距（与同期比、与预算比、与对手比），对问题避而不谈，更谈不上各个部门之间的质询与专业诊断。如此一来，存在的问题往往还会继续，等到更迟的时间，或以更大的矛盾暴露时才会引起重视，但为时已晚，或者需要付出更大的代价。

五、经营分析会没有找到真问题，想出真办法

有些企业开经营分析会陷入内部相互指责，开成了"批斗会"。特别是在企业业绩完成不好的时候，为了减轻自己部门的责任，往往会从各个角度找其他部门的不足。这不仅无助于问题的解决，反而增加更多的矛盾。主要表现在以下方面：

① 要么归结于外部环境。总是认为外部环境不好、竞争对手乱来、商业形态变化、合作伙伴出状况、问题突发不可控等因素，避而不谈自己的原因，也没有对变量进行有效的数据分析。

② 要么避而不谈真正问题。或者根本就不找真原因，或者找到了也认为太复杂，

或者认为内部太复杂反正也解决不了，或者不敢"得罪"其他部门或老板而不敢讲，或者意思性地讲讲自己的原因，但总会带一个"但是……""然而……"。有些企业在经营分析会上，有一些强势部门与强势领导，在别的部门想讲某些问题、原因的时候就会以势压人，草草带过。

③ 要么问题反复出现。问题找到了，可能这一次找到解决办法了，甚至解决了，但是没有从根源解决，导致可能重复出现。比如在很多企业，库存、应收往往就属于这一类问题。好的解决办法，不仅有改善行动，同时要立足建立流程、制度、工具、模板，尽可能彻底解决该问题及类似问题。

我们一般说不要重复犯错，就是必须通过经营分析会暴露问题，不断纠正与完善内部的管理制度、标准、流程，这样管理才能持续进步。在丹纳赫的全面预算管理体系中，有一个很有意思的提法，叫作不断实现"突破性动作—日常动作"的变化，也就是不断地解决问题，变成基础能力，使整体能力越来越强。

六、没有分层、分级召开经营分析会

一般而言，除非是初创型的小规模企业，稍有规模的企业可能都有不同的业务单元、模块、层级，那么就需要分层、分级进行经营分析。不少企业的经营分析会往往只在最顶层召开，这样很难真正发现问题、解决问题。既然组织分层，那么会议也要分层，因为不可能所有信息都在一个会议中呈现，这样太繁杂，也没有头绪、没有重点，要从基层经营单元层层往上开，这样才能为上面的经营分析会提供越来越清晰的数据。

经营分析会并不是一个复杂的管理动作。不断提升经营分析会的质量，是一项低成本、高收益的改善经营能力的管理行为。

第四节　经营分析会的主要内容

经营分析会不是事后通报、不是自说自话、不能任由发挥，必须在一个轨道内进行，这个轨道就是预算，也就是预先设定的经营目标，以及与之相关的一系列数据。而前面提到，没有预算，或是预算能力弱，是很多企业开不成、开不好经营分析会的关键，因此预算是开好经营分析会的前提。

经营分析会的内容非常关键，关系到经营分析会是否有成效，以及效果多大。不同行业、不同发展阶段的企业，经营分析会关心的重点各有不同。总体来说，经营分析会的核心内容就是上月经营执行情况与差距分析、问题总结与改善策略、下月滚动规划与重点工作三个方面。

下面我们以制造业为例，对经营分析会的主要内容进行详细介绍，其他行业的读者可参照其思路，结合本行业的特征进行调整与完善。

一、上月经营执行情况与差距分析

总结上月经营执行情况是经营分析会的第一大内容，具体包括总体经营情况分析、销售与市场分析、成本与费用分析、资产风险与效率分析几个方面。

1. 总体经营情况分析

总体经营情况分析是站在企业决策层的角度来看待全面的经营，揭示经营风险、突出经营重点，要求简明扼要地说明整体经营情况，对影响较大的项目进行重点提示，重点提示的项目也顺理成章地作为后续分项分析的重点。总体经营情况分析一般包括重点工作达成情况，经营责任制达成情况通报、总体损益情况分析、总体现金流分析。

（1）重点经营工作达成情况

在经营分析会上，运营部门会通报企业级重点工作执行进度情况。重点工作来源于年度经营计划确定的年度重点工作，以及每个月经营分析会达成的会议决议事项，还有集团管理层交办的重大事项等。

企业重点工作执行进度表，见表6-2。

表6-2　企业重点工作执行进度表（示例）

项　　目	工作名称	工作目标	截至当月执行情况	异常分析
年度计划重点工作				
重大会议决议事项				

项　目	工作名称	工作目标	截至当月执行情况	异常分析
其　他				

（2）经营责任制达成情况通报

经营分析会材料中，首先会通报事业部整体及下属各一级部门年度责任制指标截至当月执行情况。经营责任制中的指标都是基于战略和年度经营计划分解而来，其达成情况也直接关系着经营团队年底的绩效奖金，事业部总经理、各部门负责人根据责任制得分情况，基本可以计算出自己年底的绩效奖金。

经营责任制考核指标表，见表6-3。

表6-3　经营责任制考核指标表（示例）

指标类别	考核指标	权重	截至当月累计分解目标	截至当月累计达成值	考核得分
经营指标	不含税净收入				
	考核利润额				
	经营活动现金流				
效率指标	经营活动现金收入比率				
	存货周转率				
	应收账款周转率				
	人力资本投资回报率				
合　计					
扣分项	预算执行偏差				
	重大安全事故				
	重大质量问题考核				

备注：上述指标内容、权重，在不同的阶段、不同的预算单元会有所差异。

在有些企业的经营管理中，还没有签订经营责任制协议，因此也没法通报。在这里，我们建议，每个企业都有必要开展经营责任制考核，哪怕是规模较小的企业，老板也可以给自己确定一个年度经营责任，并以此为依据给每个一级部门制定年度经营责任。

（3）总体损益情况分析

在经营分析会材料中，要求每个预算单元通报当月和当年累计的损益情况，即利润表主要项目的完成情况。利润表是一个企业经营的天然脉络，从收入到成本、毛利，再到费用、净利，从上至下分析清楚。从利润表的逻辑来看，企业经营就是一个 100%～N% 的过程，收入是 100%，减去 X% 的成本，得到 Y% 的毛利、再减去 Z% 的费用，最后得到 N% 的利润。通报内容表格。

损益情况分析表，见表 6-4。

表 6-4 损益情况分析表（示例）

项　　目	本月实际	本月预算	达成率	去年同期	增长率
营业收入					
营业成本					
营业毛利					
销售费用					
管理费用					
研发费用					
财务费用					
风险准备					
其他业务利润					
税金及附加					
经营利润					
非经营性损益					
利润总额					
所得税费用					
净利润					

项　目	本月实际	本月预算	达成率	去年同期	增长率
毛利率					
销售费用率					
管理费用率					
研发费用率					
财务费用率					
经营利润率					
净利润率					

备注：上述指标内容在不同的阶段、不同的事业部会有所差异；表6-4为当月利润表，累计利润表格式相同。

利润表是一个很清晰的逻辑，但是在分析中，我们要按一级科目、二级科目、三级科目的逐次展开，根据内部数据到位的情况与分析的要求，看需要到哪个层级。若一级科目是营业成本（或销售成本），二级科目则是料（原材料）、工（直接人工）、费（制造费用），三级科目如原材料可分为主材、辅材等，制造费用则包含摊销折旧、水电气能耗、制造管理人员工资等；若一级科目是销售费用，二级科目则是人员薪酬、业务费、市场费、办公费、仓储运输费等，三级科目则是人员薪酬可分为工资、提成等，市场费可分为广告费、物料费、差旅费等。这些二三级科目的划分可以根据内部的管理需要进行划分。

需要注意的是，对经营数据的分析既要关注绝对量，即业务的规模、资源投入的总量；也要关注相对量，即一项指标相对另一指标的比例，这能够很好地展现各指标的结构关系和资源的投入产出比。

通过利润表分析，我们既可以从结构上看到实际与目标差距的原因，如图6-1所示，是收入没实现，还是成本失控了，或是费用超标了？又可以从期间的维度看到经营业绩的年度完成进度，如本月没有完成但是累计进度是否达到要求，本月超额完成了但累计情况是否追上进度？总体损益异常分析：针对上述表格数据，会重点分析关键异常情况，比如如果当月发现综合毛利率未达全年预算目标，或者同比出现明显下降，则要分析原因。是什么产品的毛利率下降导致整体毛利率下降，或者是其他什么原因。

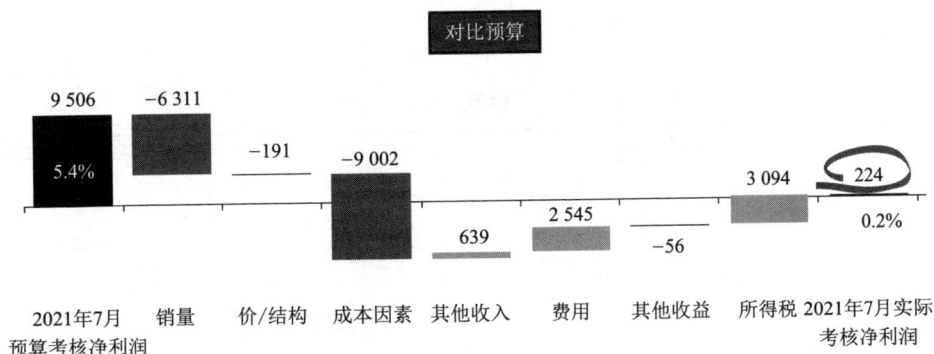

图 6-1　差距原因分析

有些企业经营产品、渠道、区域构成比较复杂，因此在呈现完总体利润表现后，还会按照产品、渠道、区域等维度，分别分析各维度的损益情况。

分维度损益分析表，见表 6-5。

表 6-5　分维度损益分析表（示例）

××产品	全年预算	本月预算	本月执行	月预算执行率	累计执行	累计达成率	累计同比
不含税收入							
其中：内销							
外销							
毛利率							
其中：内销							
外销							
综合期间费用率							
其中：产品专项费用率							
经营利润							
利润率							

（4）总体现金流分析

预算单元每月需对现金流的结构和现金余额进行简要分析，及时预警流动性风险，有备无患。

现金流分析表，见表6-6。

表6-6　现金流分析表（示例）

现金流量表					营运资金			
项　目	本月	本年累计	预算偏差	同比差异	项　目	3月	预算偏差	同比差异
期初货币资金①					应收账款余额			
净利润②								
折旧及摊销③					周转天数			
一应收账款增加④					存货余额			
一存货增加⑤								
一应付账款增加⑥					周转天数			
其他经营账户变动⑦					应付账款余额			
经营现金流 ⑧=②+③-④-⑤+⑥+⑦								
资本性支出⑨					周转天数			
自由现金流 ⑩=⑧-⑨					营运资本			
融资现金流⑪					现金周期			
期末货币资金 ⑫=①+⑩+⑪								
说明：								

2. 销售与市场分析

销售业务是企业收入和利润的来源，销售的数量和质量直接决定企业当期业绩是否能够达成，因此对销售业务的分析是经营分析会的重中之重，是每次会议篇幅最长、分析维度最深、分析时间最多的部分。通常分销售部门、渠道、区域、客户、产品等维度，对标预算、同期和竞争对手进行分析。

（1）销售收入分析

销售收入分析的是销售总量和结构，关注总体的和细分各维度的销售收入是否达标。

① 整体趋势分析。整体销售趋势，如图 6-2 所示。

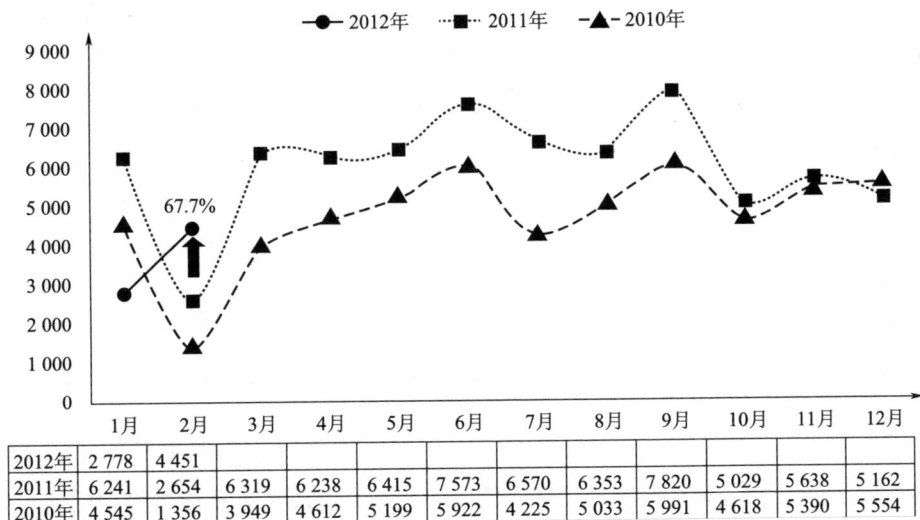

	1月	2月	3月	4月	5月	6月	7月	8月	9月	10月	11月	12月
2012年	2 778	4 451										
2011年	6 241	2 654	6 319	6 238	6 415	7 573	6 570	6 353	7 820	5 029	5 638	5 162
2010年	4 545	1 356	3 949	4 612	5 199	5 922	4 225	5 033	5 991	4 618	5 390	5 554

图 6-2　趋势销售

② 分销售部门、渠道、区域、客户、产品收入分析。整体销售收入数据只能看到整体情况，但也有可能有些产品完成得好掩盖了某些产品完成得差的情况，因此必须拆分来看。细致分析要细致才能看出端倪、看到问题，也才能更快速找到解决办法。

分区域销售收入，如图 6-3 所示；分区域销售收入分析表，见表 6-7。

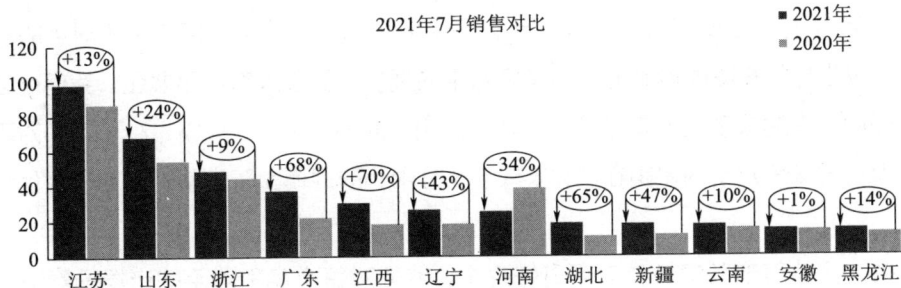

图 6-3　分区域销售收入

表 6-7　分区域销售收入分析表（示例）

区域	本月				本年累计				同期进度
	实际	预算	预算偏差	同比差异	年度计划	本年累计	完成	同比	
合计									

这些对品类、渠道、区域的分析维度，往往在内部都有对应的负责部门（比如负责某个品类的产品经理、负责某个区域的区域经理、负责某个客户的客户经理），工作任务也就能够落到具体部门与人员、更好地落实。

为了更清晰地挖掘潜能、搞透市场，对于客户、产品数量较多的企业，还要按客户大类、产品大类，也可以选取优质客户（TOP 客户）、畅销产品（TOP 产品），还可以选择重点客户、重点产品进行分析。对于新产品上市要求比较严格的企业，还可以将新产品的销售情况单列一张图表分析。

③ 各产品市场竞争表现。产品市场表现，主要基于市场占有率（一般引用外部专业数据）分析各个产品线下和线上的市场份额，并与主要竞争对手表现进行对比分析。

我们以美的某事业部为例，在月度经营分析会中会对各地区及总的市场占有率与竞争对手 S 进行比较，如图 6-4 所示。图中横坐标代表该事业部与竞争对手的规模差异；纵坐标代表美的该事业部与竞争对手的规模差异是改善还是恶化。我们可以看到在图中，美的该事业部有 3 个分中心（四川、河南、天津）规模是小于竞争对手 S 的，而且与竞争对手的差距在恶化；有 5 个分中心的规模大于竞争对手 S，且优势在扩大。

有些企业可能关键竞争对手有好几个，就要对每个竞争对手的市场份额进行分析，可以通过表 6-8 的形式进行。

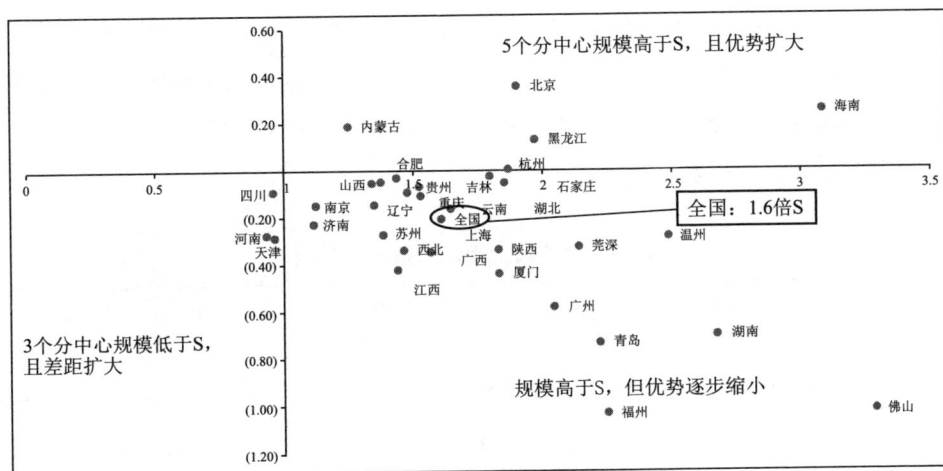

注：横轴为规模差距，纵轴为差距变化。

图6-4 产品市场表现

表6-8 产品市场表现分析表（示例）

线下份额表现分析	截至 × 月市场份额	去年同期	同　　比
本司 × × 产品			
竞争对手1			
竞争对手2			
综合分析			

通过市场表现分析，发现企业产品与竞争对手的差距，以便及时调整市场或者产品策略。

（2）销售毛利分析

毛利是经营分析中非常重要的环节，在企业经营的活动中有进（如原材料）、有出（如产品）。其中，毛利是商品售价与营业成本之间的差额，是企业获利的基础来源，是企业支付期间费用和再投资的保障。不论是企业内部经营的质量，还是同行企业之间的差异，往往在毛利上就能够看出端倪。

因此，对毛利的分析是十分重要的环节，通过毛利的分析，一方面看出前端销售的质量，也可反映出后端成本的情况；另一方面通过对毛利构成因素的分析，就能找到销售毛利中存在的问题，从而针对性地提出改善建议。

① 分销售部门、渠道、区域、客户、产品毛利贡献分析。与销售收入分析类似，

对销售产品毛利也要进行细致分析，以便搞清楚毛利的具体情况，哪些产品毛利高、哪些产品毛利低，哪些渠道毛利高、哪些渠道毛利低，哪些区域毛利高、哪些区域毛利低，哪些客户毛利高、哪些客户毛利低。其中，有什么规律与原因。

销售产品毛利分析表，见表6-9。

表6-9　销售产品毛利分析表（示例）

项　目	销售收入	销售毛利	毛利率	收入占比	毛利占比
合　计					

②分产品毛利因素分析影响产品毛利率的主要因素，从单个产品情况来看，就是"价格""成本（费用）"的波动，而从企业整体情况来看，不同产品毛利率水平的产品的结构占比，也是影响产品毛利率的重要因素。因此，一般要求按照因素分析法的原则，区分结构、价格、成本/费用等维度，分析每一类情况对产品毛利率水平的影响程度，从中发现影响产品毛利率的主要问题，引导在后续工作中进行改善。同样，产品毛利率的因素分析也可以按照销售部门、渠道、区域、客户、产品等维度进行。

销售产品毛利成因分析表，见表6-10。

表6-10　销售产品毛利成因分析表（示例）

品类	较年度预算因素分析					同比因素分析				
	合计	结构	价格	返利	成本	合计	结构	价格	返利	成本
A	−0.70%	1.10%	0.30%	−0.30%	−2.00%	−2.20%	−2.40%	−0.80%	−0.80%	1.80%
B	1.60%	2.00%	0.20%	0.00%	−0.70%	3.50%	1.10%	0.10%	−1.30%	3.70%
C	−0.10%	0.90%	0.40%	−0.10%	−1.20%	2.20%	−0.50%	0.50%	−1.00%	3.30%
D	−3.50%	−4.20%	0.20%	−0.30%	0.80%	−1.60%	−1.50%	−0.20%	−0.50%	0.70%
E	−0.20%	2.60%	0.50%	−0.10%	−3.10%	5.60%	2.90%	−0.20%	0.00%	2.80%

续上表

品类	较年度预算因素分析					同比因素分析				
	合计	结构	价格	返利	成本	合计	结构	价格	返利	成本
F	−6.00%	−1.30%	−0.50%	0.10%	−4.30%	−4.80%	−6.00%	0.10%	−0.10%	1.20%
G	1.50%	−0.30%	0.30%	0.10%	1.50%	4.80%	−0.10%	−1.40%	0.50%	5.80%
H	−0.10%	1.10%	0.30%	−0.20%	−1.30%	0.70%	−0.80%	−0.30%	−0.90%	2.70%

③ 异常产品毛利率分析

除了上述常规数据分析，对分析中发现的负毛利率、低毛利率、毛利率异常下降的产品，也要单独抽出来进行专门分析，并明确改善责任人、制定具体的改善措施，并要求在规定时间内完成。

异常产品毛利率分析表，见表6-11。

表6-11　异常产品毛利率分析表（示例）

异常类型	产品名称	涉及主要客户	毛利率	原因分析	改善措施	责任人	完成时间
负毛利率							
低毛利率							
毛利率异常下降							

3. 成本与费用分析

企业获取更高利益的方式，无非就是"开源"与"节流"两个方面，当企业进入"发展期"和"成熟期"，势必需要将成本费用的控制作为经营管理的重心。因此，对成本费用的分析，应该是很多企业在经营分析中必不可少的部分。我们仍以制造业企业为例，从标准/目标成本差异、材料损耗趋势、直接人工占比趋势、单台制造费用趋势、大宗原料变动趋势、降本项目进度和期间费用等方面分析。

（1）标准/目标成本差异分析

对于产品较多的预算单元，可以选择分析销售占比较高的，或是成本差异率较大的典型产品进行分析。如果此类产品种类数量依然较多，可制订计划每月分析几种，但需要保证每季度可以分析一轮。

成本差异分析表，见表6-12。

表6-12 成本差异分析表（示例）

产　品	标准成本				实际成本				差异率			
	料	工	费	合计	料	工	费	合计	料	工	费	合计

（2）材料损耗趋势分析

要关注材料损耗的发展趋势。通常材料损耗的比重比较稳定，变化比较微弱，一般波动只有0.4%的幅度，所以，要对材料损耗的异常波动表示警惕。

材料损耗趋势，如图6-5所示。

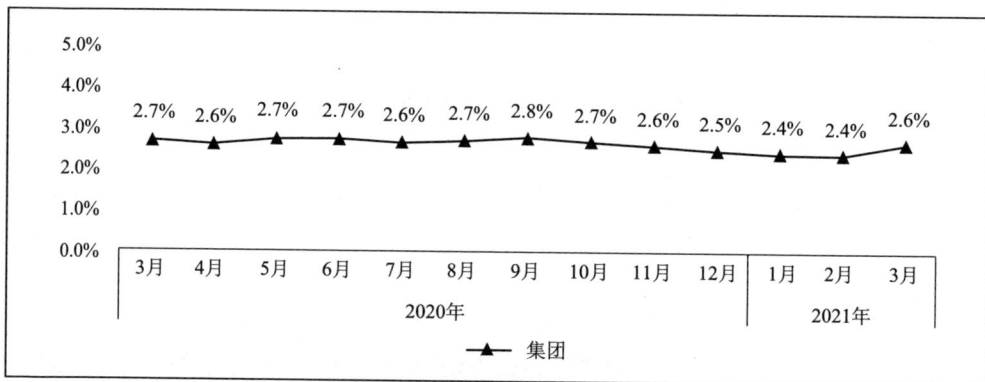

图6-5 材料损耗趋势

（3）直接人工占比趋势分析

直接人工是制造费用中占比比较高的，它的波动会对企业的成本带来较大影响，进而影响企业的毛利，所以要对其进行严格控制，最好要对近三年的数据进行对比分析。

直接人工占产值比趋势，如图6-6所示。

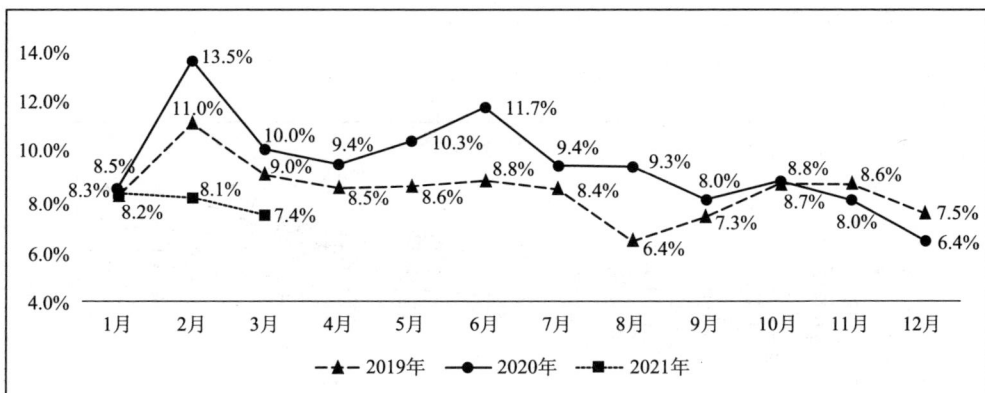

图 6-6　直接人工占产值比趋势

（4）单台制造费用趋势分析

单台制造费用，即平均到每一台产品的制造费用，可以综合反映我们的生产效率以及对成本费用的控制能力。制造费用可能具有季节性，因为它受能源使用和原材料价格波动等因素影响。要关注不寻常的波动，同时要与预算目标进行对比分析。

单台制造费用趋势，如图 6-7 所示。

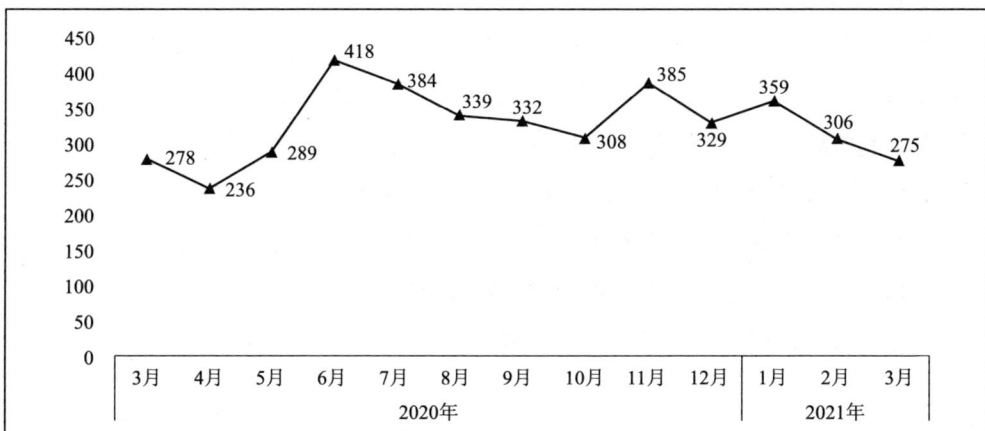

图 6-7　单台制造费用趋势

（5）大宗原料变动趋势分析

大宗材料价格走势一般来说受单个企业影响较小，因此需要建立起与产品售价联动的机制，不管材料是涨价还是降价都应该及时反馈到市场，保持企业产品市场竞争力。同时，要研究、判断大宗材料的价格趋势，可以知道企业在供应链提前布局，获得一定的短期收益。

大宗原材料价格趋势，如图 6-8 所示。

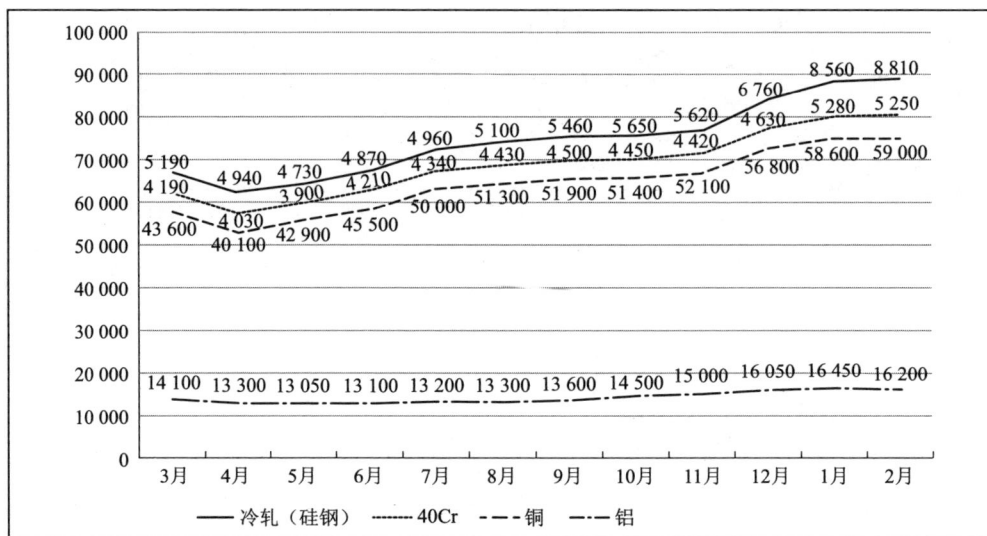

图 6-8　大宗原材料价格趋势（单位：元 / 吨）

（6）降本项目进度

很多企业每年下半年都会启动下一年度的降本计划，在一些优秀的企业，每年七八月份就会启动下一年度的降本计划，这样就有充分的时间对降本计划进行规划与论证，甚至有些降本动作可以在当年进行一些试点，这样在新的一年实际执行过程中才更加有底。一般来说，研发、工艺、采购、生产、物流等环节均会提出自己的降本方案，并将相应的降本项目和降本成果编制到年度预算中。因此，在经营分析会中，需要跟进各项目的实施进展，通报各项目的降本成绩。

降本情况，如图 6-9 所示；降本进度表，见表 6-13。

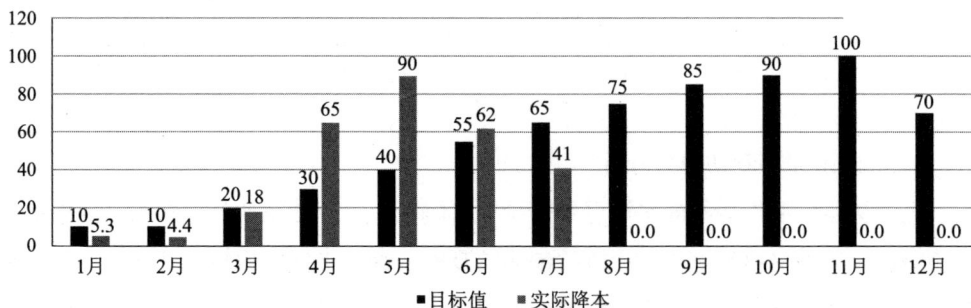

图 6-9　降本情况

表6-13　降本进度表（示例）

部　门	产品品类	降本项目	降本目标	项目进度	截至本月预计效益	截至本月实际效益	完成率

（7）期间费用分析

期间费用分析主要是根据费用类别（科目）分析比较其发生额和费用率的超支／节约情况，对设置了部门费用控制指标的部门，还需要分部门做费用分析（××月费用明细表，见表6-14；××月部门费用表，见表6-15）。分析中需要注意固定费用与变动费用的区别。

表6-14　××月费用明细表

项　目	实　际		预　算		差　异	
	费　用	费　率	费　用	费　率	费　用	费　率
工资						
五险一金						
差旅费						
招待费						
折旧费						
……						
合计						

表 6-15　　××月部门费用表

部　门	实　际		预　算		差　异	
	费　用	费　率	费　用	费　率	费　用	费　率
A						
B						
C						
D						
E						
F						
合计						

　　对于固定费用，我们既要关注费用开支的总额是否超过原先预计的标准，没有超过预算是费用控制的功劳，还是费用开支的时间性差异，也要关注是否因阶段性销售未达标而造成固定费用率大幅上升，这时候可以考虑策略性地延缓部分费用的开支。

　　对于变动费用，我们主要关注费率的变化，看各项费用的开支标准是否控制住了，变动费用总额是否超支还是节约就没那么重要了。需要注意的是，变动费用率降低并不一定意味着是好事，因为有可能是某些关键动作没有执行。比如，该出差的没出差、该投入的没投入，短期来看费用是节约了，但对中长期的业绩达成存在潜在风险。

　　4. 资产风险与效率分析

　　在按照利润表的逻辑，对收入、成本、毛利、费用进行分析后，基本完成了对企业经营成果的判断，但经营分析中还应该包含一个非常重要的内容，就是对经营能力的分析与评价。对应到第五章中提到的经营目标，通常是针对效率指标进行的分析，一般包括库存、应收、客户效率、SKU 效率、资产效率等。

　　（1）库存分析

　　库存是影响企业流动资金的重要因素，库存的周转效率，反映了企业用有限资金撬动业务的能力，甚至决定了企业未来发展潜力，是制造业、商品流通行业，以及部分服务业的管控重点。库存分析一方面要结合实际的生产和销售情况，分析库存周转情况；另一方面要将各类库存展开分析，尤其是对呆滞库存要分析产生的原因，推动相关责任部门提出解决方案并跟进落实。

库存周转速度，如图 6-10 所示；×× 月库存分析表，见表 6-16；×× 月呆滞库存分析表，见表 6-17；×× 月呆滞库存清理表，见表 6-18。

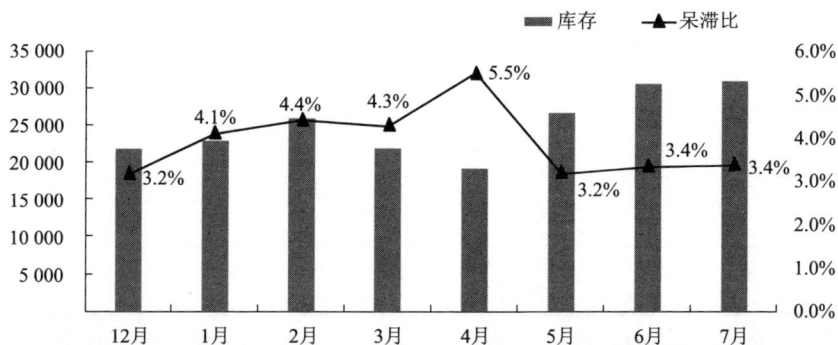

项目	2020年12月	2021年1月	2021年2月	2021年3月	2021年4月	2021年5月	2021年6月	2021年7月
平均周转天数	45	40	69	47	41	48	54	59
时点周转天数	50	51	87	52	45	56	103	108

图 6-10 库存周转速度分析

表 6-16 ×× 月库存分析表（示例）

库存情况		实 际	预 算	差 异
库存金额				
其 中	原材料			
	自制半成品			
	在制品			
	产成品			
	发出商品			
	低值易耗品			
周转天数				
其 中	原材料			
	自制半成品			
	产成品			

表6-17　××月呆滞库存分析表（示例）

责任主体	呆滞库存	呆滞率	上月数	环　比	同　期	同　比
合　计						

表6-18　××月呆滞库存清理表（示例）

物料名称	期初余额	计划清理	实际清理	呆滞存货变动		期末余额	差异原因	处理方式	责任人
				当月增加	当月减少				

（2）应收账款分析

同库存一样，应收账款也是影响企业流动资金的重要因素，对于所有非现款现货或预售货款销售的企业都非常重要。很多企业账面盈利很好，但应收账款一大堆，回款风险很大，日常经营举步维艰。因此，我们需要每月对应收账款的周转和逾期应收清理情况进行分析。

逾期期限越长、收回风险越大，因此除了在经营分析会上对逾期应收进行通报和分析，还需要建立规范的内部流程，引导企业法务团队及时接入。

应收账款周转速度，如图6-11所示；××月应收账款分析表，见表6-19；××月逾期应收分析表，见表6-20；××月逾期应收清理表，见表6-21。

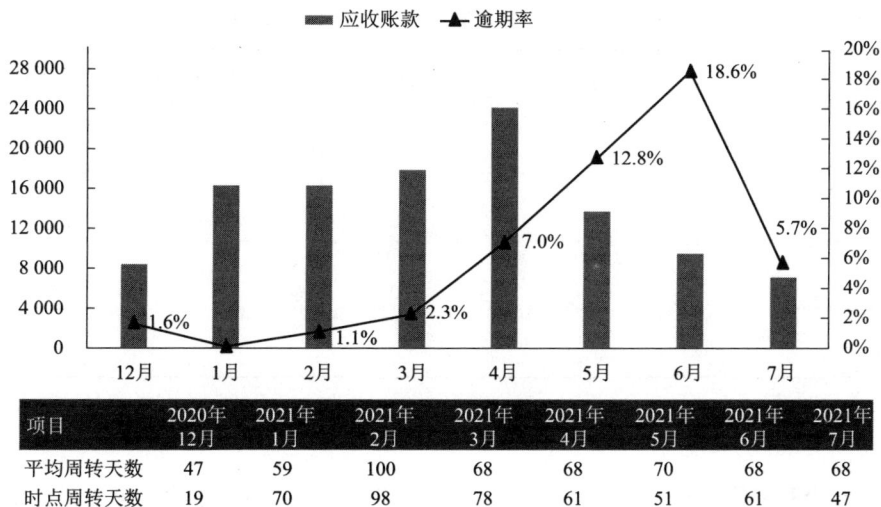

图 6-11　应收账款周转速度分析

项目	2020年 12月	2021年 1月	2021年 2月	2021年 3月	2021年 4月	2021年 5月	2021年 6月	2021年 7月
平均周转天数	47	59	100	68	68	70	68	68
时点周转天数	19	70	98	78	61	51	61	47

表 6-19　××月应收账款分析表（示例）

应收账款情况	实　际	预　算	差　异
应收金额			
逾期金额			
逾期率			
周转天数			

表 6-20　××月逾期应收分析表（示例）

责任主体	逾期金额	逾期率	上月数	环　比	同　期	同　比
合　计						

表6-21　××月逾期应收清理表（示例）

客　户	应收余额	逾期金额	形成原因	预计回收日期	责任人

（3）SKU 效率分析

企业需要通过销售产品实现营收，一般认为产品种类越多越容易覆盖市场中不同的需求，从而能够获得更多的订单。但对企业而言，每增加一个 SKU，对产品策划、研发设计、生产制造、供应链管理、库存管理、售后管理等环节都将增加工作量和相应的管理成本，而如果一个 SKU 不能取得一定的销量，其带来的收益会远远不足以覆盖它的各项成本。因此，企业应当非常关注 SKU 的效率，通过单 SKU 平均销售收入或是平均销售毛利指标进行评价。

SKU 效率分析表，见表6-22。

表6-22　SKU 效率分析表（示例）

品　类	SKU 数量			单个 SKU 平均营收		
	本　年	上　年	同　比	本　年	上　年	同　比
A						
B						
C						
D						
E						
总　计						

备注：根据不同行业的特点，企业可选择毛利额、销量、产量等指标替代营业收入来分析 SKU 效率。

对中国制造企业来说，SKU 是一个需要引起重视的指标。许多企业的 SKU 越来越多，往往是少部分 SKU 贡献了绝大多数的销售收入，每一个无效的 SKU 都在加速企业流血，导致各种显性、隐性成本越来越高。当然，SKU 的管理并没有标准的做法，也并非越少越好，但最终是通过投入产出来进行评估。一般来说，每个月对 SKU 的情况进行通报，短期内可以对没有销量且未来也不会产生销量的 SKU，要大胆进行调整。同时，要检查根源，从销售端对客户、市场的洞察，提出更大的产品需求；到产品端通过有效的企划立项、标准化、物料共享的开发；到生产端的模块化组装、动作精简等，从源头就进行有效的控制。

（4）客户效率分析

对贡献度较高的客户，需要探讨如何提升服务水平和效率，进一步扩大收入规模与盈利的能力；

对贡献度较低的客户，则需要分类制定策略：对战略培育的客户，应当思考对其倾斜多少资源，并制订培育计划，明确规模目标与关键时间节点；对一般客户或长时间没有成长起来的战略客户，需要考虑进行一定的策略调整。

客户效率分析表，见表 6-23。

表 6-23　客户效率分析表（示例）

规模区间	客户数量			单个客户平均营收		
	本　年	上　年	同　比	本　年	上　年	同　比
100 万元以内						
100 万～500 万元						
500 万～1 000 万元						
1 000 万～5 000 万元						
5 000 万元以上						
总　计						

（5）人效分析

人员编制与薪酬预算，是全面预算管理的重点。因此，每月经营分析会要分析各个部门人员编制情况（包括管理人员和工人），做好人员编制的控制，防止人员和人工成本失控。

人效分析表，见表 6-24。

表 6-24　人效分析表（示例）

部　门	管理类			专业类			操作类		
	编制预算	实际人数	超编人数	编制预算	实际人数	超编人数	编制预算	实际人数	超编人数
A 部门									
B 部门									
C 部门									
D 部门									
合　计									

　　同时，针对人数与业务规模的匹配，也应当进行人效指标对比分析。在业绩持续不能达标的情况下，对除战略储备外的招聘计划要及时刹车，甚至对现有人员的数量和结构，也要考虑调整。

　　人均收入预算达成情况，如图 6-12 所示；分类别人效分析表，见表 6-25。

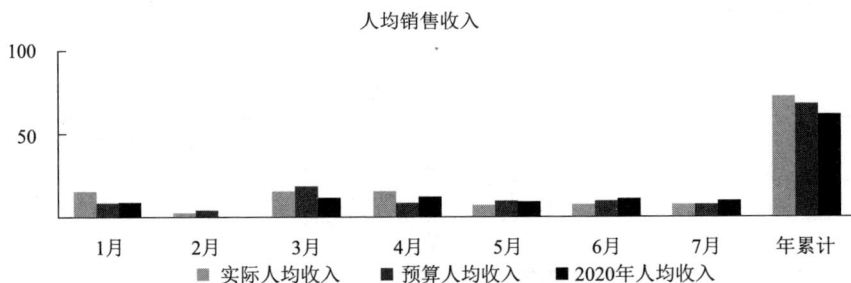

图 6-12　人均收入预算达成情况（单位：万元）

表 6-25　分类别人效分析表（示例）

项目	预算目标	本年实际	预算达成率	累计同比变化
管理人员人均销售收入				
管理人员人均利润				
销售人员人均销售收入				
销售人员人均利润				
一线人员人均产值				
人力成本率				
人力资本投资回报率				

（6）产品技术、交期、质量和成本分析

除上述几个重点效率指标外，企业的运营管理部门还应根据实际情况，围绕技术、交期、质量、成本等方面建立数据收集与分析体系，每月通过分析找到关键不足或者异常，督促相应的责任部门制定改善方案。

技术、交期、质量和成本分析表，见表 6-26。

表 6-26　技术、交期、质量和成本分析表（示例）

	重点指标	预算目标	截至当月累计达成	目标达成率	异常分析
技　术	研发项目按期完成率				
	成品与物料编码数				
	发明专利申请数				
	……				
交　期	产　量				
	生产计划按期达成率				
	生产异常损失成本率				
	……				
质　量	客诉次数				
	批量质量事故次数				
	质量损失成本率				
	……				
成　本	材料采购降本达成率				
	研发降本达成率				
	单台人工				
	单台制造费用				

（7）资产效率分析

对于资产投入较大的企业，也应重点关注其资产使用效率，通常会从投入产出比、折旧及摊销费用率、产能利用率、设备稼动率、资产闲置率等指标选取一两项进行管控。

二、问题总结与改善策略

差距分析是经营分析会的重点，针对重要的差距，都应该有清晰的原因揭示，或者在会中、会后讨论，直到找出问题的根本原因。至于这一部分的呈现方式，可以在汇报中放在对应的板块中介绍，也可以以专门章节介绍。

对预算单元内部能够独立完成的，或是在经营分析会上能够形成决议的事项，直接输出目标可量化的行动计划，补充到重点工作事项中作为日常管理。

问题改善计划表，见表 6-27。

表 6-27　问题改善计划表（示例）

序号	预算差异项目或经营问题	差异分析			改善建议及行动计划		
		序号	影响因素	影响比重	责任人	行动计划及量化目标	完成期限
1		1					
		2					
		3					
2		1					
		2					
		3					
3		1					
		2					
		3					

对于经营分析会上难以形成结论的重大事项，可以另行安排专题工作会议进行研讨。

三、下月滚动规划与重点工作

在经营分析会上，都会对下月经营目标进行滚动规划。规划的主要依据还是基于年度预算的分解目标，并根据前几个月累计执行情况进行合理调整。比如，前几个月完成较好的，能否延续良好势头更进一步；前几个月完成不太理想的，结合前述改善计划，能否从本月开始，逐步将计划进度追回。

滚动经营规划主要包括总体损益目标、销售目标、降本目标、费用控制目标、资金目标、库存应收目标等，表格样式可参照前述经营分析样表，考虑到仅作为指导性意见，表格样式和颗粒度可适当精简。

第五节　经营分析会的保障措施

经营分析会，并不单单只是做一个会议安排。要开好经营分析会，还需要一些专业的保障措施。

一、预算是开好经营分析会的前提

经营分析会不是事后通报、不是自说自话、不能任由发挥，必须在一个轨道内进行，这个轨道，就是预算，也就是预先设定的经营目标以及与之相关的一系列数据。我们在前面提到，没有预算，或是预算能力弱，是很多企业开不成、开不好经营分析会的关键，因此预算是开好经营分析会的前提。而预算则又是根据企业远景战略目标、当年经营计划，结合公司的经营实际而做出来的。预算也需要分解，分解到月度、分解到区域、分解到层级。这样就为经营分析会提供了框架与指引，经营分析会就要按照这个体系来进行。因此，没有数据化的目标计划分解与预算管理，不论经营分析会的组织有多么完备、参会人员如何认真，都是开不好经营分析会的。

一般来说，经营分析主要是对比往年数据、对比预算目标、对比行业数据来进行分析，没有对标，往往就是自说自话，不够深刻而系统，也没办法引导企业经营管理不断突破。

二、根据经营计划的重点明确主题

一般来说，每个年度、每个阶段，或者涉及多个预算单元的集团性企业内部的每个预算单元，经营侧重点可能不一样。那么，经营分析会的主题也应该有针对性。比如针对初创型的预算单元，关注什么？针对成熟的预算单元，关注什么；针对销售收入不太好的预算单元，关注什么；针对应收与毛利率不佳的预算单元，关注什么；等等。不同的预算单元召开经营分析会的会议时长、与会人员结构、分析问题重点都是不同的。总之，找差距、找问题、找办法是经营分析会永远不变的目的。在这一个月出现的问题、提到的策略与方法，再到下一个月的时候，要分析这些动作是不是有效、是不是到位，不断调整、不断优化。

三、量化评估经营目标、预算执行和绩效目标

高质量的经营分析会，关键是要数据量化评估经营目标达成情况、预算执行情况、绩效目标达成情况等。因此，企业经营管理部门必须建立起经营数据收集和分析体系，以及健全的 IT 系统。没有数据量化分析的经营分析会，就是隔靴搔痒，抓不住重点。

通过数据量化分析，才能推动问题的真正解决，且让与会人员不断强化数据思维。没有具体数据，差距就不可能彻底分析清楚，经营能力就很难提升。只有通过数据化，才能够把差距和问题分层、分类。此外，在数据分析中，我们也强调"抓两头、带中间"，把做得好的经验搞清楚，复制传承；把特别差的问题拎出来，重点解决。

实际上，很多企业不愿意公布经营数据特别是财务数据，这样的结果就是只有财务部门了解企业经营情况，只有老板对经营结果负责，其他部门负责人不知道经营情况，也无法对经营结果负责。因此，经营管理水平始终无法提升，也无法培养各部门负责人的经营意识，无法培养复合型经营管理人才。

四、通过数据分析敢于揭露问题和找差距

经营分析会的核心目的，就是通过数据分析，找到问题、找到差距，从而督促相关责任部门制定改善的策略并实施。

实际上，很多企业的经营分析会仅仅是通报一下财务结果，让大家了解一下经营情况。没有深层次、系统地暴露出真正的经营问题；没有对经营中存在的问题进行归类、有效分析；没有追责到人、明确改善计划。有的甚至更多的是讲成绩讲亮点，对目标（预算）、差距（与同期比、与预算比、与对手比）、问题避而不谈。更谈不上各个部门之间的质询与专业诊断。

五、以月度为周期、分层召开经营分析会

经营分析会是分析经营现状、探讨经营问题的重要会议。因此，它对会议召开的周期、时间安排、参与主体等具有一定要求。

1. 以月度为周期召开经营分析会

季度、半年度召开经营分析会周期太长，周又太短，而每个自然月度本来就是财务上报表与数据统计的周期，因此，经营分析会一定要明确到月度，这样一年可以开12次经营分析会（部分可以与季度工作会、半年度工作会、年度工作会合并），相当于有12次经营检讨与回顾的机会，甚至相当于把一年（1次）的"长经营周期"变成了12个月（12次）的"短经营周期"，这是十分有价值的，更何况现在外部的周期越来越短。我们将其称之为"用短周期对抗短周期"。

2. 在每个月15日前集团和预算单元层面都要完成经营分析会的召开

经营分析会一定要安排在月初召开，并且尽可能固定某一个具体时间（如遇休息日则可以调整），这样大家形成"时刻记忆"，都知道这个时间开，因此把每个月的这个时间点留出来，其他时间可以做其他工作。

同时，经营分析会要层层举行，明确一个日期，也为从下至上开经营分析会留足时间，避免打乱仗，这也要求财务部门把数据如期统计完成。

建议预算单元层面一般在每个月5日—10日召开，集团层面一般在每个月10日—15日召开。

3. 集团、预算单元、业务部门分层召开经营分析会

很多企业的组织架构都可以分为"集团－预算单元－业务部门"三个层级，因此经营分析会也要当分层召开。一般是业务部门先开，然后是预算单元开，最后是集团开。因为业务部门只有先于预算单元开经营分析会，找到问题、制定出改善策略，业务部门负责人在参加预算单元的经营分析会时，才能针对预算单元分析出的问题提出对策。同样的道理，预算单元经营分析会先于集团开，预算单元负责人才能发现本单元经营过程中存在的问题及改善对策，才能在参加集团经营分析会时能有充分准备。

4. 每次经营分析会时长2～3小时

经营分析会不是大杂烩，不能所有的事情都事无巨细地在经营分析会上讲，应该根据不同层级、整理不同的会议内容。经营分析会没必要开太长时间，也不必所有的事情都在这上面讲，有些工作可以另行召开专项工作会议。要分析的事项，原则上都是依据各个层级的预算而来，在具体的分析中，与预算有偏差的不能放过，与预算一致的内容就可以快速带过。虽然经营分析会并没有一个标准时间，但是原则上不宜太长。

一般来说，一个预算单元的经营分析会一般在 1.5 小时左右就足够了。比如美的现在 3000 多亿元的规模，大约 10 个事业部，经营分析会一般 1~2 天就能全部开完。

5. 财务部和经营管理部门全力组织

经营分析会涉及大量的财务数据，经营分析也往往从这些数据展开。因此，组织经营分析会，是财务部门和经营管理部门每个月的重点工作：

① 运营管理部门每个月提前确定会议方案并下发通知；

② 财务部门编写预算执行分析数据并通报；

③ 运营管理部门编写运营分析材料并通报；

④ 运营管理部门撰写会议纪要并跟进会议决议执行情况。

经营分析会资料最好以 PPT 形式展现，尽可能少文字、多图表，少语文、多数据，一目了然。

六、经营分析会的跟进与管理

对经营分析会的跟进与管理，也是一项重要的管理工作，主要包括会前的管理、会中的管理和会后的跟进。

1. 会前管理

经营分析会的会议资料，应该提前向上级重要部门或核心领导报备，财务、人力、运营等职能部门可提前研究，对一些需要进一步明确的数据或信息、暴露出来的问题或者需要支持的事项提前进行干预，以便在正式会议举行时能够直接有对策出台，或者进行询问，使得会议有更好的即时性效果，这也是职能部门工作能力的体现。

2. 会中管理

经营分析会中可能涉及很多议题，对于一时无法在会议中形成决定、需要专项会议另行解决的，或者与多数人员关系不大的，应及时刹车，另行组织会议研讨，避免让会议陷入混乱。对一些随意性的话题，应及时卡住，避免开成了故事会，没有了严肃性。尤其是一把手，切不可不受会议纪律约束，随意发挥、想到哪儿说到哪儿。结合前面所言，经营分析会原则上应该有较严格的时长限制。另外，对会议过程中能够讨论，也是经营中的重大课题，则是不能放过，必须有结果。

3. 会后跟进

经营分析会后 1~2 天内形成会议纪要并下发，会议记录要清晰地记录会议过程中的情况，尤其对在会议中涉及下一阶段要去解决的事项，要有工作表，包括完成时间、责任部门、责任人员、检查部门等，可作为附件下发。会议纪要下发后运营管理部门负责进行过程中的跟进，下次会议要通报跟进的情况，形成闭环。

如果一个预算单元连续三个月没有完成预算，则可能会面临重大调整；如果分公司连续两到三个月排名倒数，可能也会进行调整。当然，这是建立在预算目标比较准确的基础上，不能简单照搬。

总而言之，通过对预算的执行分析，就是算好经营账。把账算到时间上、把账算到人头上、把账算到产品上、把账算到项目上、把账算到对应主体上。同时，还要强化颗粒度与时效性，让经营管理及时通过数字的转换，客观、高效地呈现出来，并通过分解与分层，让问题变小变细变简单，变得更容易解决。

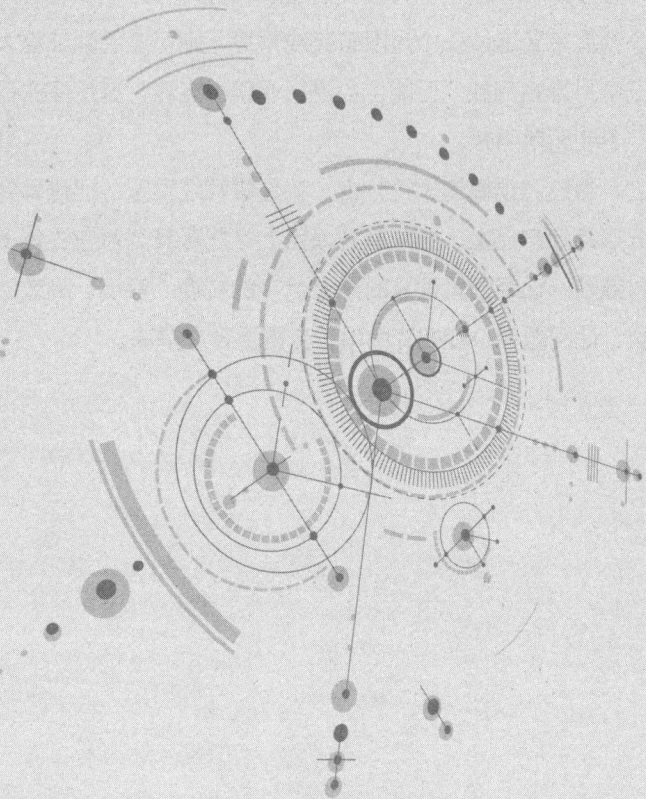

第七章

基于全面预算的绩效考评

全面预算与绩效考评脱钩，是一些企业的现实情况。为什么会出现这种情况？其背后的根本原因就是企业对绩效考评的设计不合理，或者绩效考评不到位。绩效考评没有真正以预算为依据，最后往往形成预算与执行"两张皮"的恶性循环。本章主要介绍全面预算与绩效考评的关系。

第一节　绩效考评与业绩增长

如果仔细对比分析优秀企业的薪酬数据与人效数据，就会发现一个惊人的秘密：优秀企业往往能够在人工成本率可控甚至较低的情况下，让企业管理者获得了较高激励（奖金），而且这些管理者的高收入，是在他们创造了高业绩的情况下获得的，因此相对来说并没有增加企业的人力成本。

如图 7-1、图 7-2 所示，AB 两家公司人均销售收入均有上升，但明显 A 公司人均销售收入的增长幅度高于 B 公司，导致两家公司人效差距越来越大。同时，A 公司员工薪酬增幅也明显高于 B 公司，说明 A 公司员工成长性更好，但 A 公司的人工成本率却一直低于 B 公司。这也印证了前面的观点：通过人效的提升，在企业整体

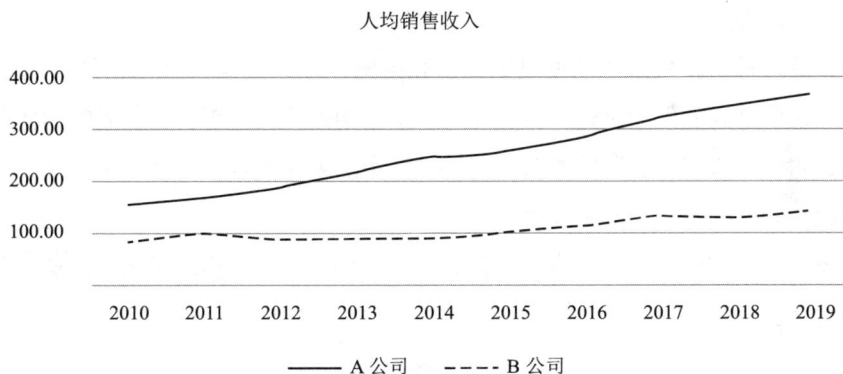

图 7-1　A 公司和 B 公司销售收入对比图（单位：万元）

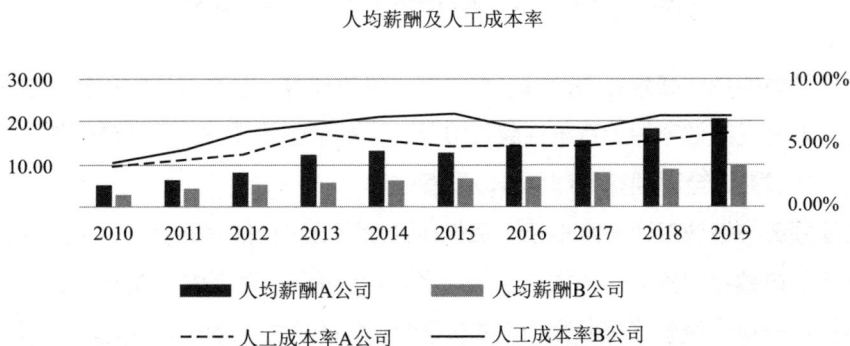

图 7-2　A 公司和 B 公司薪酬（单位：万元）与人工成本率对比

人工成本率可控的情况下，员工还能收获更高的薪酬。

在这里，我们可以看到一个良性循环：薪酬越多，创造的价值就越大；创造的价值越大，薪酬就越多。平均来说，优秀企业员工可以拿到全行业最高的薪酬。从图 7-1、图 7-2 中可以看出，A 公司花费的人工成本占比更低，但激励作用更大，这就是杠杆效应。

本质上，A 公司员工的报酬并非 A 公司付出的成本，而是 A 公司员工自己从创造的高额价值中分享的，在这个过程中，绩效管理将人工成本转化成了公司的人力资本投资，通过充分利用而创造了更高的价值。有句话，叫作优秀的人才，都是免费的，意思就是对于优秀的人才，相对于他所创造的价值，企业给的只是微乎其微。

人才本无标准定义，全看他是否做有价值。通常一开始很难确认谁是人才、谁不是人才，多数人才可能是在后天发展出来的。难道钱多了就成了人才？这里面的奥妙是，利用对人性的掌握，真正撬动了"人力资本"。所谓的给钱，并不是先砸一堆钱下去，而是先给一个给钱的标准、政策，干成后严格按照契约精神兑现而已。这样才能"撬动"人力资本。

所谓的杠杆，就是敢于依据员工的贡献给出超高的回报，而且坚决按约定兑现，这是优秀企业共同的大胆之处，美的如此，华为更是如此。事实上，人的潜能是无穷的，尤其对于渴望成功、渴望财富、渴望被尊重的人才而言，这种规则约定下的高回报，会让他们的潜能得到最大发挥。

这表明了经营绩效管理的本质：普通人在这种激励下，实现了快速成长、创造了更多的业绩。

第二节　全面预算与绩效考评

全面预算为企业绩效考评提供了参照系，没有预算，绩效考评的目标就很难说是合理的，或者说绩效考评的系统性就很难保证，难免顾此失彼。而没有绩效考评与预算挂钩的严肃性，全面预算管理也难以发挥作用。

全面预算与绩效考评一脉相承，每年在企业预算定稿的同时，基本上也输出了各预算单元的绩效考评标准。通常来说，很多企业会根据预算的核心指标与各预算单元负责人签订一份"经营责任状"，以内部管理契约的形式明确规定企业与各预算单元的权力、义务、责任，这是各预算单元的奋斗目标，也是"法令"。

一、设置考评指标

绩效考评指标主要包括经营指标、效率指标和扣分项。

1. 经营指标

经营指标就是"多打粮食"。其主要是利润、销售额、现金流等。对于 ToB 企业，可以设置大客户数量、重点客户销售额等指标；对于终端销售 / 服务企业，还可以设置市占率、门店数量 / 开店数量、市场渗透率、市场覆盖率等指标；对于电商企业，还可以设置商品交易总额（gross merchandise volume，GMV）、电商平台排名、访问量（关注量）等指标。

2. 效率指标

效率指标就是"增加土壤肥力"。其主要是库存、资金运营效率、费用等管理指标。对制造企业，主要有库存周转、应收账款周转、人均销售 / 产值、设备利用率等指标；对终端销售 / 服务企业，主要有店销、坪效、存销比等；对电商企业，主要有转化率、复购率、退款 / 退货率、SKU 贡献率等指标；对餐饮企业，主要有翻台率、客单价等指标。

3. 扣分项

扣分项主要涉及一些比较重要的专项及重大责任事项，这也是对职业经理人和核心团队人员约束、纠偏的重要手段。重大责任包括质量责任、经营责任和危机事件责任等。重大责任事项问责考核采取倒扣分制。

比如，美的某预算单元 2005 年绩效考评表，见表 7-1；美的某事业部各部门绩效考评表，见表 7-2。

表 7-1 美的某预算单元 2005 年绩效考评表

指标类别	考评指标	目标值	权　重
经营指标（65 分）	不含税内销收入	×× 亿元	25%
	出口收入	×× 亿元	10%
	经营利润率	×× %	15%
	净资产收益率	×× %	15%
营运能力指标（35 分）	经营活动现金收入比率	××	10%
	存货周转率（含发出商品）	××	15%
	应收账款周转率	××	10%
合　计			100

表 7-2 美的某事业部各部门绩效考核表

部门	指标项目	权重	××年预计	××年目标	计算单位
国内营销	销售收入（不含税）	××			亿元
	新产品销售收入（不含税）	××			亿元
	内销价值链利润	××			亿元
	新品上市成功率	××			
	人均销售收入	××			万元/人
	应收账款周转次数	扣分项			次
	库存周转次数	扣分项			次
	SKU 效率	××			万元
	标杆考核	扣分项			按项目
	汇总得分	100			
海外营销	销售收入（不含税）	××			亿元
	大客户销售收入比率	××			
	OBM 销售收入占比	××			
	外销价值链利润	××			亿元
	新品上市成功率	××			
	人均销售收入	××			万元/人
	应收账款周转次数	扣分项			次
	库存周转次数	扣分项			次
	SKU 效率	××			万元
	标杆考核	扣分项			按项目
	汇总得分	100			
用户与产品中心	销售收入（不含税）	××			亿元
	税前经营利润额	××			亿元
	新品上市成功率	××			
	内销 SKU 效率	××			万元

续上表

部 门	指标项目	权重	××年预计	××年目标	计算单位
用户与产品中心	外销 SKU 效率	××			万元
	技术降本	×			亿元
	维修率（维修＋退换）	××			PPM
	电商差评率	××			
	平台精简	扣分项			个
	设计品质事故	扣分项			单
	汇总得分	100			
研发中心	三年技术规划落地	××			
	创新技术转化应用	××			
	产品领先科技体系指标	××			
	创新项目设计品质事故（B 级及以下事故不考核）	扣分项			单
	创新项目产品 PL 件数	扣分项			个
	专利数量	加分项			项
	汇总得分	100			
制造中心	（内外销）价值链利润	××			亿元
	内销订单交付周期	××			天
	外销订单交付周期	××			天
	人均产值	××			万元/人
	制造费用率	××			
	材料损耗率	××			
	品质合格率	××			
	三年制造人才规划	扣分项			按项目
	一线工人流失率降幅	扣分项			%
	品质事故（B 级及以上）	扣分项			单
	汇总得分	100			

部　门	指标项目	权重	××年预计	××年目标	计算单位
供应链管理中心	采购降本	××			
	备货周期	××			天
	独家供货占比下降率	××			
	来料批次不合格率	××			
	价差损失率	×			
	部件维修率（维修＋退换）降幅	××			
	品质事故（B级及以上）	扣分项			分
	汇总得分	100			
品质管理中心	产品维修率（维修＋退换）	××			
	电商差评率	××			
	设计品质事故（B级及以上）	扣分项			单
	产品PL件数（不含不制冷）	扣分项			单
	内控及组织建设	扣分项			项
	汇总得分	100			
财经中心	销售收入（不含税）	××			亿元
	税后经营利润额	××			亿元
	现金净流量	××			亿元
	现金周期	××			天
	战略落地（三年及××年经营规划落地）	××			
	全价值链费用率	××			
	财务风险	扣分项			项
	汇总得分	100			
营运与人力资源中心	销售收入（不含税）	××			亿元
	税前经营利润额	××			亿元

续上表

部 门	指标项目	权重	××年预计	××年目标	计算单位
营运与人力资源中心	人工成本率（全员）	××			
	人均销售收入	××			万元/人
	人均利润	××			万元
	数据化运营效果	××			
	流程效率改善	××			
	战略落地（三年及××年经营规划落地）	××			
	员工敬业度改善幅度	扣分项			%
	汇总得分	100			

如上所述，在预算方案通过后，再通过对各个预算单位、各个部门的指标设置，确保整体目标从上而下进行承接，并且与其经营考评挂钩。在这份经营责任制方案出台后，经营者就能够计算出来下一年获得什么样的经营结果，对应每一项会得出什么样的分数，总得分会是多少，再结合其奖金计提的规则，能够拿到多少奖金也就一目了然。

在企业界有一句很经典的话："管理什么就收获什么。"但是很多企业将这句话曲解成了"管理什么就考核什么"。因此，我们看到很多企业也做绩效考评，也给经营单元按照指标完成情况进行打分评价，但是指标体系无比复杂，常常出现一个预算单元有几十个考核指标的情况。这样做绩效考评最少有两个缺点：

① 指标体系复杂。指标一多，首先就会增加管理成本，使各项指标权重分配的难度加大；其次每月都要对所有指标进行计算、对比、分析，使工作量加大。

② 不容易聚焦关键问题。比如，某个预算单元的核心指标应该是销售额，但是因为各项指标过多挤占了销售额的权重，可能出现销售完成很差但是部门绩效得分却很高的情况。

因此，指标特别是经营指标和效率指标的设置应当精炼，每个预算单元不超过8项为宜，并且要突出重点指标，对成长期要关注业绩增长目标，对成熟期要加强效率提升管理。

对于其他指标，不考评不代表不管理，有一些指标我们通过预算和授权对其进行控制，比如期间费用率、员工规模等，我们在全面预算编制过程中就对此进行了充分控制，凡是突破预算的，要么不能开支，要么需要走更高级别的审批流程才能开支，这个过程本就是一个严格的控制；有一些指标我们通过流程制度对其进行控制，如库存的账实一致率就是一项非常重要的指标。企业一般都有严格的库存管理制度，对库存出现损坏、丢失、被盗等情况都有明确的追责机制，对这类指标也可以不纳入预算单元的考评指标体系。

此外，企业内部有各种层级，各层级之间可以通过指标进行关联，因此对绩效考评指标可以分层设计，但不需要对每一个考评层级、每一个考评主体都加上太多的绩效考评指标。

通常绩效考评指标采用"金字塔"模式，如图 7-3 所示。

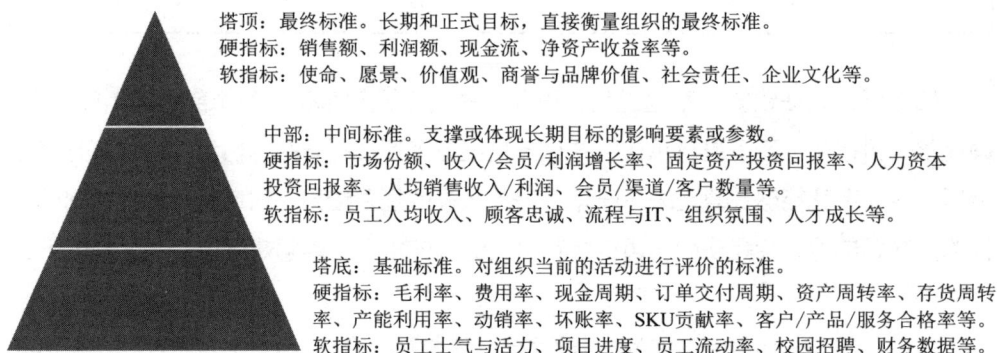

塔顶：最终标准。长期和正式目标，直接衡量组织的最终标准。
硬指标：销售额、利润额、现金流、净资产收益率等。
软指标：使命、愿景、价值观、商誉与品牌价值、社会责任、企业文化等。

中部：中间标准。支撑或体现长期目标的影响要素或参数。
硬指标：市场份额、收入/会员/利润增长率、固定资产投资回报率、人力资本投资回报率、人均销售收入/利润、会员/渠道/客户数量等。
软指标：员工人均收入、顾客忠诚、流程与IT、组织氛围、人才成长等。

塔底：基础标准。对组织当前的活动进行评价的标准。
硬指标：毛利率、费用率、现金周期、订单交付周期、资产周转率、存货周转率、产能利用率、动销率、坏账率、SKU贡献率、客户/产品/服务合格率等。
软指标：员工士气与活力、项目进度、员工流动率、校园招聘、财务数据等。

图 7-3 组织效能"金字塔"模式

二、绩效考评层级

对预算单元的考核一般采取"三位一体"的"综合考核"形式，即预算单元的绩效考评，既是对整个预算单元的绩效评价，又是对预算单元负责人的绩效评价，也是对预算单元经营团队的绩效评价。在经营年度开始前，预算单元负责人和经营团队就知晓做到何种业绩就能获得多少回报；在经营年度结束后，根据经营结果，由集团相关职能部门进行对预算单元的各项考核指标"打分"，经由审计部门对业绩进行审计确认，然后根据这个"分数"兑现绩效激励。

对于其他层级员工，如各部门的核心骨干及基层员工，企业可以根据自身实际情况分别制定绩效考评方式。总的来说，还是要遵循承接预算和指标精炼这两个基本原则。

三、绩效考评兑现方式

明确了绩效考核评价标准后，各企业可以根据实际情况设定对绩效考评的兑现方式。比如，华为采用设置奖金总包的形式，每年根据绩效评分结果，确定总薪酬包，再减去已支付的工资，形成了奖金包，再进行分配。美的则是采取"综合考核、利润计提"的模式，即每年确定一个利润计提系数，再结合绩效评分结果确定激励金额，利润完成越好激励金额越高，上不封顶。

为了规避预算单元的短期行为，企业还可以在对现金和股权激励采取分步兑现的方式，即当年确认绩效结果后兑现一部分，剩余部分视后续经营指标完成情况再分步兑现。

此外，对于业绩不达标的人员，则可能出现奖金很少、没有奖金，甚至要调整岗位的情况。这也必须严格兑现，才能增强预算管理和目标管理的严肃性。

第三节　绩效考评保障措施

并非只要做好激励机制的设计、舍得分享，企业绩效考评就会做得很好，这其中需要一些保障措施，比如讲诚信、重承诺，进行刚性兑付；又比如，下达了高目标之后，相应地要配置资源、权力。这些都是激励机制设计的重要组成部分。

一、讲信用、重承诺

一些企业在定目标的时候给出很好的承诺，在目标达成时往往在当初的承诺上打了折扣，这样直接打击了预算单元负责人对企业绩效体系的信心。

其实，从财务的角度看，基于预算目标而设定的激励，其标准都是经过严格计算的，不管如何计提激励部分，相对于超额创造的业绩计提部分都是一小部分，在预算范围内发放的激励，对企业来说都是可控的，都是能够起到杠杆效应的。所以，保持经营责任制的权威性，让预算单元负责人能够事前知晓做到什么样的业绩、能够获得什么样的收获，并且做到了这样的业绩也确实能够收到这样的收获，将激励他们不断前进，将企业成长目标与自身的成长目标结合成一个整体。

同样，经营责任制考核也应该是残酷的，不能实现目标，比如连续三个月经营分析会都反映没有完成目标，又做不出令人信服的改进举措，也要敢于做出调整，甚至直接更换预算单元负责人。这样，预算单元负责人在企业内就会一直保持饥饿状态。这看上去虽然有些残酷，但就是因为这个公平、公正、公开的机制，这种强势的价值标准不仅帮助预算单元负责人成长，而且形成了的业绩导向的荣辱感。这种绩效主义使每个预算单元负责人有可能获得与他自身工作业绩相当的报酬，这样也就给了预算单元负责人一个激励，让他们能够一直在工作中尽最大努力，激发了他们的主观能动性与创造力。通过这种方式，企业内部也能够为预算单元负责人建立起一种信仰——个人经济状况与工作业绩挂钩，这种信仰也是优秀企业能够实现持续增长的基石。

二、战略清晰、目标合理、资源配置基本到位

一些企业喜欢设置高目标，抱着达成 80% 也不错的想法，这在规模较小时是可以的，但是规模变大之后就会出现问题。因为大目标会导致大投入，一旦目标没达成，则会导致利润受损巨大。同时，长期完不成目标也会影响志气，最后产生一种"反正目标也完不成，做到哪算哪"的氛围若蔓延就非常麻烦。如果多个预算单元完不成目标又不能进行兑现，也会造成大家对目标不尊重的现象。

因此，要在一个有明确的战略规划下，基于现实情况设置合理的目标，在能够不断完成的情况下再逐渐加码，是一种比较合理的做法。

此外，根据目标的设定，在预算中必须做好资源配置，如果需要销售增长，那么生意人资源投入也需要增加、产能也要备足，不然根本不可能达成，也会影响团队的士气。

三、规则明确、核算清晰

绩效考评涉及奖金收入、晋升淘汰，事关重大。因此，内部的奖惩机制要提前建立，切忌事到临头随时变化。对各个不同的业务，不同的资源投入与配置、不同的竞争力，设置不同的指标与计提的标准，避免"躺赢"、鞭打快牛等不公平现象。

此外，经营逻辑、价值创造都有清晰的核算，对经营结果的确认也有公正的方法和流程。如果经营业绩核算不清晰，如果价值创造不能合理判断，很多绩效考评指标可能还会产生负面效果。

四、经营机制与企业文化到位

企业内部的责权利要匹配，基本的经营管理资源要到位，才能让被激励者有足够

的空间、权限能够发挥其能力。

任何绩效考评方式都不可能完美，也会有空子可钻。不完美的地方，就靠文化来牵引。如何做到放下小我、成就大我、不占位子、不拉圈子的文化，非常重要，否则就可能变成另一种有钱才行动，为了钱而行动的风气。

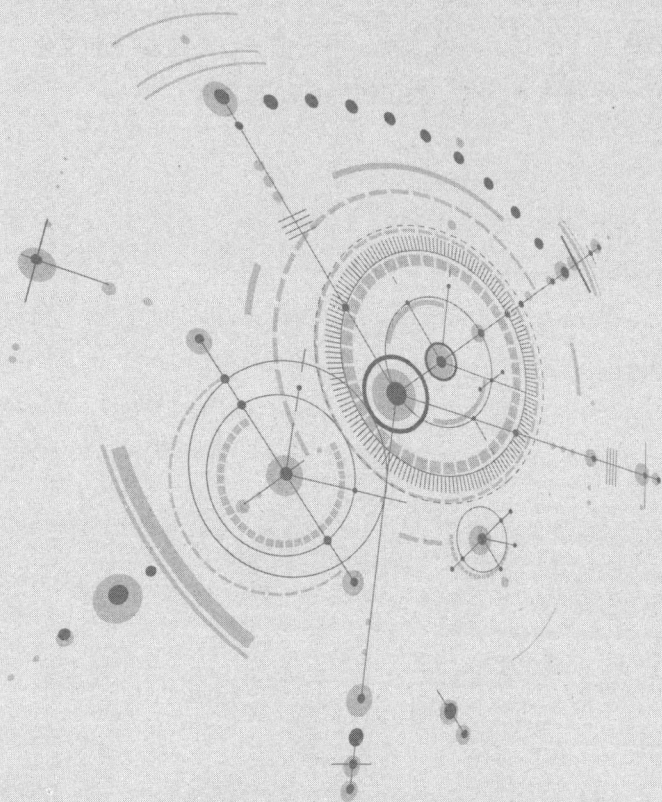

第八章
企业预算管理常见的问题

预算管理本是企业财务管理体系中的一项基本职能，但真正将全面预算管理做好、用好，发挥其应有作用的企业并不多见。实际上，对中国企业来说，做好全面预算管理可以极大地化解经营中的许多矛盾，提升经营质量，构建经营共同体，甚至可以简化管理、减少许多管理学习与培训，让这一有效工具真正发挥作用。企业在全面预算管理的过程中，往往存在各种问题，甚至还有一些企业不做预算。

第一节　对预算认知不足

在现实中，除了企业财务人员，其他管理人员接触预算管理的往往比较少，真正使用财务语言、数据做分析的就更少，所以很多人认为预算管理不过是诸多管理工具的一种，或者认为是财务部门的专用工具，跟业务、经营没有太大的关系，这些都是对预算认识不足的表现。

一、认为预算仅是一项财务职能

有些企业决策者拍板定下经营目标，预算制定就变成了财务部门的工作。根据历史数据情况，将这些目标拆解为各部门、各单位经营指标，重点是对费用情况进行预算，最后汇总编报，预算就完成了。这样一来，预算就成为一连串会计数据的结合，很多管理者既不知道这些数据的依据，也不知道其中的内在联系。

会计本身具有一定的专业性，而有些经营者、管理者并不熟悉，他们不会深入到预算制定的过程，也不会按照财经逻辑与预算要求对业务计划与经营预算进行详细验证。这样一来，预算工作就得不到相应的支持，成了财务部门的独角戏。

事实上，预算是根据企业业务的发展目标与经营计划，提前做好各类资源配置的测算，寻求投入与产出的合理与平衡。它是基于未来目标的一种前置演算，显然不只是财务部门能够单独完成的工作，而是所有经营者、管理者都要参与的工作，是各级经营负责人最重要的管理工作之一。

二、认为预算并非"规定动作"

一些企业人士认为，过去并没有严格地推行过预算管理，不也没问题吗？反观现实，为什么很多企业的计划执行都那么弱？或者问题分析检讨不到位？或者问题总是重复出现？虽然我们总是强调流程、制度，但总是很难有效提升组织能力与经营能力？或者不能把现在解决的方法变成组织的基础，或者在事后才发现各类目标之间存在矛盾，比如销售做上去了，但是利润反而减少了，现金流更是不见了。

造成这种局面的关键原因，一个非常重要的原因就是意识问题，没有把全面预算管理作为"必修课"，不习惯提前把企业方方面面的工作进行周密部署、安排。如果没有预算的财经逻辑拆解，是没有办法把计划放到整个经营逻辑中理解的，而没有这样的理解与分解，工作执行过程中往往抓不住重点，计划的可执行性也就大打折扣。

三、认为预算会形成约束不利于业务

现实中，预算确实是一种控制手段。"超预算"是一个大家都知道的"紧箍咒"，更有一些企业存在"今年预算不花完，明年预算就会减"，或者"预算没有申请到，到时候就会没钱花"的情况。因此，把预算简单地理解成一个费用管理的工具。

当然，通常各级管理者也用预算给各部门定目标、管束各部门的行为。财务部门往往没有其他办法，但天然又对风险敏感，所以不得不通过这个预算来管控成本、管控费用、分析经营。于是，业务部门认为一旦做完预算之后，业务的开展就会处处受限、层层审批，或者变成考核标准。所以，业务部门往往有一种倾向，对预算有抵触情绪，或者尽可能地争取更多的资源空间。如果财务部门并不专业、对业务不熟悉，那么这一现象会更严重，而这样又会导致现实中业务与财务常常出现冲突，各自走向极端，财务部门又不得不加强管控，这就陷入了一个预算越没有约束作用却越要其发挥约束作用的怪圈。

四、 没有建立科学管理的意识与逻辑

虽然企业千姿百态，但是从财经的角度，完全可以用一些共性的逻辑、科目和指标进行归纳与总结、分析。不论是收入、成本、费用、利润这些标准科目，不会因为企业不同而标准不一，还是经营性现金流、净资产收益率、资产负债率、现金周期、流动比率、速动比率和库存周转率这些评判标准，都是共通的财务语言，也是客观标准，只不过因行业属性、发展阶段不同而有所侧重。

长江商学院知名会计学教授薛云奎表达过这样的观点："只要是基于公认会计原则编制财务报表的公司，都可用财务会计方法来分析它们的内在价值。无所谓它是互联网公司或传统企业，也无所谓它是社交网络或者电商。虽然它们的业务和商业模式可以千差万别，但就资产、负债和股东权益，以及收入、成本和利润等基本商业要素而言，在公认会计原则体系下都是一致的。所以，不仅不同行业之间的公司可以做比较，不同国家和不同地区之间的企业也可以做比较。当然，具体理解与分析需要一定的专业素养和水平。同时，在解释不同业务类型或商业模式的财报数据时，应结合企业和行业发展的具体情况，不好简单粗暴的直接对比。"

所有财务数据的产生，是企业各种经营动作的结果。因此，这些财务数据的背后，其实揭示了企业经营管理中的秘密，要了解这些秘密就需要拷问这些数据。所谓

的科学管理，无非就是基于这些财经数据的管理。预算管理的背后一定是科学管理，许多企业的科学管理意识、讲数据、讲结果的文化与机制还是欠缺的。在这种情况下，预算管理是很难推动起来的。

第二节　财经管理能力不足

做不好预算，也与企业本身在预算与财经管理等方面的基础薄弱有关，比如历史经营数据缺失、与管理相关的财经逻辑模糊、各种指标的定义不清楚、财务体系的专业性不够等，这就导致在编撰预算方案、推动预算管理时变得比较艰难。

一、预算管理基础薄弱

预算需要财经基础，其中一个很重要的是数据基础。因为企业预算并无一个标准的会计方法，需要结合企业内部的经营情况做一套"管理会计体系"，企业经营数据要按管理会计体系而非外部会计标准来建立。比如一些集团化的企业因为经营的需要可能注册许多个法人单位，但是企业内部的经营管理与预算管理则不能按照法人单位进行，一定是按照内部划分的经营主体进行的。这样一来，仅仅靠对外会计或税务报表的数据，是无法指引企业做好预算管理与经营管理的。一些企业的内部预算管理标准（如计提、摊销、折旧等）高于外部会计标准（在稻盛和夫的讲述中，京瓷公司就是如此），这就需要财务部门建立"两套账"，这对财务部门提出了更高的要求。

二、预算管理的专业能力弱

在一些企业中，预算总是相互间不断地讨价还价，这个过程要么因为双方"势均力敌"而无比漫长，要么因为某方特别强势而简单粗暴地拍板定论。除去立场不同而导致的对立外，数据基础缺乏，财经部门讲话底气不足也是常见的重要原因。另一个重要原因就是财务部门的预算管理水平不够。主要表现在几个方面：一是财务部门仅有对外的会计账套，没有建立内部的管理会计体系；二是财务人员缺乏结合经营进行财务处理与分析的能力；三是财务人员对预算的准备与认识不足。

三、预算编制准备不足

不少企业的预算都是在每年的 12 月初，甚至是 12 月底才做，基本上就是一个预算编制通知，要求各部门提交本部门的预算再对其进行汇总，甚至是财务部门加班加点直接把预算表编制出来。这种用短时间突击做出来的预算，实际上就是为了做预算而做预算，没有经过严密的财经逻辑验证，最终在现实的执行中也经常各种出现偏差或落地难等问题，业务部门抱怨、财务部门头痛、老板觉得可有可无。

预算要对下一年度的经营进行解码，这必然是一项复杂而细致的工作，还不可避免地涉及预算和经营目标相互"博弈"，要经历从上到下、从下到上的多轮讨论，因此预算编制需要充足的时间。

四、财务部门的枢纽作用得不到发挥

在企业内部，财务部门要么地位重要，要么地位一般。但是在"有地位"的情况下，往往也因为掌控着"财权"而显得重要，或者因为企业负责人一般安排"亲信"担任财务负责人而变得重要，并非从财经知识与对经营的支撑性上表现出财务部门的重要，也很少发挥财务部门对业务全流程的预算管理。

企业没有真正从经营系统上重视财务部门的作用，财务部门很难名正言顺地参与企业的业务经营。在预算管理中，财务部门的枢纽作用也就发挥不出来。

第三节　财务与业务难以融合

财务与业务难以融合，这是一些企业在全面预算管理中普遍存在的问题，如预算与战略、计划脱节；预算与业务脱节；预算与绩效评价、奖惩脱节。预算没有深入业务，与业务"两张皮"；预算目标是否实现，与绩效没有关联等。

一、预算与战略、计划脱节

预算是企业面向未来经营环境与战略要求对资源配置的一种科学严谨的测算与验证。因为企业各种目标的实现都是需要投入资源的，不可能不投入就有产出。因此，预算一定要基于战略目标、经营计划来进行，而不是按照以往的思路填报几个表格那么简单。比如，如果战略中有一笔新的业务与人才投入，那么延续现有的人力方面的薪酬预算、培训费用预算和招聘费用预算可能是不行的；如果战略规划是主打成熟业务，那么相应的市费率应该是下降的。这些都是预算需要考虑的。

有些企业预算案，往往是一种经验式的填报，缺乏对下一年度工作计划的支持，

没有对业务形成有力的支撑。一方面缺少投资和人员规划等资源的安排，尤其是一些短期的财经结果不好，但是如果不投入或者不重视又会影响长远发展的战略性投资，这很容易造成企业短期目标和发展战略之间的矛盾，甚至出现战略与预算"两张皮"的现象；另一方面没有对目标进行合理的解释，投入产出比是不是合理没有进行有效验证，业务部门也不愿意或不能够进行财经逻辑验证。执行过程中自然会出现偏差，这样会逐渐失去全面预算管理的严肃性，最终不被重视。

如果预算没有顾及与战略、计划的衔接，导致出现战略是战略、计划是计划、预算是预算的情况发生。资源有没有到位、目标有没有解析、投入产出是不是合理、经营动作有没有验证，都是一本糊涂账。更重要的是，因为财经、预算天然的谨慎原则，如果没有从战略开始解析，往往可能导致预算成为一个限制企业发展的管控工具。比如有一些资源是前置投入的，可能短期的财经结果并不好，但是如果不投入或者不重视又会影响长远发展，这就容易造成企业短期目标和发展战略之间的矛盾，甚至出现战略与预算两张皮的现象。

二、预算与业务脱节

在企业中，财务往往是管控的角色，而业务往往是冲锋的状态，因此两者出现冲突是常态。在不少企业，财务与业务甚至是敌对的状态，双方都有各自的角度与立场，让预算管理无法成为共同的意志。

不少业务管理人员缺乏财经思维，不愿意在这方面研究，也不愿意面对客观数据，财务部门对许多业务层面的不规范无能为力；同时不少财经管理人员哪怕是财务负责人，也难以深入了解业务，仅凭财务报表来提出各种要求，也让业务部门无所适从。

这样一来，加之预算与现实往往又会存在一定偏差。因此，业务部门往往会认为预算管理根本没用，而不会承认自己工作业绩与能力的不足；或者认为业务变化多、不确定性大，不可能提前做出预计；或者认为做好业务就可以了，搞那么多数据分析太复杂。而财务则认为业务太乱太随意，总是想要规范这儿规范那儿，导致业务与财务很难融合在一起。

三、预算与绩效考评、奖惩脱节

我们常说，预算相当于提前一年做出来的财务报表。那么，预算方案做出来后，基本上确定了下一年的经营目标与指标，绩效评价指标也就理所当然地应该从中提取，绩效考评也就要根据预算执行的结果，预算应该是评价经营成果、直面经营情况的重要依据。

因此，预算目标必须被严肃对待，并一定要与绩效评价挂钩，需要有人对此负责。但不少企业并未真刀真枪建立绩效导向的企业文化，不敢明确量化进行考核、不敢做优胜劣汰、不敢能上能下的用人，对干部的评价往往存在不同程度的"人情分"现象，这又让预算的严肃性大打折扣，各种与预算过程有关的管理被弱化，预算的权威性也就不断被降低了。

第四节   预算执行中的过程管理问题

预算编制完成后，执行中的过程管理是决定预算执行是否到位、目标能否实现的关键环节。但很多企业往往并不重视这一环节，主要存在预算权威被不断淡化和缺少对预算执行有效管理这两方面问题。

一、经营成果与预算关系不大

过去，有许多企业抓住机会做大了。在这个过程中，商业敏感性与机会把握似乎成了成功的关键因素，弱化了财经管理与经营管理对企业的支撑。在生意属性比较重的商业阶段，到了年底，老板带着高管盘算一下，有了下一年的大体思路及过往的资源积累，只要不犯明显的错误、不出现大的危机事件，一年下来也能干得不错。这种粗放式的野蛮生长习惯了，按财经逻辑做预算这样一件看上去比较复杂、要求比较高的工作，就自然被放到一边了。

在经营过程中，有些企业往往没有翔实的财经数据积累，所以我们看到很多企业缺乏数据基础，基本是老板拍脑袋定个目标，各部门领目标再平均到每个月，然后在过程中跟进一下重点工作。

因为总体上经营还过得去，哪怕经营上出了问题，往往也是直接关注业务、产品、客户、人才，很少分析预算管理，因此预算管理不被重视，越来越边缘化了。

二、缺少对预算执行的有效管理

预算编制完成才是预算管理的开始，应该严格执行预算，并且对各种问题要按照财经逻辑及时应对、认真分析、找到方法、不断检验，保证预算正常推进。如果不按照财经逻辑进行预算过程管理，预算管理就失去了最关键的意义。

如何有效地面对预算执行过程进行分析，这对管理者在态度与能力方面都提出了更高的要求，这是一种现实挑战，不仅涉及管理者的业务能力，还涉及企业内部是否有直面差距的企业文化，以及内部是否有及时整改、不容回避的管控手段的问题。

这些预算执行管理的缺失或不足，都是全面预算管理中存在的现实问题。

第五节　企业经营中的"两难"问题

在企业经营中会存在许多"两难"问题，比如授权与受控、控制与发展、流程与效率、投入与利润、机会与资源、人情与规则、奖励与惩罚、晋升与淘汰、决策与执行、分工与协同等。若上述问题越突出，则表明企业全面预算管理做得不好、不到位。

一、授权与受控

很多企业决策者意识到充分授权的重要性，不授权就不能快速反应，但是授权之后却又担心失控。很多企业往往陷入"一放就乱、一管就死"的循环。究竟何时放、怎么放、如何控制，是企业面临的现实难题。

二、控制与发展

企业如果控制得不好，就会出现问题与风险；如果控制得过头，又可能丧失外部市场机会与内部组织活力，制约企业发展。

三、流程与效率

企业管理既要遵守流程规则，又要讲求简单高效。这个过程中，许多地方很难明确界定，需要进行权衡。如果权衡不好，流程是规范了，但效率降低了，内部的积极性也变弱了。

四、投入与利润

企业经营企业要不断投入，特别是做一些全新的项目，如开发新产品、拓展新区域、进入新行业，都需要资源投入。但是，这些投入会带来多少利润回报？什么时候带来回报？这个回报是否合算？很多项目在立项时都是非常有前景的，但是做着做着可能就不如预期了。

五、机会与资源

市场容量与机会总是存在，而企业的资源是有限的，有资源不去抓机会，可能会错失发展机遇；但是若透支资源去抓机会，可能带来更大的经营风险。

六、人情与规则

无论企业处在什么行业、什么阶段，无论企业治理如何现代化，人际关系总是一个绕不开的话题。而作为一个经济组织，又必须得按经济规律办事，经营规律往往有许多与人性相违背的地方。处理不好，就会给组织运行造成很多困扰。

七、奖励与惩罚

企业奖优罚劣是基本规则，这恐怕没有人反对，但关键是如何奖罚、奖罚多少、何时奖罚，尤其是涉及经营绩效的奖罚，是否能够做到规则前置，即让经营者提前就知道做到什么情况，会得到什么样的奖罚结果。如果操作不好，企业激励资源支出了，但是效果却没得到；或者搞成了惩罚性文化，大家都不敢做事了。

八、晋升与淘汰

企业人员既要发展，又要淘汰，很多人提拔之后很难有建树，晋升到底是基于过去的业绩还是未来的需要？如何真正把团队里的佼佼者筛选出来，并且不断淘汰不合适的人员？这也是非常考验企业的。

九、决策与执行

很多企业都认为存在执行不力的问题，战略决策做好了、战略目标形成了，初始资源投入也逐步到位了，但是实际执行效果总是不好就变样，要么发现怎么努力都达不成想要的结果，要么总是觉得资源不足。为什么会出现这样的情况？我们的目标设计明明比较科学，团队成员也非常努力，是哪个环节出现了问题？

十、分工与协同

企业为了内部管理的方便，设置了许多部门与流程，很多时候部门间的业务流是应该紧密联系的，但是这时各个部门成了"部门墙"。为了解决"部门墙"的问题，企业会给不同部门设置相应的目标，但是部门间往往会出现目标对立问题。从企业层面来说，我们需要缩短交付周期、提升客户满意度。这时候，不同部门就会提出不同的意见。比如：

① 销售部门。我们的生产和物流周期太长了，要求生产部门提升效率，不同的区域也要设置前置仓，这样就能及时发货；

② 生产部门。我们的销售计划给得太晚，还总是变更；订单批量也总是达不到经济批量要求；供应商送货也不及时，齐套情况还更差；质检标准也太严格，有些产品明明可以让步接收，非要我们返工几次；

③ 采购部门。我们现在给的采购周期根本就不够，本地供应商还好，外地的长周期件根本就回不来，我们要提高安全库存标准才能保证供应；另外，付款也不及时，供应商的配合度不高，再不改善，现有的交付能力也难以保证；

④ 财务部门。我们的库存压力越来越大，物料在仓库里呆滞、不良物料随处都是，占用了大量的资金；现在的付款进度已经尽了最大努力……

这种矛盾部门之间会经常出现，如何在分工的基础上实现有效协同又成为新的问题。这些问题需要通过全面预算管理才能得到妥善解决。

后 记

能写出本书，需要感谢我的老东家美的。没有我在美的近十五年时间见证它快速、有效、务实发展的经历，我很难得到企业管理的"真经"。而离开美的之后，我又深入接触过一些企业，让我更直观地感受到企业经营管理从文化机制到手段方法上的巨大差异。这些年，我进入企业咨询领域，又多了许多与各行各业、从上至下的深入交流的机会，也让我的管理思考得到更大范围的印证与完善。

我需要感谢众多与我们合作与交流的机构与朋友。近几年，我有幸深入一些优秀企业进行培训、交流、咨询、辅导，如顾家家居、万马集团及万马高分子、志邦家居、梦百合、盛雄激光、伊丽汇、华勤技术、湖南金龙集团、艾罗能源、鑫源集团、润通集团、卫龙食品、晨北科技、梦洁家纺、大艺机电、万孚生物、扬杰科技、万家乐、波司登、君美 vivo、傲基科技、高梵服饰、正邦集团、杭州珍琦、晶通集团、理士国际、申菱环境、亚振家居、宏工自动化、威博电器、三维通信、毅合捷、盛大长青、马骑顿、百蓓佳、微谱化工、林氏木业、普赛达、泰禾环保、基成医疗、大自然家居、虎豹集团、喜临门、怡合达、金惠农业等企业。在这过程中，我都会阐述全面预算管理的重要概念，他们的理解也让我确信全面预算管理能够让更多企业拨云见日，走向高效有序的管理之路。

在本书的写作过程中，胡明协助我撰写了主要内容，李云龙、方伟、郭华亮、曹小龙等专业顾问总是补充着我对预算管理与财经管理的认识，而众多美的同事在各个企业的管理表现，让我有更多真实的案例可以加深对企业管理的理解，我对他们表示衷心的感谢。

任何变化多端的环境，都是强者等待已久的洗牌良机。我真诚地希望，本书能让更多的企业感受到预算管理的价值，通过确定性的管理动作，挖掘管理红利，深化竞争优势。

黄治国

2023 年 11 月于长沙